KB058360

서울대 리더십 강의

이 시대의 진정한 지도자는 누구인가

서울대 리더십 강의

김광웅 지음

21세기북스

아름다운 리더가 되려는 사람들에게

나는 리더인가? 어떤 리더인가? 한 분야에서 오래도록 정진해 지식과 경험을 쌓고 남의 모범이 되면 일단 리더이기 십상이다. 어떤 성격의 조직이든 그 안의 높은 사람, 생각이 발라 여러 사람의 귀감이 되는 사상가, 사랑과 헌신으로 봉사하는 사람, 모두 리더다. 열심히 공부하고 남을 도와 존경받고 역할모델이 된 사람들이다. 그렇다고 한 분야의 전문가로 인지도가 높고 인기가 치솟는다고 정부 같은 공공부문의 리더가 저절로 되는 것은 아니다. 얽히고설킨 법과 제도의 제약을 넘어 이해가 서로 충돌하는 주체들을 설득하고 협상할 수 있는 남다른 리더십이 필요하기 때문이다. 자신들의 이해에 충실한 관료주의의 벽도 지혜롭게 뚫어야 하기 때문이다.

리더는 누구나 될 수 있다. 너도 되고 나도 된다. 그러나 아무나 리더가 되어서는 안 된다. 이것이 내가 이름 붙인 '제노의 역설Zenon's Paradox' 같은 '리더의 역설'이다. "나는 화살이 날지 않는다."라고 하는 제노의 역설처럼 인물인 듯싶다가 자리나 일을 맡고 나면 그렇지 않으니까 아무나 리더가 되면 안 된다. 리더 일은 매우 힘들고 잘못하면 많은 사람들에게 큰 피해를 입힌다. 리더는 흔히 자신이 뭘 하고 있는지 잘 모르면서 잘하고 있다고 착각하며 더 큰 화를 부른다. 어쩌다 자리에 올라 리더가 되면 갑자기 생긴 자원을 어찌 처리할 줄 모른다. 리더는 국민의 행복을 책임지겠다고 호언한다. 그러나 칸트의 말대로 도덕이나 정의는 행복을 바탕 삼으면 안 되니까 그런 약속은 허언인 편이 낫다. 리더가 힘들고 착각에 빠진다 해도 리더가 없어도 괜찮다고 말하기는 어렵다. 리더가 필요할 때가 있어서다. 그러니 기왕 리더가 있으려면 좋은 리더, 정의로운 리더, 창조적 리더, 아름다운 큰 리더였으면 좋겠다. 그러면 어떻게 하면 되는지 그 길을 가보자.

이 책은 서울대학교에서 하는 리더십 강의 내용을 소개한 것이다. 1990년대 초반부터 지금까지 20년간 '리더십 포럼'과 '현대사회와 리더십', '공공 지도자 되기', 그리고 '권력은 봉사입니다'라는 리더십 훈련 패키지 등을 묶어 대학생과 대학원생, 정부 관리와 기업인, NGO 강좌 수강생, 그리고 요즘엔 고등학생들까지 포함해 이들을 대상으로 한 강의 내용을 쉽게 풀어 쓴 것이다. 그렇다고 이 책 내용을 모두 다 강의한 것은 아니다. 대상에 따라 내용이 조금씩 다르기도 하지만 강의에서 못다 한 이야기가 이 책에는 더 많이 포함되어 있다.

강의는 난해한 이론도 있지만 이론으로 일관한 것이 아니라 이론을 현실로 감싸고 내가 경험했거나, 아니면 남의 에피소드를 곁들여 진행했다. 달리 말하면 실재에 이론의 옷을 입히고 또 이론의 옷을 벗겨 실재를 다듬어보기도 했다. 그러니까 딱딱한 이론 강의가 아니라 가능한 실재에 다가가 보려는 생각으로 여러 소주제별로 스토리를 곁들이며 강의안을 꾸며 진행했다. 이 책은 어디까지나 강의노트다. 앞뒤로 왔다 갔다 하며 강의안을 만들다 보니 중복되고 거칠며 체계가 덜 갖추어지거나 빠진 부분들이 더러 있다. 그러나 부족한 노트라도 강의 때는 그 이상을 한다.

이 책의 주제는 '권력은 봉사이다' 와 '권력은 아름답다' 이다. 이 책이 다른 리더십 책과 다른 점이 바로 이것이다. 권력을 가진 리더들이 나는 뒷전으로 밀치고 너에게 봉사하기 위해 리더가 되어야 한다는 뜻이다. 동시에 리더는 아름다운 세상을 만들기 위해 권력을 행사해야 한다는 규범적 주문을 하려는 것이다. 권력은 치부와 억압과 착취의 수단으로 전락하는 경우가 흔해 추하면 추했지 아름답다고 생각하는 사람이 많지 않다. 그러나 권한을 가진 리더들이 누구할 것 없이 모두를 위해 세상을 아름답게 꾸미는 보람되고 자랑스런 역할을 한다면 그 이상 바랄 것이 없겠다. 리더는 모름지기 꾸미기 이전에 내생적으로 아름다워야 한다. 그런 아름다운 리더가 지도자가 되어야 한다. 사적 영역에서도 그러하고 공공 영역에서도 그러해야 한다. 한 가지 밝힐 것은 우리나라에서나 사부문과 공부문을 나누어 리더십을 별개로 생각하는 경향이 있지, 중국이나 일본에서는 두 부문을 구별하지 않는다는 점이다. 미국에서 매년 100명의 공공지도자public leader를 뽑으면 기업 총수, 사립대학교 총장, 병원 의사, 벤처기업가들이 국회의원이나 장관과 같은 반열에 등장한다. 국가와 사회를 위해 봉사하기로는 공사 부문이 다르지 않기 때문이다. 그래도 공공의 함의는 경쟁에서 이기려고만 들지 않고 나와 너만을 위해서가 아니라 우리 모두를 위해non mihi, non tibi, sed nobis 정직하고 떳떳하고 자랑스럽게 세상을 꾸민다는 뜻이다. 대학은 그 기반을 다지는 곳이다.

리더를 '끌고 가는 자'라고 생각하는 것은 옛날 이야기다. 리더leader와 추종자follower가 구분되는 것도 과거의 생각이다. 21세기는 모두가 함께 간다고 한다. 그래서 '코 리더십co-leadership', '나누어 갖는 리더십shared leadership', '팀 리더십team leadership'이라는 용어들을 쓴다. 거기에 21세기는 뇌본사회腦本社會니까 이를 아름답게 꾸미는 창조 리더십이 소망스럽다. 그렇지 않으면 차라리 리더가 없는 편이

났다. 그렇지 않아도 앞으로는 리더가 필요 없을지 모른다는 이야기를 한다. 각자가 맡은 일을 성실히 수행하면 굳이 리더라는 사람이 없어도 되지 않을까 해서다. 그러나 사람들은 으레 '훌륭한 리더'는 있어야 한다고 말한다. 배가 순항할 때 선장은 없어도 된다. 기관사, 항해사, 선원들이 제 몫만 하면 선장은 '놀고' 있어도 된다. 그러나 배가 좌초하거나 풍랑을 만나 가라앉을 위기에 빠지면, 이때 하선 명령을 내릴 누군가가 있어야 한다. 위기 때 리더의 몫이 분명해진다는 말이다. 물론 평소에도 선장이라는 자리(직위)가 있고 또 그가 훌륭한 리더라면 일기예보와 항로 등을 예의 관찰하고 과거의 사례들을 참고하면서 가능한 일들을 예상하며 미리 대비해야 할 것이다. 미래를 준비하는 것이야말로 리더의 몫이다. 비전을 갖고 융합적 사고로 전체를 조망하며 내일을 설계하는 것이다. 또, 리더는 잘하고 있다고 강변하면 안 된다. 리더는 신세계를 개척해야 할 사명이 있으니까 기존의 관행 중 뭐가 잘못되었는지 비판적 안목으로 자성하며 고치려고 애써야 한다.

책의 구성은 이렇다. 리더 되기, 리더 뽑기(뽑히기), 리더하기 등의 여러 단계를 염두에 두면서, ① 리더는 무엇이며 어떤 사람을 리더라고 하는지 밝힌다. ② 어떻게 하면 리더가 되는가, 과정을 설명한다. ③ 리더는 항상 바른 결정을 내리는지 궁금증에 답한다. ④ 어떻게 하면 정의로운 리더가 되는지를 말한다. ⑤ 또 어떻게 하면 아름다운 큰 리더가 될 수 있는지를 말한다. 이 책을 읽으며 나라면, 내가 그 상황이나 그 자리에 있었다면 어떻게 할까, 또 나더러 다시 그 일을 하라면 어떻게 할까, 나 자신에게 투영하며 입장을 세워보면 이야기가 더 재미있고 내 것이 된다. 이 책이 다른 책들과 또 다른 것은 세계 처음으로 리더십 자화상을 그려보는 지수와 공식을 밝혔다는 점이다. 이른바 '한국공공리더십지수Korea Public Leadership Index: KPLI'는 리더십 이론을 망라해 40여 개의 요소(자질)를 찾아내고 이를 인문적 소양(뿌리), 관리적 소양(줄기), 창조적 소양(꽃과 열매)으로 나누어 분석하고 공식에 대입해 그림을 그리는 것이다. 리더 각자는 자신의 리더십이 어떤 모습인지 잘 모른다. 지금까지 각 분야별 리더들이 그린 자화상의 일부를 책에서 소개한다.

리더십 강의를 오래 하면서 여러 계층이 리더십에 관심을 갖고 훈련하고 터득하고 싶어 한다는 것을 읽을 수 있었다. 이젠 일반인 독자를 포함해 실천인들의 수준도 한껏 높아져 '정의가 무엇인지', '행복이 무엇인지', '나는 누구인지', '어떤 교육을 받아야 리더가 되는지', '리더들은 변하는 세상에서 제대로 역할을 하는지' 등을 궁금해하고 이론적 해석을 하고 싶어 한다.

한 가지 더 밝히고 싶은 것은 리더십은 개인 차원의 연구인 듯하지만, 리더가 정작 일을 할 때는 대개 조직에서 여럿이 함께 일하게 마련이니 결코 개인 차원의 것만이 아니라는 점이다. 내 주장도 있지만 함께 일하는 참모들의 자질과 능력, 그리고 성향 등이 결정에 지대한 영향을 미친다. 그러므로 리더를 뽑을 때 흔히 후보자 한 사람만 보고 결정하면 큰 낭패를 보게 된다. 일을 맡긴 뒤 크게 실망한다. 주변 참모의 역량이나 성향 때문에 기대가 배반된다. 혼자서 판단하면 10을 얻지만 여럿이서 하면 80을 얻을 수 있다는 실험이 있듯이 리더는 한 사람만 보면 안 되고 함께 일하는 집단을 보아야 한다. '부족형 인간' 들의 집단지성이 더 몰락할 수도 있지만 전체를 크게 향상시킬 수 있기 때문이다. 선거철이 다가올수록 이런 생각을 더 하게 된다.

책에 소개된 강의는 학교에서 책의 목차 그대로 강의하는 것이 아니라 강좌별 소주제가 될 수 있는 것을 나열한 것이다. 실제 강의에서는 소주제를 묶어서 강의하고, 그리고 요즘 강의는 파워포인트나 동영상 자료, 토론과 실험 등이 주류를 이루니까 자료의 표현 방식이 책과 같지는 않다. 그러니까 이 책 이외에도 다른 자료가 꽤 있다. 독자들은 강의실에서는 어떤 강의가 진행되는지 상상하면 더 흥미로울 것이다.

경쟁에서 항상 이기는 자만이 리더라고 이 강의는 생각하지 않는다. 두고두고 여운이 남고 아름답고 훌륭한 큰 리더라야 어지럽고 힘든 세상을 살린다. 아무리 힘들어도 아름다운 세상을 만드는 것이

고등교육을 받는 사람들의 역사적 의무다. 그런 리더를 만들기 위해 우리 모두 함께 노력해 밝고 아름다운 내일을 맞자. 'Audentis Fortuna Iuvat!'

끝으로 강의노트 수준의 투박한 내용과 표현을 책의 수준으로 격을 높인 것은 심지혜 팀장의 몫이다. 감사하는 마음이 가없다. 권력을 봉사라고 생각하고 아름다운 세상을 꾸미려고 노력하는 이들에게 이 책을 바친다.

2011년

초가을 햇살이 맑게 비치는 관악산 끝자락에서

김광웅

CONTENTS

시작하며 아름다운 리더가 되려는 사람들에게 • 4

1강 리더는 누구인가? • 15
힘드니까 리더다 | 이 나라의 리더가 갖추지 못한 것들 | 누구를 리더라고 하나? | 모든 리더가 리더는 아니다

2강 훌륭한 리더의 기본 조건 • 48
리더의 기본 조건: 감각 그리고 지능 | 말 잘하는 리더, 말실수 잘하는 리더 | 속이는 리더, 속는 국민 | 리더의 논리 | 리더의 자리 가짐

3강 리더의 속 모습 들여다보기 • 85
리더십 자화상 그려보기: KPLI | 리더는 공공의 이익을 향해 달려야 한다 | 리더를 평가해야 하는 이유

4강 리더 뽑기, 리더 되기 • 114
말만 잘하는 리더, 토론 잘하는 리더 | 여론조사, 항상 옳을까? | 잘생긴 리더보다는 품위(품격) 있는 리더 | 세상을 움직이는 리더의 연설법 | 유머는 챙기셨습니까?

5강 리더는 항상 바른 결정을 할까? • 143
올바른 선택은 리더를 빛나게 한다 | 리더의 선택이 합리적이지 않은 까닭 | 잘못된 인지가 '나쁜' 결정을 내린다

6강 조직 모르는 리더, 정책 없는 리더 • 160
리더는 조직과 함께 산다 | 말이 아니라 소통이다 | 리더, 정책으로 말하라

7강 리더, 키울 수 있다 • 183

리더도 훈련이 필요하다: 서울대 리더십 강의 모듈 | 나는 얼마짜리일까: 리더가 자신을 모르면 | 대학이 리더를 키우지 못하는 까닭 | 대학 총장의 리더십 | 공직 리더에게 요구되는 자질

8강 공부하는 리더 되기 • 201

리더는 '학문적 삶' 을 살아야 한다 | 리더들, 공부 좀 해라 | 학문적 변화에 민감해야 한다

9강 정의로운 리더 되기 • 216

리더십의 기본은 정의다 | 정의는 제도만으로 해결할 수 없다

10강 큰 리더 되기 • 247

권력은 봉사다 | 여성 리더가 반드시 알아야 할 것 | 새로운 리더를 찾아서 | 리더는 고독해야 한다 | 몸이 건강해야 생각도 건강하다 | 행복한 리더, 행복한 국민 | 팀으로 하라 | 경쟁에서 이기는 것보다 중요한 것

11강 아름다운 큰 리더 찾기 • 285

푸르면 아름답다: 그린 리더십 | 두루두루 살펴야: 융합 리더십 | 새로워야: 창조 리더십 | 여유로워야: 디(THE) 리더십

주석 • 309

리더는 누구인가?

힘드니까 리더다

"감옥에서 풀려난 죄수라 할지라도 내가 권력의 속박을 벗어버리면서 맛본 그러한 안도감을 결코 느끼지 못할 것입니다."[1]

미국 제3대 대통령을 지낸 토마스 제퍼슨이 퇴임 때 한 말이다. 대통령이라는 자리가 얼마나 힘들었으면 그렇게 말했을까? 19세기 이야기지만 사정은 지금도 다르지 않을 것이다.

"각하! 3선 개헌은 하지 마셔야 합니다. 그리고 비서실장과 중앙정보부장은 반드시 가셔야 합니다."

정치활동 중 "가장 힘들었던 때가 언제였느냐?"라는 질문에 이만섭 전 국회의장이 내게 한 답이다. 박정희 대통령에게 이렇게 말했을 때가 제일 힘들었단다. 1969년 1월부터 연기가 솔솔 피어오르기 시작한 개헌 논의에 당시 신민당 유진오 총재가 지지 투쟁을 신인했다. 공화당 정구영 의장 역시 반대편에 섰다가 곤혹을 치른다. 그 후 정 의장은 "3선 개헌은 정도正道가 아니다."라는 글을 쓰기도 했다.[2] 결국 3선 개헌은 성사되고 유신체제로 이어졌다. 두 특급 참모도 교체돼 한 사람은 주일 대사, 또 한 사람은 당시 비례대표 국회의원으로 자리를 옮긴다.

대통령 앞에서 이런 직언을 하기는 쉽지 않다. 원래 대통령과의 대화는 준비된 보고만 하고 하문에 답하는 정도의 경직된 분위기다. 모든 불이익을 감수하고 일을 저지르겠다고 마음먹어야만 직언이 가능하다. 하지만 이렇게 남이 할 수 없는 어려운 일을 앞장서서 해내야 큰 리더다.

"소직小職을 물러나고자 합니다. 사직하고자 하는 이유는 다음과 같습니다. 개방형 임용제를 선거 후로 미루겠다는 당의 결정을 접하고 나서……. (중략) 개혁의 일익一翼을 담당하고자 정부에 들어온 소직이 좌절 속에 더 이상 감내할 수 없어 결국은 누를 끼치게 된 점을 널리 해량海諒하시기 바랍니다."[3]

1999년 11월 30일 김대중 정부 초대 중앙인사위원회 위원장을 맡고 있던 내가 취임 6개월 만에 대통령에게 보낸 사직서다. 사직서는 보통 이렇게 쓰지 않는다. "…일신상의 이유로 물러나고자 합니다." 라고 한 줄 쓰면 그만이다. 그런데 그 당시 나는 A4 용지를 가득 채운 사직서를 썼고, 대통령 비서실장에게도 보냈다. 그 덕인지 천신만고 끝에 개방형 임용제(외부 인사도 고위 공직에 들어올 수 있게 하는 제도)라는 새 제도를 계획대로 시행할 수 있었다. 한 일 년이 지난 후 국회에서 만난 김홍신(당시 국회의원) 작가가 "먼저 있던 곳이 더 나을 텐데요."라고 웃으며 내 처지를 가엾게 여기는 인사를 건넸던 것이 기억난다. '먼저 있던 곳'이란 학교를 말한다. 그렇지만 학교라고 쉬운 곳은 아니다.

높은 자리에 앉아 있다는 것은 매우 힘든 일이다. 신중히 생각하고 또 생각해 만든 계획안이 내 뜻대로 되지 않는다. 사방이 벽으로 막혀 있다. 정부의 정책이라는 것이 이해利害가 다른 환경을 뚫고 빠져나와야 하는데 그게 쉽지 않다. 후진타오胡錦濤도 중앙당 서기가 된 후 세 번이나 사임할 생각을 했다는 소문이 돈 적이 있다. 보통 고위층에 올라가면 "강을 건넌 병사처럼 오로지 직진만이 있다."라고 하는데 현실은 그렇지 않다. 후진타오 역시 주변에는 경쟁자 천지였고 태상왕이 임명한 황태자로서 영도집단 틈에 끼어 있어서 힘은 훨씬 더 들었을 것이다.

리더들은 이렇게 고생한다. 조직에서 스트레스를 제일 많이 받는 사람이 CEO라는 연구도 있다. 원숭이 중 사람과 행태가 가장 비슷한 개코원숭이 집단을 실험해 알아낸 결과다. 그야말로 어려운 여건에서 하기 힘든 일들을 해내야 하는 것이 리더의 책무다. 전쟁이 일어나 국민이 희생되거나 지진과 같은 자연재해로 도시가 폐허가 될 때 최고통치자가 빠진 곤경을 상상해보라. 회사가 부도 위기에 몰린 대표의 심경 역시 경험하지 못하면 알 길이 없다. 하다못해 새로운 기술에 투자할지 말지를 결정하는 것도 어렵다. 이런저런 상황에서 어떤 판단을 내려야 할지, 그리고 그 판단으로 인해 어떤 불이익이 돌아올지 리더는 어느 정도 가늠해야 한다.

그런데도 사람들은 모진 애를 써가며 리더를 하려고 한다. 힘든 일이지만 그래도 참고 견디며 보람된 일을 하다 보면 성취감과 만족감을 얻을 수도 있을 것이다. 나아가 많은 사람들을 행복하게 할 수 있으니 그 아니 좋지 않겠는가? 거기에다 세속적으로 말한다면, 약간은 으쓱하고 공사 부문 도처에서 자원을 내 것인 양 '맘껏' 쓸 수도 있다. 물론 여기서 '맘껏' 이라는 표현은 오해의 소지가 있다. 왜냐하면 대통령이라도 인사나 예산이나 정책을 마음대로 할 수는 없기 때문이다. 승진 서열을 어기고 좋은 자리에 원하는 인물을 임명하지 못하고, 아무리 급한 사업이라도 예산을 지원하지 못한다. 정책을 세우기는 더 어렵다. 대통령만이 아니라 공직에 있는 누구라도 법과 규정에 어긋나는 일을 할 수 없다는 뜻이다. 미국 대통령에 당선된 아이젠하우어가 좋아서 휘파람을 불고 다니니까 트루먼 대통령이 "대통령이 마음대로 할 수 있는 것은 백악관 잔디 깎는 일밖에 업소."라고 했다지 않은가. 대통령이 제안한 법률(정부안)이 국회를 통과하는 것은 낙타가 바늘구멍 지나가는 것보다 더 힘들어 계획대로 정책을 수행하기도 어렵다. 게다가 언론에서는 연일 비판의 목소리를 높인다. "대통령 못해 먹겠다."라고 할 정도로 격무요 뜻대로 못하는 자리가 나라에서 가장 높은 리더인 대통령이다.

이렇게 힘들고 고생이 말이 아닌데도 사람들은 리더가 되려고 온갖 노력을 기울인다. '인권과 평화, 그리고 용서와 화해의 상징' 넬슨 만델라는 '자유와 인권과 민주주의가 얼마나 가열한 싸움을 통해 얻어지는가를, 그러므로 그 민주주의가 얼마나 소중한가를, 인간의 불굴의 정신이 어떻게 고난과 좌절을 이기고 승리하는가를, 그리하여 한 위대한 인간이 어떻게 탄생하는가'를 자신의 자서전에서 자세히 보여준다.[4] 위대한 리더의 투쟁사가 이러하다.

위대한 리더까지는 아니더라도 선출직 리더가 힘들다는 사실은 선거 때 적나라하게 드러난다. 후보자들은 유권자를 설득시키기 위해서라면 온갖 일을 마다하지 않는다. 모임 자리에 수도 없이 불려가고, 야유회 떠나는 버스 앞에서 90도로 허리를 꺾어 절을 하는 일도 다반사다. 갖가지 민원에 시달리는 것도 일상이다. 한번은 교수 출신 정치 지망생이 선거에 출마해 유권자들 앞에서 음악에 맞춰 춤을 추는 것을 보고, 이런 일까지 해가며 국회의원을 하고 싶을까 하는 회의가 든 적도 있다.

이처럼 선출된 자리나 임명된 자리나, 공공부문이나 민간부문이나 리더가 고생하기는 마찬가지다. 시간에 쫓기며, 저녁을 몇 끼씩 먹어가며, 과로와 술로 건강을 해쳐가며, 청탁에 시달리며, 엇갈리는 여야 의견과 청와대와 부처 간 의견을 조율하며 고생한다. 복잡계 연구에서 인용되는 캐나다 맥길대학교 헨리 민츠버그H. Minzberg 교수의 CEO들의 활동에 관한 실증적 연구에 따르면, CEO는 하루 583가지 일을 하고 그 가운데 50퍼센트의 일은 9분 이상을 지속하지 않는다고 한다.[5] 사무실에 앉아 얼마나 시달리는지를 보여주는 사례다.

국민의 정부 때 일이다. 세종문화회관에서 열린 3·1절 행사에서 내 옆에 앉은 진념 당시 부총리 겸 재정경제부 장관이 지난 한 주일 동안 사무실에 가질 못했다고 푸념한다. 그 이유를 물으니, 국회에 메어 있었단다. 결재는 어떻게 하냐고 물어보니 급한 것은 국회로 가져오라고 했단다. 이명박 정부에서 일한 윤증현 기획재정부 장관은 2년 4개월 재임한 장수 장관이었는데, 재임 기간 동안 그는 국무회의나 경제정책조정회의와 같은 굵직굵직한 회의만 해도 327회나 참석했다고 한다. 오연천 서울대학교 총장은 취임 후 몇 달이 지난 어느 날 내게 일의 95퍼센트가 관리업무라고 말하며, 기계적인 일이긴 해도 여간 신경이 쓰이는 게 아니라고 했다. 나라와 조직을 위해서 살과 뼈를 깎는 자리에 있는 사람들의 실상이 이러하니, 역작용이 크긴 하지만 차라리 짧은 재임 기간이 당사자의 건강에는 좋을 것 같다. 외국은 장관이 한두 주 휴가를 가도 아무런 지장이 없다. 위임과 대행이 잘되어 있기 때문이다. 우리나라는 윗사람들이 다 쥐고 고생을 자처한다. 왜 그럴까? 진정 국가와 민족을 위해 봉사하기 위해서일까?

어느 시민단체가 주관하는 지방선거 준비과정 프로그램에 참여한 수강생들에게 왜 정치를 하려고 하는가 물은 적이 있다. 답이 의외였다. "정치가 제일 많이 남는 장사니까." 너무 기가 막혔다. 정치를 사업으로 생각하고 이윤을 볼 생각으로 정치에 뛰어드는 사람도 있는 것이다. 이런 사람들에게 리더십을 기대하는 것은 산에 가서 물고기를 잡으라는 것과 같을 것이다. 하긴 조용헌이 오래전 계룡산 국사봉에 있던 어느 방외지사方外之士에게 들은 이야기에 따르면, 장사는 10배, 정치는 100배, 종교는 1000배 남는 장사라고 했다던가.

꼭대기까지 오르려면 온갖 고생을 다 해야 한다. 열심히 일하는 것은 물론이요, 상사에게 잘 보이려고 애쓰고, 정치권과 기업의 은밀한 후원도 필요하다. 그런데도 사람들은 보편적으로 일단 조직생활을 시작하면 언젠가 자신도 정상에 오를 기회가 올 것이라고 기대한다. 그러니 낙오라도 하면 인생 전체에서 실패했다고 자책하려 드는 것이다. 그러나 그 좁디좁고 높디높은 꼭대기로 가는 길이 만만한 것은 절대로 아니다. 물론 자생집단의 리더는 또 달라, 리더라고 모두 다 같은 경로를 따르고 같은 인식과 평가를 받는 것은 아니다. 하지만 세상을 살면서 위로 올라가려는 욕구와 자리를 탐하는 본능은 누구나 조금씩은 갖고 있다. 높은 산꼭대기를 오르려고 하는 것도 다 그런 욕망이 발현된 것은 아닐까?

하지만 애써가며 리더가 되려는 사람들이 모르는 것이 하나 있다. 산에 오를 때는 숨도 차고 힘들긴 하지만 성취감에 취하면 세상이 내 것 같다. 하지만 내려올 때는 관절 부위에 큰 부담이 가 산행을 포기하는 이들이 많다. 산행에서는 하산이 훨씬 더 어렵다. 리더에서 내려올 때 내가 어떤 평가를 받을까도 생각해야 한다는 뜻이다. 그러기에 법정 스님은 높이 오르는 것, 빨리 가는 것, 멀리 가는 것에 흔쾌히 동의하지 않았는지도 모른다. 스님은 1990년대 초 광주에서 한 어느 강연에서 올림픽의 목표인 '더 높이, 더 멀리, 더 빠르게'에 찬동할 수 없다고 했다. 88올림픽이 끝난 지 얼마 되지 않아서이다. 세속적인 것과 다를 수밖에 없는 성직자의 생각에 의문은 들지 않는다. 하지만 법정 스님의 말씀에는 뼈가 있다. 빨리 달려 높은 자리에 올라 한때 다른 이들과 멀리 떨어져 있다고 인생에서 성공했다고 착각하면 안 된다. 인간은 그가 산 세월을 통틀어 어떻게 살았는가를 평가받는다. 세상 떠날 때 받는 평가가 제일 중하다. 그렇게 생각하면 집단을 이끄는 리더 말고, 많은 사람에게 영향을 미치는 위대한 이론가나 사상가의 삶이 더 편하고 평가도 후할지 모르겠다. 이들도 리더임에는 틀림없으니 말이다.

자리가 높다고 리더가 되는 것은 절대로 아니다. 높은 자리에 있는 사람들 중에 무대 아래에 있는 사람보다 훨씬 못한 사람이 한둘이 아니다. 나는 어떤 이유에서라도 일단 옥살이를 한 사람은 공직을 맡으면 안 된다는 생각을 늘 해왔다. 2004년 열린우리당 공천심사위원장을 맡았을 때 음주운전 전과가 있는 사람을 공천하느니 마느니 하며 위원들과 한참 승강이를 벌인 적이 있다. 위원이었던 소설가 김주영은 한사코 음주가 무슨 죄냐며 세 번 범했어도 인물이 되면 공천을 하자 했고, 조기숙 교수는 생명을 위협하는 일이니 한 번이라도 안 된다고 했다. 결국 두 번까지는 인정하는 것으로 해서 어떤 후보가 살아났지만 그 당시는 낙선했고 현재는 재선 국회의원이 되었다.

나는 크든 작든 법을 어긴 사람이 공직을 맡는 것은 모순이며, 이야말로 자신을 모멸하는 자가당착적 자해 행위라는 좀 엄격한 잣대를 적용하는 것이 옳다고 본다. 자녀 교육을 위해 위장전입을 떡 먹듯이 하는 공직자는 그것이야말로 자식 교육에 반하는 행동임을 모르지 않을 것이다. 이런 것이 프로이트가 말하는 '죽음 본능'이다. 무슨 일에서든 애쓰기는 하는데 결국은 자기를 깎아 먹는 행동들이다. 그렇게 자란 자식이 세속적 출세는 할지 몰라도 자신밖에 모를 가능성이 높고 사회 공헌은 남의 이야기가 될 것이다.

법을 만들건 적용하건 집행하건 그 주역들이 범법자인데, 또 다른 범법자들을 어떻게 법으로 응징할 수 있겠는가? 독재정권에 항거해 영어囹圄의 몸이었던 민주투사들을 예외 없이 영웅으로 환생시키는 것은 법의 한계이자 모순일 수 있다. 이 책에서 차차 법이나 제도의 모순을 이야기하겠지만 어쨌든 법과 제도의 기준을 놓고 진실을 가리는 것이 맞지 않을 때가 많다. 아무튼 리더인지 아닌지 가리는 것이 매우 힘들고 자리로만 말하기도 어렵다면, 결국 맡은 역할을 어떻게 수행하느냐로 가려야 하지 않을까 하는 생각이 든다.

힘드니까 리더라는 것은 힘든 자리를 감수하며 훌륭한 일을 해내라는 주문이다. 힘들지 않다면 아무나 할 수 있는 일이 된다. 힘들고 까다롭고 한쪽으로 치우칠 가능성이 농후하고 또 잘못하다가는 구렁텅이에 빠지기 쉽고……. 리더 자리는 참으로 힘들다. 하지만 이렇게 힘들어도 반듯해야 하는 것이 리더의 바른 형상이다. 리더는 인격적으로 존경받고 업적을 상찬받는 인물이어야 한다. 책의 후반에도 나오지만 리더는 현명하고 또 현명해야 하고, 나력裸力과 잔향殘香을 풍겨야 한다. 리더의 역할을 끝내고 자리에서 물러난 뒤에도 모두가 칭송하고 숭앙하는 인물이어야 한다. 어떤 인물들이 떠오르는가? 본받고 싶은 여러 리더들이 책 곳곳에서 등장할 것이다.

리더가 존경을 받으면 신뢰도 쌓인다. 국회에서 언필칭 "존경하는 아무개 의원님"이라고 호칭하는 것은 이 나라 정치의 해학이 아닐 수 없다. 곧 막말이 튀어나오는 판국에 마음에 없는 표현을 아무렇지도 않게 쓰는 것이 이 나라 민의를 대변하는 리더들의 모습이다. 그런 상황에서 벗어나는 날이 오긴 올 것인지? 올 것이다. 꼭 와야 한다.

리더와 리더십에 관한 이야기를 본격적으로 하기에 앞서 이런 이야기를 꺼내는 것은 리더나 리더십이 만만찮은 개념이고 동시에 현실세계에서도 힘들기 짝이 없는 고된 일이니까, 그래서 어쩌면 역으로 도전해볼 만한 가치가 있는 것이라 생각하기 때문이다. 그래도 리더와 리더십을 파헤쳐나가는 길이 그리 평탄하지는 않을 것이다. 그래도 우리 함께 험로를 가야 한다. 어떤 희열도 좌절도 좋으니 감수하며 갔으면 한다. 정의로운 리더, 아름다운 리더를 찾고 맞이해야 하기 때문이다.

이 나라의 리더가 갖추지 못한 것들

"나도 영어로 할 걸 그랬나?"

홍콩에서 있었던 일이다. 홍콩 주재 한국 총영사가 한국 음식을 세계화하는 행사에서 행사와 맞지 않는 개막 연설을 마치 청와대 들으라는 듯이 한국어로 길게 했다. 그 자리에 있던 특파원에 따르면, 사람들이 주목하지 않는 긴 자국어 연설로 머쓱해진 총영사가 위와 같이 말했다고 한다. 간단한 중국어 인사말로 시작해 짧게 끝냈으면 좋으련만. 외국에서 나라를 대표하는 리더의 상황감각이 그렇게 무디다. 특정 상황에서 연설 하나 제대로 할 줄 모르는데 무슨 근거로 국민의 세금을 봉급으로 받을 수 있을까?

한국의 리더들은 리더로서 갖춰야 할 것들을 제대로 갖추지 못한 사람이 많다. 리더의 기본이 안 된 사람들이 많다는 뜻이다. 이것은 리더가 뭔지, 무엇을 해야 하는지, 어떻게 해야 하는지를 배우거나 제대로 경험하지 못했기 때문이다. 그런데도 리더를 자처하는 사람들이 많다. 그저 연한이 차거나 자리가 높아지면 리더 행세를 한다.

유정아 서울대학교 행정대학원 초빙교수가 2010년 12월 국회방송 〈원로에게 듣는다〉라는 프로그램에서 '미래 리더십'이라는 주제로 나를 인터뷰한 적이 있다. 리더십에 대한 긴 대화 후 그녀는 "스스로 리더라고 생각하느냐?"라는 당황스런 질문을 내게 던졌다. 단호하게 "아니다."라고 했다. 나 같은 자아 중심적 성향이 강한 사람은 리더가 될 수도 없고 되어서도 안 된다는 것이 나의 지론이라고 했다.

물론 나와 비슷한 사람들이 모두 리더가 되면 안 된다고 말하고 싶지는 않다. 하버드대학교 케네디스쿨의 리더십센터가 지향하는 프로그램의 정신에도 리더십을 갈고닦으면 훌륭한 리더가 탄생할 수 있다는 믿음이 깔려 있다. 그리고 내가 리더십 강의를 열심히 하는 것도 그런 이유에서다. 진정한 리더가 이 나라에 많아야 한다는 기대를 걸고 이들이 힘차게 부르는 희망의 노래를 듣고 싶기 때문이다. 그러나 현실로 눈을 돌리면 한국 사회의 리더들이 다음과 같은 점을 반성하고 보충했으면 하는 생각이 든다. 한국 사회 리더들이 제대로 갖추지 못한 점을 정리해보면 다음과 같다.

1. 리더십의 기본 요건인 지적 삶academic life에 익숙하지 않다. 학교에서는 열심히 공부해 좋은 성적을 받았을지 몰라도 나 자신을 발견하는 공부가 아니었고, 리더가 된 후에는 시간이 없어 책을 볼 기회가 거의 없다. 게다가 제대로 된 리더십 훈련을 받은 적도 없는 듯하

다. 열심히 일하다가 자리를 차지하며 리더로 등장했을 뿐이다. 물론 열심히 정진했으니 그 자리에 가는 것이 자연스러울지 몰라도 리더로서의 요건을 갖춘 것은 아니다.

2. 단견으로 일관한다. 즉 좁은 소견으로 자신의 주장을 강변한다. 제대로 공부를 하지 않으니 종합지綜合知가 부족하고 암묵지暗默知도 모자란다. 그렇다고 '손지식' 이나 '야생적 사고' 에도 익숙하지 않다. 야생적 사고가 더 합리적일 수 있다는 것은 클로드 레비 스트로스Claude Levi Strauss의 말로,[6] 학교교육을 제대로 받지 않아도 매우 논리적이고 현명할 수 있다는 뜻이다. 또한 물질에 대한 지식, 즉 대물지對物知와 사람에 대한 지식, 즉 대인지對人知까지는 아는데, 이를 합쳐 하나로 생각하는 장회익의 대생지對生知[7]는 모른다. 이건 리더들만이 아니라 연구를 하는 학자들도 모르긴 마찬가지다.

3. 다양성이 부족하다. 하는 일은 열심히 할지 몰라도 다른 세계의 원리와 관행을 알지 못한다. 다른 문화와 인종을 모르는 것은 물론이다. 그러니 생각의 변을 넓히고 다양하게 꾸밀 줄 모른다. 그래도 리더들은 자신을 자율적 주체라고 생각하고 내가 하는 일이 사회의 약점과 허점을 보완하는 것이라는 믿음을 갖는다. 이게 커지면 슬라보예 지젝Slavoj Zizek이 말한 대로 '숭고한 감정' 에 빠져버린다.[8] 그러나 그럴수록 '주체와 타자 사이에 환원 불가능한 간극' 이 도사리고 있어 소통이 이루어지기 어렵다는 것을 모르고 뛰어다닌다.

4. 감각이 약하다. 표현하는 센스가 부족하다. 말하는 것도, 행동하는 것도 그렇다. 가지 말아야 할 자리에서 하지 말아야 할 말을 마구 하는 것이 이 나라 정치 리더들의 공통점이다. 또 어느 대학 부총장은 5분이면 될 말을 23분이나 했다고 교수들이 수군거리는 것을 들은 적이 있다. 감각이 부족하니 리듬이나 색감 등은 말할 것도 없다. 감각은 신경세포를 활성화하거나 자극하여 신경 처리를 시작하게 하는 에너지로, 인간과 세계의 접촉은 감각에서 시작된다. 리더들은 흔히 존재하지 않는 대상을 지각하는 잘못을 쉽게 저지르거나 감각이 쇠퇴하고 있는데도 항상 최상에 있던 감각을 기준으로 생각하는 습관에서 벗어나지 못한다.[9]

5. 여러 지능, 즉 감성 · 문화 · 정치 · 사회 지능 중 특히 상황맥락지능이 뒤진다. 비유를 하자면 입안의 단맛만 알지 음식을 더 맛있게 꾸미는 그릇 맛, 즉 기미器味를 모르는 것과 같은 것이다. 상황맥락지능에 관해서는 뒤에서 다시 이야기하자.

6. 논리에 약하다. 일반 논리에 어긋나는 언사를 한다. 이분법 논리에 젖어 있고 합리주의를 지나치게 맹신한다. 서양중심주의를 극복할 수 있는 세계사적 조건과 전망을 탐색하고 해법을 제시한 강정인[10]이나, '서양의 눈으로 동양을 보지 말라'는 에드워드 사이드[11]나 '이성 중심의 서양적 사고'를 해체하려는 자크 데리다[12]를 읽지 않는다. 패러다임 시프트paradigm shift를 모르는 것은 말할 것도 없다.

7. 상상력이 부족하고 '디지그노designo'를 모른다. 뒤에서도 설명하겠지만, '디지그노'는 인지를 뜻하는 '코그노cogno'에 빗댄 조어로 아름답게 꾸민다는 뜻을 함축하고 있다. 또한 융합에도 약하다. 원래 학문에는 세 가지 축, 곧 '기억의 축', '이성의 축', 그리고 '상상의 축'이 있다. 이들을 대표하는 학문이 각기 역사, 철학, 시학 등이다. 시 짓기는 시인들이 하는 일이라고 할 수 있겠지만 누구나 시심이 있어야 여러 상황을 아우를 수 있고, 여유를 가질 수 있다. 원래 학문은 희랍시대 때부터 '시 짓기 기술'로 시작했다.

8. 품격이 모자란다. 옛 사람들은 그렇지 않았다. 국회의장이 집무실에서 요구르트를 든 사진이 신문에 실린 것을 보고 경악한 적이 있다. 종이컵도 마찬가지로 안 된다. 또, 대통령이 제주도에서 열린 한-아세안 정상회담에서 태국 총리에게 "욕은 알아듣는다."라는 말을 했다고 한다. 기왕이면 "태국 말이 리듬감이 있어 듣기에 매우 아름답다."라고 말하는 게 더 좋았다.

리더들에게 부족한 이런 면을 보완하고 리더 역할을 제대로 하기 위해 다음과 같은 점을 마음에 담았으면 한다. 내가 리더십 코스에서 늘 강조하는 것이기도 하다.

첫째, 신독愼獨하고 침묵할 줄 알아야 한다. 혼자 있어도 스스로 부끄럼이 없어야 한다는 뜻이다. 많은 리더들이 침묵이 금이라는 금언을 지키지 못한다. 어디 가나 떠들어댄다. 그리고 부끄러운 일을 의식하지 못하고 예사로 한다. 위법 · 불법 같은 행위는 물론이요, 예의에 어긋나는 행동도 예사로 한다. 주위에 아무도 없어도 조신한 행동을 할 수 있어야 깊이 있는 리더다. 율곡栗谷 이이李珥와 퇴계退溪 이황李滉 등이 늘 강조한 군왕의 덕목 중 하나다.

둘째, 나력裸力을 지녀야 한다. 리더들이 권력을 지향하다가 자리를 탐하는 것이 상례다. 자리를 맡으면 안하무인이 되기 십상이다. 내 생각만 강요한다. 그러다 자리에서 내려오면 언제 있었느냐 싶게 외면당한다. 그런 리더가 될 것인가? 그러면 인생이 아깝다. 자리를 맡지 않아도, 아니면 자리에서 물러나도 사람들이 기릴 수 있어야 한다. 그것이 나력이다. 이는 곧 비워야 한다는 뜻이기도 하다. 승효상은 '빈자의 미학'을 말한다. 세상은 어차피 지센린李羨林의 말대로 "다 지나간다."라고 생각해야 현명하다. 한때의 자리에 연연하지 말고 인생을 통틀어 한 축과 한 선에서 내 좌표를 항상 가려야 한다.

셋째, 잔향殘香을 남길 수 있어야 한다. 나력과 같은 의미에서 은은한 기품을 말한다. 리더들 중에는 자리에 있건 떠났건 두고두고 칭송받는 사람들이 있다. 반면 악취를 날리는 리더도 많다. 권력에 향기를 기대하는 것이 지나칠지 몰라도 현자들은 그렇지 않다. 그윽한 향기를 두고두고 풍기는 리더가 소망스럽다.

넷째, 인지문명 시대의 조류에 편승할 수 있어야 한다. 세상의 원리가 변하고 있기 때문이다. 저간에 물질과 에너지를 생산하기에 급급했던 '지배의 리비도'를 재고할 때가 되었다. 빈곤, 질병, 파괴 등 인간 세상의 오욕을 뒤집어썼기 때문이다. 이젠 경쟁에 배려와 협력이 따르고 상대방을 인정하고 존중하며 시간과 생명체의 소중함을 일깨우는 '공감의 리비도'를 모르면 공멸한다.

다섯째, 이원론보다는 일원론을 익혀야 한다. 정신과 물질, 미와 추, 성공과 실패는 다른 것이 아니라 같은 하나다. 여와 야가 존재하는 것은 엄연한 사실이지만, 이 대립을 극복하고 하나가 되어야 진정한 정치다. 여와 야가 합치라는 것이 아니라 공유할 수 있는 이상을 위해 경쟁하고 공존하라는 뜻이다. 기업도 경쟁자를 물리쳐야 살아남겠지만 서로가 하나라고 생각하고 협업하고 상생을 위해 공존의 지혜를 짜낼 수 있어야 한다.

마지막으로, 이 책의 모두冒頭에서 꼭 말하고 넘어가야 할 것은 '리더의 법칙', 즉 9:1, 1:9의 법칙이다. 평소에 리더는 나 하나를 빼놓고 아홉 명을 섬겨야 한다. 그러다가 위기 때 나 하나가 아홉 명을 움직여 모두가 함께 살아남아야 한다. 어느 경우든 봉사하고 섬긴다는 의미는 변함이 없다.

누구를 리더라고 하나?

"내가 하자는 대로 하면 되잖아."

요즘도 조직에 따라서는 명령조의 지시를 하면서 구성원을 이끌고 가려는 사람이 있다. 전근대적인 행태인데도 꼼짝하지 못하고 다들 따라가게 마련이다. 나이도 그렇고 높은 자리에 있으니까 어쩔 수 없다. 이런 이들을 리더라고 해야 하나?

'리더란 무엇인가'를 물어야 할 때다. '정의란 무엇인가'를 물어야 했듯이 말이다. 당시 이장무 총장의 배려로 2008년 서울대학교 기초교육원 산하에 리더십센터를 만들 때의 일이다. 학칙을 바꾸기 위해 최종으로 교수평의회에 안건을 부의했더니 대학에서 리더십 훈련이 뭐 필요하냐며 반대한 교수들이 있었다.

의아했던 것은 총선이나 대선의 시기가 다가와서가 아니라 우리 사회를 위해 누군가가 희생하고 봉사해야 하는데 그런 역할을 할 사람이 얼마나 있는지 쉽게 답이 나오지 않아서이다. 보통 리더leader라고 하면 끄는 자로 추종자follower를 거느리는 것으로 연상하기 쉽다. 미국의 종교 인권 운동가 마틴 루터 킹이 나타나면 그의 연설을 듣기 위해 군중들이 구름같이 모인다. 그야말로 운집雲集이다. 1956년 신익희申翼熙 선생이 한강 백사장에서 대통령 선거유세를 할 때도 군중이 구름같이 모였다. 1992년 김대중 선생이 보라매공원에서 연설할 때도 마찬가지였다. 요즘은 그런 인물이 없다. 누군가 우리를 대신해 말하고 행동하는 사람이 필요한 것이다.

이들 이외에도 리더로서의 역할을 하는 인물들은 많다. 대개 이들은 내일을 내다보고 일을 꾸미고 성과를 낸다. 많은 사람들과 더불어 조화롭게 일을 한다. 자긍심pride, 신뢰trust, 재미fun로 뭉친다. 일하는 와중에 생기는 갈등도 지혜롭게 해결한다. 모두에게 동기가 부여돼 신나게 일할 수 있는 분위기를 만든다. 이처럼 리더의 자질이나 덕목에 관해서는 이론이며 실제가 많다. 이 책 곳곳에 이에 관한 이야기가 이어질 것이다.

리더라고 하면 대개 자리를 연상하고 역할과도 상관이 있다고 생각한다. 대통령을 비롯해서 각 부처 장관, 국회의원, 군사령관, 대학 총장, 종합병원장, 언론사 사장, 공공기관의 장, 크고 작은 기업의

CEO, 그리고 종교지도자들 같은 사회 각계각층의 여러 지도자 등이 높은 자리에 있는 리더들이다. 하지만 높은 자리를 차지했다고 해서 이들이 모두 다 리더일까? 맡은 기관을 이끌어갈 최종 책임자이니까 리더는 리더겠지만, 좋은 리더나 훌륭한 리더가 되려면 역할이 마땅하고 동시에 함께 일하며 존중하고 싶다는 평가를 받아야 한다.

리더라는 자리는 좋은 평가를 받을 때도 있고 나쁜 평가를 받을 때도 있다. 일 잘하고 조직의 구성원이나 국민의 기대에 부응하면 좋은 리더다. 부응하지 못하면 나쁜 리더가 된다. 리더에 대한 '좋다' 혹은 '나쁘다' 라는 평가는 교차하기도 하고 어긋나기도 한다. 대표적인 예가 알제리 전쟁을 평화적으로 해결하고 1962년 10월 대통령 직선을 국민투표에 붙여 승리해 체제를 완성한 샤를 드골이다. 드골은 재선에 성공하는 등 출세 가도를 달리지만 1968년 '5월 위기' 로 10년에 걸친 드골 체제의 기반이 흔들려 다음 해 지방제도와 상원의 개혁에 대한 국민투표에서 패배해 대통령직을 사임한다. 또한 군인이자 화가, 노벨평화상 수상자인 윈스턴 처칠은 2차 세계대전 중 불안에 떠는 영국 국민에게 용기를 불어넣은 영웅이고 수상까지 지내지만, 총선에서 패해 평의원으로 있다가 1964년에는 의원직도 사임한다. 뉴턴과 셰익스피어를 제치고 BBC가 뽑은 100인의 인물에 드는 처칠은 학교에 적응하지 못하고 삼수 끝에 샌드허스트 사관학교에 입학한 인물이기도 하다. 이처럼 학교나 직장에서 역경을 이겨낸 인물이 큰 리더가 되기도 한다.

리더는 시대가 기대하는 바에 따라 역할을 달리하게 마련이고, 이에 대한 평가 역시 엇갈린다. 여론조사가 보여주듯 취임 초 대통령의 지지율이 80퍼센트대에 있다가 퇴임할 때가 되면 20퍼센트대로 곤두박질치기도 한다. 그러나 역할과 이에 대한 평가만으로 리더다 아니다를 속단하면 안 된다. 한때 잘못했다고 그를 리더가 아니라고 하는 것은 인색하다. 그러려면 리더를 더 깊이 이해해야 한다. 평가가 너그러워도 안 되지만 너무 인색해서도 안 된다. 정확해야 한다.

역대 대통령에 대한 평가 역시 중요한데, 미국에서는 그 전통이 깊다. 정치학자들보다 주로 역사학자들이 평가를 하는데, 44명의 미국 대통령 중 성공했다는 평가를 받는 대통령은 네 명에 불과하다. 그들의 공통점은 재임 시에 전쟁이나 위기를 무사히 치러냈다는 것이다. 조지 워싱턴(독립전쟁), 토마스 제퍼슨, 에이브러햄 링컨(남북전쟁), 프랭클린 루스벨트(2차 세계대전) 등이다. 미국 대통령 가운데 전쟁을 치르지 않은 사람이 거의 없다고는 하지만, 전쟁을 치렀다고 모두 성공한 대통령으로 평가받는 것은 아니다. 베트남전, 이라크전, 아프카니스탄전 같은 무모한 전쟁에 뛰어든 대통령에 대한 평가는 낮다. 이처럼 리더에 대한 평가에는 개인의 자질에 대한 평가와는 별도로 리더가 당면했던 상황에 대한 평가가 수반된다.

리더가 누군지, 어떤 사람인지에 관한 자료는 책과 논문, 잡지 등을 통해 다양하게 잘 정리되어 있다. 그중 하나가 《세계사를 움직인 100인》[13]이다. 여기에는 석가모니 · 공자 · 예수와 같은 종교 인물에서부터 진시황제 영정嬴政 · 칭기즈칸 · 카이사르 · 레닌과 같은 지도자, 레오나르도 다 빈치 · 반 고흐 · 바흐 · 타고르와 같은 예술가, 칸트와 같은 철학자 등 각 분야에서 세계를 움직인 위대한 리더Great

Leader들이 포함되어 있다. 그런데 이들 중에 아름다운 큰 리더는 몇이나 있을까?

미국의 시사주간지 〈타임〉은 매년 '세계에서 가장 영향력 있는 100인'을 선정해 발표한다. 이들 중에는 예술가, 활동가, 개혁가, 연구자, 국가영수, 산업가 등이 포함된다. 이들은 아이디어로 대화를 자극하고 진중하면서도 놀라운 혁명을 유도해 세상에 큰 반향을 일으킨 인물들이다. 가장 최근인 2011년 5월 2일에 선정된 인물들 중 일부 면면을 보면, 이집트 구글 대표이면서 대중의 힘을 일깨운 혁명가 와엘 고님, 교육만이 빈곤으로부터 탈출할 수 있는 유일한 수단이라며 학교 개혁을 부르짖은 조프리 캐나다, 장기이식을 기다리는 미국 내 7000명의 환자를 네트워크로 널리 알려 한 환자의 콩팥 장기이식을 가능하게 한 페이스북의 마크 주커버그, 교육적 성취를 위해 오직 열정으로 자식을 가르치는 타이거 맘 에이미 추아, 오랜 연금생활에도 굴하지 않고 미얀마 민주화의 불꽃을 사그라뜨리지 않는 아웅산 수 치, 오직 봉사로 일관하며 뉴어크 시장 당선 후에도 초지를 굽히지 않는 코리 부커, 남미 대국의 최초 여성 대통령이 된 브라질의 지우마 호세프, 공개되지 않았던 비밀문서 50만 점을 과감히 폭로한 위키리크스의 어산지, 아이티·쿠웨이트·보스니아·이라크·아프카니스탄 등지에서 갈등관리를 한 4성 장군 데이빗 피트라스, 갑부들로부터 20억 달러를 기부받아 인도 뱅갈로에서 교육개선 사업을 벌인 아짐 프램지, 리비아 혁명의 도화선이 된 인권변호사 화티 터빌, 대중의 이해와 정부의 이해를 일치시키기 위해 관료 개혁에 앞장선 뉴저지 주지사 크리스 크리스티, 맑은 공기·맑은 물·

건강한 지역사회를 표방하며 크린 에너지 경제를 주도하고 있는 리사 잭슨, 인간에게 치명적인 바이러스 퇴치를 위해 활동하는 네이선 월프, 9일 동안 5개국의 산 100마일을 오르며 모은 기금을 아프리카에 보낸 13세 소년 나다니엘 스타퍼드, 부호이면서 티 파티와 예술에 엄청난 돈을 쏟아부은 코크 형제, 학교 개혁에 끝없는 열정을 태우는 미셸 리, 인도 사회의 정의구현에 앞장서는 아루나 로이, 이집트 혁명에 앞장선 알 자리라 방송 리포터 아이만 모엘딘 등 세상에 두루 좋은 영향을 끼친 눈부신 활동가들이다.

선정의 역사는 매우 길다. 〈타임〉 설립자들은 중요한 인물과 의사결정자들이 역사를 바꾼다고 믿으며 경영, 과학, 예술 등 여러 분야에서 인사들을 선정해 부각시켰다. 1923년 조지 버나드 쇼, 1924년 지그문트 프로이트, 1925년 존 D. 록펠러 주니어, 1925년 헨리 포드 등이 이런 기록 역사의 장을 최초로 장식했다.

또한 〈타임〉은 2차 세계대전 60년을 기념해 아시아의 영웅 60인을 선정한 적이 있다. 인도의 간디와 네루, 필리핀의 코라손 아퀴노 대통령, 미얀마의 아웅산 장군, 아프가니스탄의 독립운동가 아흐마드 샤 마수드, 중국의 덩샤오핑, 인도네시아 독립을 이끈 모함마드 하타, 홍콩의 번영을 주도한 머레이 맥레호스 영국 총독, 베트남의 전쟁영웅 보 응우엔 잡, 파키스탄 건국의 아버지 모하메드 알리 진나, 싱가포르의 리콴유, 인도의 예술가이자 사상가인 아마르타 센, 태국 국왕 푸미폰 아둔라야뎃 등이 선정되었다. 우리나라는 정치인은 한 명도 들어가지 못했고 대신 기업인 정주영과 예술가 백남준이 포함됐다.

이 리스트에 들지는 못했지만 우리나라도 각 분야의 리더들이 꽤 많다. 영화의 역사나 다름없는 임권택 감독을 리더라고 하지 않을 사람은 없다. 또한 데이터 야구로 정평이 나 있는 김성근 감독, 허정무나 홍명보 같은 축구 감독들도 엄연한 리더다. 이들 모두는 어김없이 선수들을 잘 관리하고 팀의 목표를 달성하기 위해 헌신한다. 리더의 정형이다. 행정부의 장長이나 국회의원 중에도 리더는 있다. 기업의 CEO도 마찬가지다. 그러나 이들 중 많은 사람이 유감스럽게도 법 어기기를 떡 먹듯이 해 진정한 리더의 반열에 오를 수 있는 이는 많지 않다.

하버드대학교 케네디스쿨과 〈US뉴스앤월드리포트〉는 매년 100인의 공공 리더를 선정해오고 있다. 2006년의 면면을 보면 아이로봇 iRobot 회장, 스타벅스 회장, 마이크로소프트 회장, 토크쇼 사회자(오프라 윈프리), 장관(콘돌리자 라이스), 하버드대학교 의과대학 교수(김용, 지금은 미국 다트머스대학교 총장이다) 등이 뽑혔다. 같은 장관이라도 어떤 일을 어떻게 수행하느냐에 따라 뽑히는 사람은 따로 있다.

여성 지도자로는 '이라크 모든 여성의 어머니' 마디하 하산 오드하입이 있다. 실업률이 60퍼센트를 넘는 이라크에서 100명의 여성을 고용해 재봉 일을 시키며 밝은 이라크의 내일을 약속했다는 평가를 받는다. 그녀는 "나는 결코 포기할 수 없다."라는 말을 늘 하고 다닌다. 또 다른 여성 지도자로 빼놓을 수 없는 인물이 지구과학자 레이첼 카슨이다. 그는 지구를 망치는 DDT(의약품)의 폐해를 알리면서 화학적 물질의 유해와 달리 생물학적 유해의 관리가 허술한 정부의 정책들을 맹비판했다. 독극물을 무분별하게 사용하고 있을 뿐만 아니라 산업화된 기술사회가 자연을 대하는 무책임한 태도를 참지 못했다. 그녀는 1962년 《침묵의 봄》을 출간하여 케네디 대통령으로 하여금 살충제 위원회를 구성하게 만들었다.

이 밖에도 〈파이낸셜타임스〉는 2009년 3월 11일 세계 경제위기를 극복하기 위해 핵심적 역할을 해야 할 리더 50인을 발표했다. 정치적 지도력과 국제적 협력을 통해 금융위기와 경제난국을 풀 수 있다는 것이다. 여기 등장하는 인물은 오바마, 원자바오, 메르켈, 사르코지, 브라운, 푸틴 등 각국 정상들과 저우샤오촨, 버냉키, 트리셰, 머빈 등 각국 중앙은행 총재들이다. 그리고 국제기구의 수장들, 이를테면 국제통화기금 · 세계은행 · 중국투자공사들이 포함되고, 미국발 금융위기를 정확히 예측한 누리엘 루비니 뉴욕대학교 교수와 로버트 실러 예일대학교 교수 등이 포함됐다.

우리나라에서는 앞에서와 같은 체계적인 리더 탐색 자료로는 부족하지만, 리더십에 관한 연구가 정치 관련 학술지에 간간이 소개되고 있다. 1992년 계간 〈사상〉에서는 〈정치지도자의 역할과 자질〉(이한빈), 〈의회 민주주의와 리더십 요건〉(김종림), 〈여운형의 사상과 행동〉, 〈해방기 한국의 정치지도자 4인(이승만, 김구, 김규식, 여운형)에 관한 연구〉(이정식), 〈대통령의 정책관리 스타일〉(정정길), 〈미국 대통령의 리더십〉(안병영), 그리고 〈패자의 논리도 중요하다〉(김광웅) 등 한국의 리더십을 다룬 논문들을 소개했다.

미국처럼 우리나라에서도 '사회에 공헌하는 공공 지도자 30인' 과 같은 식의 리더에 대한 평가가 매년 있었으면 좋겠다. 후학들을 위해 좋은 전범典範이 되기 때문이다.

참고로 세계경제포럼WEF이 2002년에 뽑은 차세대 리더 13명 중에는 강우석 감독, 김택진 엔씨소프트 대표, 안철수 서울대 교수 등이 포함되었는데, 이들의 공통된 특징 7가지가 흥미롭다. ① 평균 나이 40.4세, ② 평균 수면시간 6시간(아침 6시 이전에 기상), ③ 외국어, 특히 영어 능통, ④ 좋아하는 운동은 달리기와 골프, ⑤ 평균 주량 소주 반 병, ⑥ 독서량 한 달 2~10권, ⑦ 남성은 기혼, 여성은 미혼이라는 7가지 특징으로 정리할 수 있었다. 한편 세계경제포럼이 2009년에 뽑은 아시아의 젊은 리더 중에는 우리나라의 정재승, 박진영, 이소연 등이 포함되었다.

지금까지 전 세계적으로 인정받는 리더들을 소개했다. 세계적인 리더라 불리는 사람들이 어떤 인물인지는 쉽게 확인할 수 있다. 시대 따라 다르고 역할 따라 다르고 분야 따라 다르긴 하지만, 일생 자기 일에 정진하며 어려운 처지에 있는 남을 위해, 살얼음 같은 사회를 위해, 위태로운 국가를 위해 새로운 아이디어로, 또 불의에 분노하며 일하는 사람이 리더다. 그리고 이 책을 읽는 독자들 누구도 어떤 분야에서든 리더가 될 수 있다.

모든 리더가 리더는 아니다

이제까지 리더의 면면에 대해 알아보았다. 그렇다면 리더십은 무엇인가? 리더의 지도력, 리더의 지도정신, 리더의 마음가짐 같은 것을 개념적으로 리더십이라고 말한다. 리더가 갖는 기본 정신이다.

바른 정신을 바탕 삼은 바른 리더십 없이 바른 리더가 될 수 없다. 바른 리더라야 바른 리더십을 행사한다. 좋은, 훌륭한 리더십이 있다고 말할 때 거기에는 이런 뜻이 담겨 있다. 스포츠맨 누구에게나 훌륭한 스포츠맨십이 있는 것이 아니듯, 리더 모두에게 바른 리더십이 있는 것은 아니다. 소크라테스가 말한 대로, "진정한 리더는 자신의 이익을 찾는 사람이 아니라 추종자의 이익을 찾는 사람이다." 리더십이 제대로 발휘되려면 당위와 존재의 틈을 좁혀야 한다. 흔히 보듯이 명예와 돈을 추구하면 좋은 리더십이라고 말하지 않는다. 이익을 남에게 돌리는 사람더러 좋은 리더십을 지녔다고 말한다. 그러니까 나를 희생해 내가 아닌 남을, 그리고 우리를 위해 일하는 사람더러 리더십이 있다고 말하는 것이다. 어디까지나 지도정신이 훌륭하고 마음가짐이 바르며 자리가짐(뒤에 설명한다)이 격을 갖추어 바른 생각, 바른 행동을 할 수 있어야 한다.

옛날에는 리더를 특수계급이라고 생각했다. 지금도 그런 인식이 사라지지는 않았다. 리더가 되려고, 아니 자리 하나 차지하려고 줄줄이 서서 기다리고 있다. 그래도 기본적으로 리더라고 한다면 지식이 남달라 맡길 만한 이들에게 권력을 이양해야 한다는 홉스의 사회계약론쯤은 알아둬야 하지 않을까? 토인비가 말한 '창조적 소수creative minority' 나 허쉬만이나 갈브레이스가 말한 '이끄는 집단leading sector' 은 어디에든 있게 마련이다. 나폴레옹이 에나에 입성했을 때 헤겔은 "세계정신weltseele이 말을 타고 왔다."라고 말하며 감격했다지 않은가. 서정주가 전두환 대통령 집권 직후 그의 웃음을 단군의 웃음 같다고 해서 구설수에 올랐던 것과 너무 대조된다.

리더에 관한 관심은 처음에는 리더의 행동이나 활동 그 자체였지만, 차차 리더와 추종자 간의 관계로 옮아갔다. 1990년대로 들어서면 초점이 사람에서 과정으로 바뀌었다. 이전에는 일방적인 명령과 복종의 관계였다면, 지금은 리더와 추종자가 서로 돕는 협동적 collaborative 관계를 주문한다. 이는 리더와 추종자 간에는 서로 다른 목표가 있게 마련이고, 그로 인해 이견이나 갈등이 발생하지만 이를 극복하기 위한 상호 목표mutual goal를 찾아 힘을 합치는 것을 의미한다. 이 과정에서 리더는 조직의 의미 있는 변화를 이끌어내기 위해 일과 사람 등을 동원해 적절히 배치하며 스스로도 조직에 적응하게 된다. 여기서 '적응doing adaptive work'이라는 표현이 매우 중요하다. 우리는 흔히 장관의 능력을 평가할 때 조직 장악력을 운운하지만, 그것은 수사적일 뿐 실은 자신의 자리가 아무리 높아도 기존 조직에 내가 얼마만큼 잘 '적응'하는가를 신경 써야 한다.

정부에서 일할 때 처음에는 '내가 이 기관의 장이니까 내가 하자는 대로 하고 내 말도 잘 듣겠지.'라고 생각했는데 그것은 틀린 생각이었다. 기존 조직에 가서 일하는 리더들은 그곳에서 대대로 내려오는 전통과 관행, 그리고 규범을 항상 염두에 두어야 한다. 그들의 룰대로 일을 하는 것이지 외부에서 간 사람이 비록 장長이라 해도 자기 뜻대로만 하다간 어느 틈에 외톨이가 되고 만다. 관료들 표현으로는 '밖으로 돌린다'고 한다. 한 친구가 장관을 근 2년 하는 동안 800여 회에 달하는 강연을 했다고 자랑하기에 속으로 부처 직원들이 매우 행복했겠구나 했다. 이들에게 '돌림'을 당한 것이다. 이처럼 리더와 추종자 간의 관계는 상황 따라 달라진다. 긴박한 상황에서는 리더에게 의존하게 되지만 그렇지 않을 때 추종자들은 오히려 리더를 끌고 간다. 이것은 "21세기는 무대 위와 아래를 구분하지 않는다."는 말과 통한다.

"리더십은 어떻게 생기는 것이냐?"라는 질문에 트루먼 대통령은 이렇게 답했다. "하기 싫은 일을 하게 만드는 것이다." 좀 강압적인 인식이다. 물론 조직이 생존하기 위해서는 일하기 싫어하는 사람들을 이끌고 가야 한다. 이 때문에 이런 생각을 하고 이런 말을 하지 않을 수 없다. 부모가 자식들을 야단쳐가며 공부를 하게 하는 것과 다르지 않다. 이런 리더십도 있지만 이와는 반대로 '오늘 좋은 것을 내일 더 좋은 것으로 만들 수 있도록 고취시키는 것'이 리더십이라고도 한다. 좋은 리더십이 발휘되려면 리더에게 비전이 있어야 한다. 또 비전이 있으려면 내일을 내다보는 눈이 필요하다. 그래서 리더라면 과학과 기술의 변화와 발전에 대해서는 남보다 먼저 알아야 한다.

비슷한 생각을 GE의 제프리 이멜트 회장도 했다. 그는 "전략적 사고와 첨단 기술에 대해 충분히 이해해야 탁월한 리더십을 갖출 수 있다."라고 했다. 그는 또 사업을 위에서 내려다보고 동시에 내부에서도 볼 수 있는 균형 잡힌 안목을 가져야 한다고 했다. "훌륭한 리더는 15분 안에 6만 피트 높이에서 지면까지 달려갈 수 있어야 합니다." 고위 경영진을 지원하는 일만큼이나 이들을 위해 일하는 일반 직원에게 필요한 것을 제공하는 것도 중요하다는 뜻이다. 리더가 구름 속에 너무 오래 머물러 있으면 땅에서 무슨 일이 일어나고 있는지 모르게 되고, 반면 땅에만 있으면 미래를 내다볼 수 없으니 양쪽 다 소화해낼 수 있어야 한다. 그러나 실제로는 여러 경우에 리더들은 구름 속에 싸여 있다. 주변에 '인人의 장막' 이 쳐지기 때문이다.

리더십의 주요 요소를 종합한 이들이 있다. 바로 MIT 경영대학원 교수 팀이다. 이들이 드는 리더십의 네 가지 요소는 ① 맥락 파악 sense making, ② 관계 맺기relating, ③ 비전 제시visioning, ④ 방법 도출 inventing로, 이 네 가지 요소를 대표하는 인물로 순서대로 전前 인텔 회장 앤디 그로브, 사우스웨스트항공 회장 허브 켈러허, 전 애플 회장 스티브 잡스, 그리고 전 이베이 회장 맥 휘트먼 등을 든다. 이들은 이 네 가지 요소를 모두 가진 '완벽한 지도자' 라는 것은 실제로 존재할 수 없어 '불완전한 리더incomplete leader' 라도 칭찬해야 한다고 말한다. 여기서 첫 번째 요소인 'sense making' , 곧 감지感知를 맥락 파악이라고 어느 신문이 번역했는데, 의미는 이해하지만 과한 느낌이다. '지각하기' 정도로 번역하는 것이 낫고, 그중 '맥락을 지각하는 것이 중요하다' 고 덧붙이는 정도면 된다.

일반적으로 말하는 훌륭한 리더십의 요건은 다음과 같다(1976년 〈타임〉 특집기사).[14]

(1) 비전이 있고,

(2) 장기 목표를 세울 수 있고,

(3) 잠재적 문제를 예견하고 적정한 행동을 하고,

(4) 새로운 것을 만들어내거나 적어도 현재를 보존할 수 있고,

(5) 맺고 끊는 시간에 관한 감각이 뚜렷하고,

(6) 따라오는 자들의 눈높이에 맞출 줄 알고,

(7) 매사 생각한 것을 말하지 말고,

(8) 실현 불가능한 것을 약속하지 않는다.

앞의 '누구를 리더라고 하나?' 에서 말한 것과 겹치는 내용이 많은데, 그것은 리더와 리더십은 같은 동전의 양면이기 때문이다. 리더는 내일을 보고 준비할 수 있는 능력이 없으면 안 된다. 새로운 것도 늘 만들어내야 하는데 그러면 조직원들이 괴롭다. 하지만 이들을 다독거리며 가야 한다. 영화에서 보듯이 극한 상황에 놓여 있는 전쟁터에서의 상관과 부하의 관계 같은 경우도 많다. 기술 경쟁에서 한시라도 한눈을 팔 수 없다.

위에 나온 8가지 리더십 요건들은 대체로 알려진 내용이다. 리더십에 비전이나 목표, 그리고 예견 등은 필수적이다. 개혁의 끈을 놓지 않으며 새로운 것을 추구하는 것 역시 예사로운 것이다. 추종자를 늘 생각하고 언행을 진중히 하며 허언을 하지 말아야 하는 것 역시 상식 중 상식이다. 이 가운데 시간관념은 특히 중요하다.

'시간이 곧 돈' 이라는 뜻의 '시산時産, time assets' 이라는 용어가 있다. 제러미 리프킨Jeremy Rifkin이 쓴 말이다. CEO이나 정치인, 특히 대통령에게 시간은 금쪽같다. 미국 대선 과정에서 참모들끼리 흔히 하는 말이 "지금 만나둬라."이다. 당선된 후에는 만나고 싶어도 만날 수 없으니 정책 아이디어며 이데올로기는 지금 설명해놓지 않으면 길이 없다고 말한다. 김대중 대통령 때 수석 비서관이 3분만 보고하겠다며 부속실 비서에게 간청을 하지만, 대통령의 시간은 곧 돈보다도 훨씬 귀한 자원으로 누구도 마음대로 쓸 수 없다는 사실만을 확인할 뿐이다. 그러니 시간을 잘 관리할 줄 모르는 리더가 있다면 불합격이다.

리더의 시간관리는 말하는 길이와도 관계가 있다. 우리나라 리더들은 거의 예외 없이 자리에 앉자마자 습관처럼 떠들기 시작해 끝날 때까지 자기 이야기만 하고 남의 이야기를 들을 생각을 하지 않는다. 예컨대 여섯 명이 앉아 점심을 먹으며 1시간 30분을 보냈다면 각자가 말할 수 있는 시간은 15분 정도라는 것이 내 생각이다. 1/n의 룰이다. 물론 장長이 화제를 독점하게 마련이다. 그렇다 해도 장은 1/4 정도만 차지하는 게 좋다. 의미 없는 내용을 장광설하고 남에게 어떤 느낌이나 충격을 줄지 모르면서 쓸데없이 많이 말하는 리더는 기본 요건을 갖추지 못한 리더다. 이와 더불어 대화를 잘라먹고 화제를 적절히 바꿀 줄 모르는 리더도 많은데, 이것 역시 리더의 기본 자질을 갖추지 못한 것이다.

이들 리더십의 요건은 좀 오래된 것이다. 1976년 11월 〈타임〉이 여러 인사들을 모아 '리더십, 가장 중요한 이슈Leadership: The Biggest Issue'라는 특집을 내면서 정리한 내용이다. 특집을 위한 논의는 그로부터 2년 전인 1974년에 200여 명의 분야별 전문가(주로 정치인)를 모아놓고 5개 과업 팀으로 나누어 진행했다. 어떻게 해서 리더가 되며, 훈련을 받으면 리더가 되는 것이 가능한가 등에 관한 논의가 주였다. 당시 미국의 상황은 닉슨 대통령의 워터게이트 사건으로 연방정부가 마비되다시피 기능이 떨어진 때다.

오래전부터 나는 리더란 "옳은 일을 바르게 하는 것"이라고 했다.

즉 정의로운 일을 정확하게 해야 한다는 뜻이다. 지도자와 관리자를 구분하지 말자는 뜻도 담겨 있다. 자질구레한 것은 리더가 하는 일이 아니라고 말하는 사람이 있는데, 아무리 위대한 리더라도 세세한 일에서 해방되는 것이 좋을지 모르지만 이 경우 필요한 정보가 부족해 바른 판단을 못하는 일이 벌어진다.

이 그룹은 리더의 역할에 관해서도 많은 토론을 했다. 리더의 역할 중 가장 중요한 것이 비판적 안목을 갖고 목표를 설정하는 것이라고 MIT 경제학자인 레스터 소로우Lester Thurow는 말했다. 지식인의 사회참여 양식mode of social participation은 비판이라는 것과 통한다. 사회가 혼란에 빠질 때 필요한 리더는 좋은 리더까지는 기대하지 못해도 그냥 리더면 족하다고 한다. 리더가 크게 기여할 수 없는 상황을 상정한 것이다. 그러나 전쟁 등 사회가 극도로 혼란스러울 때 결단력 있는 강한 리더를 필요로 하는 것은 매우 자연스럽다. 루스벨트도 리더이고 히틀러도 리더인 것은 같다. 다만 결과에서 큰 차이가 나 좋은 리더와 나쁜 리더로 구분될 뿐이다. 헨리 키신저는 "위대한 국가지도자statesman일수록 국민의 경험과 기대를 넘어서기 때문에 때로는 국민의 동의를 얻지 못하고 좌절할 때가 있다."라고 했다. 이는 자신이 퇴임 후 교수로 임용되지 못한 것에 대한 변명이기도 했다.

리더의 자질이 무엇인가도 이 포럼에서 논의했다. 리더의 자질에 관해서는 4강에서 더 자세히 이야기한다. 목표 · 성실(고결) · 인내 등에 생각이 모였다. 이렇게 몇 단어로 표현은 했지만 그 속에는 '자신의 잘못을 열린 마음으로 받아들일 수 있어야 한다'와 같은 주문이 따른다. 기원전 1세기 로마에 반항한 유대민족주의를 칭하는 '질럿

zealot' 이란 단어는 열광자 또는 광신도를 말하는데, 이는 매우 위험한 것으로 '그들은 맞고 너는 틀리다' 라는 독선적 인식은 리더에겐 금물이다. 이분법의 논리를 고수하다가는 자가당착自家撞着의 위험에 빠지기 쉽다. 우리나라의 지도자들, 그리고 여든 야든 정당 정치인들, 정부 고위 관리dignitaries들은 '자신(입장이나 정책)만 옳고 상대는 틀리다' 라는 집착에서 벗어나지 못하는 것을 자주 본다. 이분법적 논리에 관해서는 2강의 '리더의 논리' 에서 다시 논의하기로 한다.

리더는 '옳은 판단, 훌륭한 판단' 을 내려야 한다. 훌륭한 리더십의 기본이 그렇다. 그러려면 어둠을 헤쳐나갈 준비가 되어 있어야 한다. 위험을 감수해야 한다. 실패할 줄 알아야 한다. 돌아온다는 보장 없이도 필요하면 노를 저어 폭풍우가 몰아치는 대해로 나갈 줄 알아야 한다. 용기는 실력을 압도한다. 트루먼은 "C학점을 받은 학생이 세상을 경영한다."라고 했다. 지식보다는 용기를 우선했다. 서울대학교 학생들에게 리더십 강의를 하면서 나는 점수보다 인생을 좌우하는 것은 초연과 용기라는 말을 자주 강조한다. 리더에게는 항상 위험이 따른다. 그러나 두려워해서는 안 된다. 혹시 잘못을 저지르지는 않을까? 위험을 떠안지는 않을까? 성공하지 못하면 어떻게 하나? 리더는 수많은 두려움 속에서 산다. 리더에게 강한 의지와 홀로 설 수 있는 용기가 있어야 한다는 것은 이런 두려움을 극복해야 한다는 주문이다. 그렇다고 독선으로 흘러서는 안 된다. 비판과 비난 속에 나 홀로 외톨이가 되는 일이 허다하지만 의연히 고난을 딛고 일어설 줄 알아야 한다는 뜻이다. 태양이 너무 쬐면 사막이 된다는 것, 폭풍우가 몰아친 후 찬연한 노을이 뜨는 것쯤은 바른 리더라면 모두 아는 사실이다.

리더에게 카리스마가 있어야 하느냐에 대해서도 이 모임에서는 의견이 갈렸다. 대개 리더에게 카리스마가 있으면 따르게 하기가 쉽다고 말한다. 뭔가가 있어 보이고 감히 범접할 수 없는 구석이 있을 때 사람들의 마음을 사로잡는다. 그러나 카리스마가 충분조건은 아니라고 말하기도 한다. 선goodness도 필수조건은 아니다. 마오쩌둥이 위대한 리더인 것은 맞지만 선을 행한 지도자라고 말하지는 않는다. 리더들은 흔히 자신과 세상 사이에 간극이 있다고 믿고 그것을 메우기 위해 새롭고 다른 것을 추구해야 한다는 강박관념에 사로잡히는데, 이것이 때로는 성공으로 또 때로는 실패로 귀결되기도 한다.

훌륭한 리더의 기본 조건

리더의 기본 조건: 감각 그리고 지능

서울대학교 리더십센터에서는 훈련 과정의 일환으로 학생들과 함께 서울대학교 미술관과 예술의 전당, 그리고 통영국제음악제에 간다. 통영에서는 전혁림 미술관도 들른다. 이처럼 미술관과 음악제에 들르는 이유는 리더십 교육에서 심미감審美感, aesthetics이 중요하기 때문이다. 세상을 아름답게 꾸미려면 미적 감각이 남달라야 한다.

프랑스의 유명한 철학자 질 들뢰즈Gilles Deleuze는 자신의 책 《감각의 논리》에서 리듬과 감각의 관계를 통해 보이지 않는 힘을 찾아냈다.[1] 들뢰즈는 프란시스 베이컨의 그림을 보고 자신의 철학 세계를 전개하는데, 그는 해박한 철학, 예술, 문화적 지식을 바탕으로 베이컨의 그림에서 느낀 감각들의 총체를 글로 표현했다. 베이컨은 무정형에서 정형으로, 정형에서 무정형으로 이행하고 있는 기괴한 형상을 즐겨 그렸다. 그는 주관이 바라본 대상이 아닌 감각 그 자체를 재현했다. 베이컨의 작품 세계를 들뢰즈는 근대의 재현적 인식 모델의 파괴로 해석했다. 또한 구조, 형상, 윤곽만으로 이루어진 베이컨의 그림에서 리듬을 발견해내고, 리듬과 감각의 관계를 통해 보이지 않는 힘, 즉 에너지를 읽어냈다. 들뢰즈는 베이컨의 그림에서 보이는 긴장감이 시각에 충격을 주어 눈으로 만지는 공간을 만들어냈다고 보고, 이것이 윤곽과 빛에 의존해온 이전의 회화를 뛰어넘어 색을 중시한 베이컨 회화의 특징이라는 점을 부각시켰다. 철학자의 감각의 눈을 통해 회화가 다시 탄생한 것이다.

나는 오랫동안 리더십 수업을 하면서 이론적으로 살펴봐도 리더의 감각은 자질 이상으로 중요한 요소라고 강조해왔다. 감각도 물론 자질에 포함될 수 있으나 우리가 보통 말하는 자질은 지식 중심의 능력에 치중한다. 리더에게 자질과 기회, 추구하는 가치(아름다움, 사랑, 선 등)와 함께 감각적 요소는 매우 중요하다.

리더가 감각이 충만하고 또 얼마나 민감한지는 매우 중요하다. 리더가 되려면 감각이 뛰어나 남보다 먼저 의미를 파악하고 행동에 옮길 수 있어야 한다. 유감스럽게도 우리나라 리더들 중에는 감각하고는 거리가 먼 사람이 많다. 리더가 아무리 지식을 갖추고 지혜로워도 감각sensation이 뒤질 수 있다. 여기서 말하려는 건 미각, 음과 리듬감각, 시간감각과 공간감각, 상황감각 등에 관한 것이다. 맛과 소리와 리듬에 대한 감각은 어릴 적부터 익혀지는 사람이 가진 감각의 기본이다.

미감味感

갓난쟁이가 제일 민감한 것이 소리다. 그 다음 이유기를 거쳐 어릴 적부터 어떤 음식을 먹고 자랐는가가 한 사람의 인생 전체의 맛에 대한 감각을 좌우한다. 물론 어른이 된 후 '어머니의 음식 도메인'에서 벗어나 만나는 짝에 따라 식성이 변할 수는 있다. 그러나 기본은 어릴 적에 형성된다. 아이들에게 아무 음식이나 먹이면 영양소를 골고루 섭취해 튼튼히 자란다. 아이 때 편식을 하면 어른이 되어도 음식을 가린다. 다양성이 그만큼 모자란다.

서울대학교 리더십센터에서 한가람고등학교와 현대고등학교 1학년 학생들을 인솔해 통영국제음악제에 갔을 때였다. 굴, 멍게, 곰치, 도다리 쑥국 등을 먹지 못하는 학생들이 의외로 많았다. 음식 가린다고 타박할 수야 없지만 습관이 되지 않았으니 나무랄 수도 없다.

그럼에도 불구하고 어릴 적부터 여러 음식을 먹어보는 것은 미각을 자극하는 길인 동시에 다양성을 익히는 길이다. 리더십 자화상을 그릴 때 묻는 질문 중 하나가 "외국 여행을 할 때 한식보다 그 나라 음식을 얼마나 자주 먹느냐?"가 들어 있다. 상당수의 한국인들이 외국 여행 첫날 도착하자마자 현지 한국 음식점에 찾아가는 것을 여러 번 보았다. 어떤 사람은 비행기에 타자마자 라면을 달라고 하기도 한다. 식성이 그렇다고 탓할 일은 아니나 관찰한 바로는 이런 사람들은 대개 개방적이기보다 폐쇄적이고 지나치게 말하면 국수주의이기까지 하다. 미각이 발달하면 식도락까지는 가지 않더라도 멋으로 승화될 가능성이 높다. 맛과 멋은 같은 동전의 양면이다. 맛을 멋과 연결시켜 쓴 국민일보 칼럼 하나를 소개한다.[2]

맛을 멋으로 승화시키려면

한가위 명절이 지났는데 아직도 음식 맛이 입안에서 맴도는 듯하다. 아리스토텔레스는 그의 저서 《정치학》에서 요리하는 것은 인간의 지식 중 노예에게나 알맞은 기술이라고 했다지만 요즘 음식은 고급문화의 정수가 되었다. '음식이 맛있다' 라는 말은 우선 입안에서 단맛을 포함해 만족한다는 뜻이다. 입안의 맛감각은 그러나 단맛, 신맛, 쓴맛, 짠맛, 매운맛 등 오미五味가 있어 달아도 시어도 써도 짜도 매워도 다 맛이다. 시메 사바처럼 식초며 레몬을 많이 쓰는 일본 음식이나 라임을 많이 쓰는 태국 음식은 신데도 맛있다. 그런데 맛으로 말하면 입안의 감각만으로 음식을 가리지 않는다. 오미라고 할 때 주로 구미口味를 말하는 것이지만, 또 다른 의미가 있다.

첫째, 눈으로 보는 맛이 있다. 시미視味다. 일본 음식은 특히 시각을 끈다. 그러나 요즘 분자요리며 퓨전음식을 차릴 때는 시각적 효과를 극대화해 음식의 형태를 입체적으로 그럴듯하게 디자인해 그릇에 내놓는다.

둘째, 후미嗅味다. 냄새가 좋아야 한다. 향기로운 냄새가 나야 하는데 대개는 향신료로 향을 낸다. 청국장에서 냄새를 없애면 세계 음식이 된다고 말하지만 청국장의 진미는 맛과 영양에도 있지만 냄새에 있다. 냄새가 고약하다고 해서 음식이 아닌 것이 아니다. 한번은 미국에서 온 교수들과 인사동에서 저녁을 함께 했는데 한국이 초행인 이들이 청국장을 어찌나 맛있게 먹던지 너무나 예쁘고 고마웠다. 개성 사람들이 김치에도 넣는 고수는 냄새로 치면 역겨울 때가 있지만 그 맛을 알면 안 먹고는 못 배긴다. 중국 음식이나 동남아 음식에는 필수이고 요즘 한국에도 많이 보급되었다. 과일이지만 두리안 같은 것은 냄새 때문에 먹지 않는 사람들이 많다.

중국 명절 때 먹는 추월병秋月餅에는 오리 알을 썩혀 속을 넣은 것도 있는데 그야말로 굳게 맘먹고 먹지 않으면 냄새를 견디지 못한다. 로마인이 아끼고 사랑한 가룸이나 리쿠아멘은 발효시킨 생선 소스로 코를 자극해 몸서리를 칠 정도이다. 그러나 맛은 일품이다. 향긋하진 않아도 독특한 냄새 때문에 음식 맛이 돋아난다.

셋째, 손맛手味이다. 어머니의 손맛으로 빚은 음식이 남다르다는 이야기를 하는데 그런 차원이 아니라 여기서 말하는 손맛은 손으로 집어 먹으며 느끼는 맛이다. 서양에서는 핑거 푸드finger food라고 해서 피자, 햄버거 등을 이런 음식의 대표로 친다. 한국에서 젊은이들이 보통 피자나 햄버거를 칼로 썰어 먹는데 이건 음식 먹는 방식이 아니다. 손으로 먹어야 맛이 별나다. 요구르트도 손으로 먹는 인도 사람처럼 되려면 아직 멀긴 했지만.

넷째, 기미器味를 말하지 않을 수 없다. 맛은 손과 눈과 코와 입으로 느끼지만 그릇의 맛을 알기는 쉽지 않다. 음식은 그야말로 어떤 그릇에 담았느냐에 따라 맛이 백팔십도 달라진다. 질그릇에 먹는 설렁탕하고 서양 도기에 먹는 설렁탕의 맛이 같을 수 없다. 소바를 댓살에 얹은 것하고 양은 그릇에 내놓는 것하고는 느낌이 천양지차다. 그릇만 아니라 도구도 맛을 가른다. 나는 양갱 같은 것은 나무 포크로 먹지 스테인리스 포크로 먹지 않는다. 반드시 값비싼 그릇을 쓰라는 것은 아니지만 그릇과 음식이 어울려야 맛이 배가된다. 내가 가끔 가는 어느 식당 주인은 그릇에 '미쳐' 돈 모을 생각은 하지 않고 여유만 있으면 그릇을 사 모으는 취미에 빠졌다.

맛의 백미는 또 있다. 시미, 감미, 풍미 같은 것이 그것이다. 시미詩味는 시로 표현되는 정취로서 시적 분위기를 말한다. 감미感味는 느끼는 맛이다. 피부로든 오감이든 육감이든 느낌으로 다가오는 전체 분위기를 말한다.

풍미風味는 음식의 고상한 맛을 말한다. 멋있고 아름다운 사람더러 풍미가 넘친다고 말한다.

음식이나 사람이나 나라나 풍미가 있으려면 구미만으로는 안 된다. 김치나 떡볶이에 수백억 원씩 들여 한식 세계화를 외쳐대려면 재료도 만드는 방법도 차려 내오는 순서도 그릇과 색깔도 제대로 맞아야 하고, 서비스하는 사람은 물론 식당을 포함해 모든 것이 은은하게 전체 분위기에 녹아내려야 한다. 이 순간이 맛이 멋으로 승화되는 찰나다.

음감, 색감

맛감각처럼 어릴 적부터 키워온 음감과 색감 역시 리더에게 중요하다.

우리나라 사람들의 음감은 참으로 탁월하다. 오래전에 독일에서 정치학자가 와서 학교 행사에 초대한 적이 있었다. 여흥 시간이 되어 너나 나나 할 것 없이 학생들이 노래를 뽑아대니까 독일에서는 합창은 잘해도 한국인처럼 독창을 하지는 않는다는 이야기를 하며, 다들 노래를 잘한다고 했다. 음치가 없진 않지만 노래방이 가세해 음악 실력을 한껏 높여놓았다. 그러나 노래를 잘 부르는 것하고 음감이 발달한 것은 차이가 있다. 누구나 절대음감을 가질 수는 없지만 음악적 감각은 리듬감과 더불어 일의 절차와 순서에서 강약, 완급, 고저 등을 나타내 멋지게 보이게 하고 여유를 보탠다. 리듬이 있어 같은 일이라도 훨씬 여유와 아름다움을 느끼게 할 수 있다면 피할 이유가 없다. 학생들에게 보여주는 필름 가운데 어느 은행장의 연설 장면이 있는데 너무나 천편일률적이라 호소력이나 설득력이 없고 지루하다.

그렇게 리듬감각 없이 연설하지 말라는 뜻으로 들려준다.

2011년 11월 리더십센터 개설 3주년을 겨냥해 준비하고 있는 뮤지컬 〈대통령이 사라졌다〉 연습 때 각 과에서 응모한 학생들이 주역, 조역 할 것 없이 보컬, 안무 등 코치받기에 여름 땀을 더 쏟아내고 있다. 뮤지컬을 만드는 이유는 리더십 교육 때 교재로 쓰기 위해서지만 그 과정에서 학생들로 하여금 '권력은 봉사이고 권력은 아름답다'는 정신을 배우게 하는 것은 물론 음감과 리듬감을 터득하여 이담에 어느 분야에서 일하더라도 멋진 리더가 되라는 취지에서다.

또한 리더들이 색감을 살렸으면 한다. 요즘도 외국인들이 그런 말을 하는데 한국이나 일본에 가서 거리를 다녀보면 사람들을 거의 구분할 수 없다고 한다. 옷 색깔, 머리 모습, 걷는 모습, 말소리까지 다 똑같아 누가 누군지 구별하기 어렵다는 것이다. 단일 사회의 특징이겠지만, 양복 색깔에서 거의 차이가 나지 않는다. 넥타이 색깔이 좀 다양하고 화려해지긴 했다. 김대중 대통령이 밝은 색의 타이를 매라고 장관들에게 권유한 적이 있다. 이명박 정부의 고위직들이 비상시에 입고 다니는 잠바의 모양과 색깔 역시 이전과 달리 세련됐다.

리듬감각

리듬감각을 음감과 별도로 설명하려는 것은 중요해서다. 소리라는 것은 원래 움직임이다. 인류는 천체의 움직임을 인간이 감지할 수 있는 범위 내로 체계화하여 음의 하모니아harmonia를 고안해냈다. 하모니아는 공기의 움직임인 진동수로 지각한다. 음들 각개가 지니고 있는 진동수의 차이에 하모니아의 공간이 존재하는 것이다.

하모니아가 각 개체가 있는 공간의 체계에 주목하는 반면, 리듬rhythmus은 모든 움직임의 시간 및 그 흐름과 유관하다. 일찍이 우주와 자연을 관찰했던 밀레토스는 "만물은 흐른다Panta Rei."라고 했다. 천체의 운행주기, 계절의 변화, 달의 차고 기움, 밤과 낮의 반복이 우리에게 시사해주는 시간의 분할과 지속적인 흐름은 동일한 상황의 주기적인 반복에 의해 표시되는 어떤 순환적인 시간을 암시해준다. 이를 바탕으로 우리는 시간대들을 수립할 수 있게 되었다.

그런 면에서 리듬론은 시간 흐름의 관계학이다. 즉 우리가 선택한 어떤 자극의 단위길이를 기준으로 흐름과 패턴을 만들어가는 것이 리듬이다. 그리고 패턴이 지속적으로 되면 이것은 흐름을 만들고, 우리는 그 흐름을 통해 시간과 유관한 우주의 원리를 터득해간다. 시간의 흐름 속에 있는 모든 움직임들을 주의해서 보면 그 안에는 스트레스, 지속, 해방, 정지 등의 패턴이 순환하고 있음을 알 수 있다. 그 배열과 흐름이 아주 불규칙한 경우에도 그 불규칙성이 다시 흐름의 패턴을 만들어낸다. 리드미컬한 흐름에 반응한다는 것은 바로 각 요소가 갖는 유기적인 표현 패턴에 반응한다는 것이고, 리듬의 근본 바탕은 인간에게 선천적으로 부여된 자연적 흐름의 질서에서 발생한다. 그래서 고대인들은 유성들의 움직임이나 계절 및 조수의 주기, 밤과 낮, 욕구와 충족, 삶과 죽음 등에 나타나는 우주의 섭리마저도 리듬 속에서 식별하려고 했다.

베토벤 교향곡 5번 1악장에 있는 몇만 개의 음들은 시간적 흐름 속에 놓여 진행의 추진력과 관계 속의 드라마를 리드미컬하게 만들어갈 수 있는 것이다. 베토벤의 교향곡 1악장의 핵심 주제가 갖는 공간은 c단조의 '미미미도' 이다. 결국 '미' 와 '도' 라는 두 개의 점이 리듬 없이 존재할 때는 그저 '미' 와 '도' 라고 하는 위상 사이의 관계 의미 외에 다른 것을 엮지 못한다. 그러나 거기에 〈√ 따따따 따아〉라는 네 개 음표의 시간적 움직임이 더해지면 극적인 변화의 흐름이 생긴다. 1828년 초연되었을 때 이 리듬에 절규하며 춤을 춘 늙은 병사가 있었다는 에피소드도 전해진다. 이 움직임의 세포는 생동감 있게 빠른 템포(알레그로 콘 브리오)로, 그러면서 스트레스는 포르티시모로 강하게 찍는다. 이 리듬형은 무한히 계속되어 교향곡 전체를 꿰뚫게 된다.

하모니와 리듬은 분명 마디별 개체로 분리될 수 있지만, 함께 융화되어 한 덩어리로 들리는 최종의 울림은 전혀 새로운 형태와 의미를 지닌 무엇으로 변하는 것이다. 하모니아가 리듬과 함께 융합의 기본이 되는 이유는 서로 다른 객체들과 인간이 하는 모든 행위의 범주가 전체 체계의 부분이면서 사실은 하나에서 출발한 것이라는 본질적 인식을 제공하기 때문이다.[3] 그래서 리더들이 융합적이기 위해서는 리듬에 관한 이해가 필수다. 리더십센터의 훈련 틀인 세 개의 원, ① 분석과 종합의 세계, ② 창조의 세계, ③ 실천의 세계의 교집합에 리듬이 중심을 잡고 있다고 우리는 생각한다.

리더들에게 리듬감각이 없다면 어떻게 될까? 전체 상황의 흐름도 조화도 알지 못하는 채 자기 생각과 주장으로만 일관하는 일이 늘 벌어질 것이다.

상황감각

리더는 상황맥락지능이 발달해 있어야 한다는 이야기는 앞에서도 했다. 《파킨슨의 법칙》[4]에는 리셉션 때 주빈이 몇 시쯤(시작 정시로부터 40분쯤 지나서) 나타나 왼쪽 벽을 끼고 걸어가니 만나고 싶은 사람은 그런 방향으로 움직이면 된다고 말한다. 공간감각까지 곁들인 해설이다. 영국 예이니까 우리에게 맞지는 않을 것이다. 우리나라 리더들은 대개 자기 편한 시간에 나타나고 반드시 축사나 내빈으로 소개를 받아야 빛이 나는 것으로 생각하는데 좀 쑥스럽기도 하고 동네 잔치 같은 냄새도 풍긴다.

여럿이 모일 때 중요한 것은 상황감각이다. 어떤 모임이나 어떤 일을 진행할 때 그 상황에서 내 좌표는 어디에 위치하고 있으며, 나는 어떤 역할을 하면 좋겠는지, 누굴 만나서 무슨 말을 하면 좋은지를 가릴 수 있어야 감각이 뛰어나다고 할 수 있다. 리더까진 안 가더라도 선글라스를 자주 끼는 내게 어느 경제학 교수가 맹아학교 교장 같다고 말한 적이 있다. 이것은 나에게만이 아니라 장애우에 대한 모독이다. 그런 줄도 모르고 말하는 그의 상황감각이 한심할 정도다. 또 미혼인 국회의원 친상에 가서 자식 걱정을 하는 사람도 있다. 상황에도 맞지 않을 뿐만 아니라 미혼이라는 정보조차 챙기지 못한, 상황감각이 전혀 없는 사람이 된다.

상황감각을 가지라는 것은 깊이도 포함해 전체를 보라는 뜻이다. 나무만 보지 말고 숲도 보라는 것이다. 숲 전체를 보면서 나무를 보면 나무들의 차이가 훨씬 더 잘 보인다. 그리고 상황은 관계의 맥락이니 사람과 사람, 요소와 요소들 간의 관계가 어떻게 엮여 있는지를 볼 줄 안다는 뜻이다. 국무회의에 앉아 있으면 오늘의 안건이 무엇인지, 누가 무슨 발언을 하는지, 대통령은 무슨 말을 하는지 현안과 상태가 그대로 파악된다. 대개는 실세라는 장관들이 토론을 주도한다. 누가 그 말을 왜 하는지도 알 수 있다면 상황은 파악된 것이다. 거기서 내 역할을 인지하고 어떻게 행동하는가는 리더십을 발휘할 수 있는 매우 중요한 순간이다.

"역사에서 신의 섭리를 알고 그의 옷자락을 잡을 수 있는 능력이 있어야 한다."라고 독일의 철혈재상 비스마르크가 말한 적이 있다. 이러한 지능은 판단력이나 지혜의 일종으로서 주어진 상황에서 무엇은 가능하고 무엇은 불가능한지, 그들이 얼마나 알고 있는지를 설명할 필요 없이 어떤 수단이 어떤 상황에서 얼마나 먹혀들지, 그리고 무엇이 무엇과 잘 맞아떨어지는지 등과 관련한 사실을 알아내는 능력이고 느낌이다. 그러니까 변하는 환경을 이해하고 그 트렌드를 자본화하는 능력이자 다양한 상황에 맞는 스마트한 전략을 창출하기 위해 리더가 목표와 전술을 조율하는 것을 돕는 직관적인 진단 기술이기도 하다. 하버드 경영대학원의 앤서니 메이요Anthony Mayo와 니틴 노리아Nitin Nohria의 말이다.[5]

공감空感

생명감 넘치는 현실을 있는 그대로 직시하고 묘사한 화가인 귀스타브 쿠르베의 《세상의 기원》은 터키 대사가 원해서 그렸지만 마지막에는 라캉이 소유했다가 상속세를 내지 못해 국가에 헌납한 그림으로, 적나라하고 선정적으로 여성의 누드를 표현해 누드화를 신화화하는 미술계의 위선을 조롱한다. 이 그림을 오르세 미술관에서 보는 것과 한가람 미술관에서 관상하는 것이 같은 느낌일 수 있을까? 나는 한가람 미술관을 잘 가지 않는다. 그런 공간에 걸린 그림은 그림의 풍미가 제대로 살아나지 않는다는 편견을 갖게 된 때문이다.

건축가 승효상의 아틀리에인 이로제履露齊의 식객 노릇을 몇 번 한 적이 있다. 이로제에 가면 복잡한 구조의 방이 있고 한 곁에 바bar가 있어 음식을 사다가 펼쳐놓고 조촐하게 와인 파티를 할 수 있다. 오는 손님들이 다양해 화제의 꽃이 만발한다. 작업실이 오락실이 되면 여유의 공간을 낳는다. 집주인은 비움을 추구하는 예술가다. 공간을 비우면 더 여유가 있고 마음도 비우면 훨씬 더 편해진다. 승효상이 예전에 쓴 '비움의 미학'에 관한 글이 생각난다. 샌디에이고 라호야에 생물학 연구소를 세웠는데 두 건물 가운데로 남태평양이 내려다보이고 그 주변에는 아무것도 없는 단순한(비운) 설계를 했다. 그 건물 설계를 자문한 사람이 '빛의 건축가'로 유명한 루이 칸이다. 승효상은 사람에게 지문指紋이 있듯 땅에도 지문地文이 있다고 말한다. 동대문 공설운동장을 개조할 때 설계 공모에서 외국 건축가가 당선된 것을 보고 땅의 지문도 모르면서 어떻게 건물을 지을 수 있느냐고 했다. 김길윤이 승효상을 묘사한 문장이 빼어나 옮긴다.[6]

"승효상은 건축가입니다. 그는 시를 짓듯 집을 짓고, 밥을 짓듯 삶을 짓습니다. 그가 짓는 것은 단순한 집이 아닙니다. 사람을, 행복을 담는 큰 그릇입니다. 승효상이 지은 집에는 항상 빈 공간이 열려 있습니다. 빈 공간은 사유하고 궁리하게 하는, 그래서 사람이 사람답게 되는 생명의 공간입니다. 우리는 이를 '비움의 미학'이라고 부릅니다."

리더들이 깊이 새겨들어야 할 내용이다. 비워야 채워진다. 우리나라 리더들은 비울 줄 모르는 것은 물론이고 공간감각도 약한 것 같다. 리더가 공간을 잘 활용하면 효과가 배로 늘어난다는 것을 아는지 모르겠다. 우리는 보통 공간은 으레 있는 것으로 생각하고 그걸 활용하면 효과가 늘어나는 것은 잘 모르고 지낸다. 시간에 관해서는 매우 민감하면서 그에 못지않게 중요한 공간에 관해서는 주목하지 않는다. 공간을 따라 어떻게 앉고 어떻게 배열해야 하는가 등이 리더들에게 중요한데 그런 요소가 간과되기 일쑤다.

예전에 건축가 민현식 교수와 함께 연강홀 한편에 새로 지은 작은 극장에 뮤지컬 〈사천가〉를 보러 간 적이 있다. 그는 앉자마자 어떻게 이런 공간을 극장이라고 만들었는지 이해할 수 없다며 한탄했다. 공간에 대한 감각이 부족한 나는 굵은 기둥이 좀 있고 전체 공간의 모양이 삐뚤어져 좀 어색하다는 정도의 느낌은 있었지만, 전문가의 시선과 감각은 달랐다. 박용현 회장에게 그 말을 옮겼더니 비좁은 공간을 활용하느라고 좀 무리를 했다면서 대신 오디오는 최상의 것이라며 보상이 어느 정도 되지 않느냐고 말한다.

리더들의 공간감각을 이야기하는 것은 어느 모임에 가서 사람들이 어떻게 앉아 있고 전체 모습이 어떠하느냐에 따라 내가 어떻게 움직여야 할지에 관한 판단을 잘하라는 뜻이다. 연설할 때도 마찬가지여서 무대 위 공간을 어떻게 활용하느냐에 따라 청중을 설득시키는 효과가 훨씬 더 커질 수가 있다. 한국의 리더들 대부분은 연설 때

무대 위에 있는 포디엄podium 앞에서 벗어날 줄을 모른다. 움직임이 거의 없이 꼿꼿하게 서서 긴 연설을 마친다. 기왕이면 여유롭게 무대 위를 오가며 연설을 하든가, 가만히 서 있어도 팔 등으로 주변 공간을 얼마든지 활용할 수가 있다. 행위예술을 하는 사람처럼 할 수야 없겠지만 무대 위 공간은 매우 특별한 공간이라는 인식을 가져볼 만하다.

나는 대학에서의 강의도 공연예술이라고 주장한다. 무대 위의 배우처럼 강의를 잘하느냐 못하느냐에 따라 학생들에게 지식이 전달되는 강도나 감동이 달라진다. 김한길 전 의원은 리더십 강의에 왔을 때 언제쯤 웃옷을 벗고 와이셔츠 차림으로 이야기를 계속할 것인지를 가리는 듯했다.

공간은 차 있어도 비어 있어도 다 좋다. 그러나 찰 것이 차야 한다. 비어 있을 때 무엇을 채우느냐, 아니면 그대로 놓아두느냐를 궁리하는 것은 매우 창조적 도전일 수 있다. 시간에 쫓긴다는 말은 해도 공간에 쫓긴다는 생각은 하지 않는다. 그러나 많은 리더들이 공간을 제대로 활용할 줄 몰라 쫓기고 있는지도 모른다. 시간도 활용도에 따라 달라지지만 공간의 가능성은 훨씬 크다.

시감

현대고등학교 1학년들이 듣는 리더십 수업에서 한 여학생이 선생님에게 "시간을 붙잡아 매둘 수는 없나요?"라는 질문을 했다. 그럴 수만 있다면 늙지 않을 것이고, 사랑하는 이를 한없이 붙잡아둘 수 있을 것이다(공감과 시감에 관해서는 뒤에서 로버트 란자Robert Lanza의 주장을 인용하며 되풀이할 것이다. 그에 따르면 시간이나 공간은 우리가 의식할 때 거기에 존재하니까 아마도 시간을 붙잡아 맬 수 있을지 모른다). 시간이야말로 삶에서 치면 결정적 독립변수다. 시간 따라 많은 것이 결정되기 때문이다. 시간을 놓치면 입학시험장에 들어가지 못한다. 시험에서 시간에 쫓기면 그야말로 낭패를 본다. 시간이 쳐놓은 그물은 한두 군데 있는 것이 아니다. 아인슈타인은 시간을 나타내는 시계를 정렬해 위대한 과학자가 되었지만 나는 근 20년간 팔목에 시계 차기를 거부하고 산다. 시간에 쫓기는 것이 그렇게 싫기 때문이다. 그럼에도 시계나 시간은 삶에서 없을 수 없는 요소 중 요소다.

리더와 시간 간의 상관관계는 깊다. 리더가 어떤 시관時觀을 갖느냐가 중요하다는 이야기다. 1966년 서울대학교 행정대학원 원장으로 취임했던 이한빈 교수는 공무원의 시관이 미래지향적이고 변화에 대한 태도가 긍정적이어야 발전형 시관을 갖고 정부 주도하에 국가를 발전시킬 수 있다고 강의에서 늘 강조했다. 당시 조교를 지냈던 나는 매 강의에 들어가 학생들과 함께 강의를 들었다. 그의 강의는 내게 시관의 중요성을 일깨워줬다. 시관은 미래만을 말하지 않는다. 과거 역시 시관 속에 있다. 이덕일이 역사학을 미래학이자 시간학이라고 한 것을 이해할 수 있다.

지능

리더들은 지식도 갖추어야 하지만 지능이 그 기본 바탕이다. 지능 중에서도 감각지능이 발달하지 않은 사람은 리더 자격이 없다고 해도 과언이 아니다. 다시 말해 우뇌가 발달하지 않은 경우다. 우뇌가 발달하지 않았으면 지혜도 부족하다. 조지프 나이Joseph Nye는 그의 책 《리더십 에센셜The Power to Lead》에서 리더가 갖추어야 할 여러 가지 지능을 소개하고 있다.[7]

그는 리더십이란 집단의 정체성을 확립하는 것이라고 말한다. 집단으로부터 신뢰를 얻어 변혁을 시도하는 데 성공한 경우가 모하메드 간디 · 넬슨 만델라 · 마틴 루터 킹이고, 실패한 경우가 히틀러와 폴 포트라고 말한다. 성공 여부는 나와 너를 우리로 바꿀 수 있는가에 달려 있다. 나도 아니고 너도 아니고 우리를 위해야 한다. 라틴어로 'Non mihi, non tibi, sed nobis' 이다. 그래야 나와 너의 차원을 넘어 집단의 정체성이 정립된다. 동시에 위임empowerment이 이루어져야 한다. 위임이란 남에게 기회를 주고 능력을 발휘하도록 하여 우리가 함께 힘을 얻는 길이다. 그러려면 리더의 이성적 호소와 추종자의 자율성이 합친 소프트 파워와 채찍과 당근으로 가능한 하드 파워(마키아벨리적인)가 있어야 한다. 특히 소프트 파워는 지능 말고도 비전, 커뮤니케이션, 센스, 직관 등 책으로 배울 수 없는 요소들을 겸비해야 나온다. 그는 최고의 리더들은 "통제자로서 훨씬 더 감정적으로 성숙하여 자기중심적이 아니고 민주적 · 지도적 관리 스타일을 지니는 특성이 있다."라고 했다. 즉 감정적으로 성숙하고 지혜롭고 동시에 자아 인지력이 강해야 리더가 된다는 뜻이다.

하드 파워와 소프트 파워를 합친 것을 스마트 파워라고 하고 이것이 곧 리더십의 정수라고 했다. 힐러리 클린턴도 국무부 장관에 지명되면서 '스마트 리더십' 이라는 표현을 썼다. 스마트라는 단어는 요즘 TV나 휴대폰에서까지 사용할 정도로 흔해졌다. 그러나 스마트해지기란 결코 쉽지 않다. 비슷하게 쓰는 용어로 에지edge라는 말도 있다. 강태진 교수가 서울대학교 공과대학 학장 리더십 프로그램Dean's Leadership Program을 2010년부터 시작했는데, 나는 그 명칭에 스마트보다는 에지를 추가해 STEMScience and Technology Edge Membership이라 해 리더들의 스마트 파워를 강조했다(나는 '스마토피아' 보다는 '뷰토피아beautopia' 를 좋아한다).

나이가 또 강조하는 것은 리더는 뭔가를 이루기 위해 효과적이면서 동시에 윤리적이어야 한다는 것이다. 쉽지 않은 일이다. 뭔가 일을 꾸미고 성취하려면 무리하게 되어 때로는 윤리와 거리가 멀어질 수 있기 때문이다. 권력의 속성이 그렇다. 더불어 그는 지능을 특히 강조한다. 보통 말하는 일반지능IQ과 감성지능EQ만이 아니라 사회지능SQ · 정치지능PQ · 문화지능MQ을 모두 강조하며, 나아가 가장 중요하다고 생각하는 상황맥락지능contextual intelligence까지 강조한다.

특히 상황맥락지능이 높지 않으면 리더 자신이 뭐를 하고 있는지 몰라 범인凡人 이상이 될 수 없다는 것이다. 이는 역할인지role perception가 제대로 안 된다는 뜻이다. 리더가 상황 파악을 잘 못하면 곤란하다. 상황의 기초는 관계다. 관계가 어떻게 설정되어 있는지, 그래서 내가 처한 상황은 무엇을 의미하고 있는지 파악해야 한다.

동시에 리더는 논리에서 뒤지면 안 된다. 지능만 발달하고 논리가 따르지 않으면 설득력이 모자란다. 느낌으로는 동의하겠는데 내용이 없는 경우가 생기기 때문이다. 논리에 관한 자세한 내용은 뒤에서 이야기하겠다.

말 잘하는 리더, 말실수 잘하는 리더

"우리의 적은 혁신적이고 많은 재원을 가지고 있다. 우리 또한 그렇다. 그들은 항상 새로운 방법으로 미국과 미국민에게 해를 입히려고 한다. 우리도 그렇다."

2004년 8월 5일 워싱턴에서 부시 대통령이 반反테러전에 대해 말한 내용이다. 이어서 8월 9일엔 다음과 같은 두서없는 말을 늘어놓았다.

"두 번째로 우리의 전술은, 여러분도 알다시피, 우리는 이란과 관계가 없다. 내가 하고자 하는 말은 70년대 말부터 우리는 그들과 교류가 없다는 것이고 우리가 그들을 완전히 처벌했다는 것이다. 다른 말로 표현하면 처벌은 없었다. 그럴 수 없다. 우리는 제재 상태에 있지 않다."

그런가 하면 7월 15일에는 이런 알 수 없는 말을 했다.

"난 낙관적인 사람이다. 당신이 비관적인 측면을 찾기 원한다면 아무리 어려울지라도 찾을 수 있을 것이다."

그리고 어느 유세에서 플로리다 나이스빌에 사는 한 유권자가 이렇게 말했다.

"난 60살이고 이제까지 계속 공화당에 표를 던져왔다. 하지만 이번에 처음으로 신이 백악관에 있다는 것을 느꼈다."

이 말을 들은 부시가 "고맙다."라고 답한 것까지는 좋았는데, 그만 이어지는 한 소년의 질문에 실수를 했다.

"대통령이 대선에서 이기기 위해 제가 도울 수 있는 일이 무엇입니까?"

이 질문에도 역시 부시는 "고맙다."라고 대답했다. 그러면서 이렇게 덧붙였다.

"바로 이런 것이 내가 좋아하는 질문이다."

대통령이 왜 그렇게 답했는지 이해할 수 있다. 고마운 질문이기 때문이다. 그러나 소년이 원했던 것은 구체적으로 무엇을 도와달라고 하는 대통령의 대답이었다. 부시 대통령은 평소에 600단어밖에 쓰지 않는다고 BBC 방송에서 보도한 적이 있다. 참고로 하버드대학교 실험실에서는 600단어 정도만 알면 의사소통에 지장이 없지만, 실험실이 아닌 강의실에서 쓰는 단어는 1만 단어 정도다. 그래선지 그는 한참 헤아려야 말뜻을 알아들을 수 있거나 또는 말실수를 잘한다.

누구나 말실수는 한다. 이를 줄이기 위해서는 말을 골라서 써야 한다. 그래야 정확한 표현이 되고 상대도 제대로 알아듣는다. 리더인 대통령도 사람이니까 말할 때 실수할 가능성은 얼마든지 있다. 그러나 대통령의 말은 국가의 정책이자 법일 수 있으니까 실수를 하면 안 된다. 그래서 대통령은 원칙적으로 텍스트에 있는 내용만 연설해야 한다. 연설에 앞서 하는 조크도 여간 세련되지 않으면 안 된다. 그러나 대통령이 매번 연설문을 보면서 연설만 하는 것은 아니다. 기자의 질문에 답하거나 상대방 정상과의 대화에서 즉흥적으로 답을 해야 할 때가 많다. 대통령에 따라서는 기자 질문도 행사 전에 미리 받긴 한다.

2008년 제주도 한-아세안 정상회담에서 이명박 대통령은 아시핏 태국 총리와 환담하면서, "태국 말 중에서도 욕은 알아듣는다."라고 했다. 외교 관례상 이런 말은 결례에 해당된다. 아마도 태국 건설 현장에 있을 때 여러 번 들었겠지만, 태국 언어는 5성에다 음률이 아름다워 언어로는 시적 풍미가 있다고 말하는 것이 정상으로서의 예의다. 이 대통령의 말실수 중에는 독도에 관한 이야기가 기억에 남는다. 2008년 GA 회담 때 당시 일본 후쿠다 총리가 "교과서에 독도가 일본 영유권에 속한다는 내용을 넣게 됐다."라고 말했다. 이에 대해 이명박 대통령은 "기다려달라."라고 했다고 전해진다. 단호하게 "그건 아니다."라고 직답을 했어야 한다는 것이 일반 사람들의 인식인데 대통령이 순간적으로 무슨 생각을 했는지 알 길이 없다.

말실수 잘하기로는 노무현 대통령을 빼놓을 수가 없다. 노 대통령은 몰라서 실수를 한다기보다는 다 알고서 일부러 과장되게 표현하는 습관이 있는 듯싶다. 이를테면 대표적 말실수는 "대통령 못해 먹겠다."와 같은 표현이다. '못해 먹겠다' 는 시정市井에서 편하게 할 수 있는 말이지 대통령의 격에는 맞지 않는다. 노 대통령은 또 "한나라당이 차떼기 등 별짓 다해서 돈을 830억 원 이상 먹은 건 공공연한 사실이죠. 한나라당 뇌물총액에 (비해 우리가) 1/10이 넘으면 사임하겠습니다."라는 극단적인 말도 했다. 이 밖에도 노 대통령은 말실수라기보다 의도적으로 상식을 뛰어넘는 발언을 한 적이 많았다. "태초에 정치가 태어날 때 거짓말로 태어났다.", "김정일은 호쾌한 지도자", "인민은 위대하다."(만수대 방명록), "다케시마와 평화의 바다"(동해 이름을 평화의 바다로 바꾸자며), "남북 대화 하나만 성공시키면 다 깽판 쳐도 괜찮다." 등이 그것이다.

김영삼 대통령은 말실수가 발음에서 비롯되어 희화되곤 했다. 경상남도 사람들은 으와 어 발음, 그리고 여와 어 발음을 혼동한다. 에를 예로 발음하기도 한다. 영어로 1970년을 '나인티 세븐티' 라고 하지 않고 '세븐티' 라고 해 이상하게 들린다.

우리나라 사람들은 대통령이건 국회의원이건 장관이건 기업의 CEO건 언어 훈련이 되어 있지 않은 것이 사실이다. 발음이 부정확한 것은 이루 말할 수 없다. 상황에 맞지 않는 말을 하기 일쑤이고 내용도 저급하고 쓸데없이 길게 한다. 말로 천 냥 빚을 갚듯 말 한마디로 상대방의 마음을 사로잡을 수 있는 훈련은 지도자에게 필수다. 말만 아니라 리더들은 몸도 소리도 제대로 표현해야 한다. 생각과 느낌을 숨에 실어 언어, 소리, 몸으로 제대로 표현할 수 있어야 한다. 언어 훈련에 관해서는 뒤에서 자세히 논의하기로 하자.

속이는 리더, 속는 국민

2011년 4월 농협 전산망이 엉망이 되었다. 나도 고객이니까 기사를 유심히 보았는데 공공기관의 체통이 말이 아니었다. 더 실망스러웠던 것은 회장이 자신은 비상근직이라며 책임질 생각이 없는 듯한 태도였다. 그러나 실상 그는 매일 출근하고 2억 원가량의 연봉을 받으며 1만 7000여 명 직원의 인사권을 행사한다. 그러고도 비상근을 앞세우다니. 연유는 있다. 과거에 지나치게 권한이 집중되어 비리의 온상인 지배구조를 바꿨기 때문이다.

서민들의 돈을 축내는 저축은행 사건만 해도 회장이 직업윤리를 갖고 있는지 의심스러운 경우가 많다. 저축은행 사건은 이 나라 경제와 정치의 이중 구조를 그대로 보여준 대표적인 사례가 아닐 수 없다.

한편 선출직 어느 지방자치단체장은 결재 서류란에 자신의 직함이 없다. 부서장을 최종 결재권자로 해놓고 일은 뒤에서 다 지시한다. 그러면서 책임은 지지 않으려는 얄팍한 행태를 보인다. 공인으로서 도리에 크게 어긋나는 행동이 아닐 수 없다. 나아가 요즘 공인들은 사건이 터질 때마다 '미처 예측하지 못했다' 며 꽁무니를 빼는 것이 예사가 됐다.

막스 베버는 '심정윤리' 와 '책임윤리' 를 나누어 설명한다. 심정윤리에 의하면 잘못될 개연성이 있는 줄은 알지만 어쩔 수 없어 내 책임이 아니라는 것이고, 책임윤리에 의하면 끝까지 내가 책임을 져야 한다는 것이다. 정부의 높은 사람들, 그리고 리더들은 후자의 책임윤리로 무장되어야 마땅하다. 그러나 일련의 사태들을 보면 이들의 윤리적 태도가 우리를 실망시킨다.

조선일보 논설주간 송희영은 한국은 물론 미국이나 일본 할 것 없이 책임윤리로 무장되어 있어야 할 각 분야의 고위직 인사들이 일만 터지면 책임을 회피하며 "전혀 예상 밖의 일이었다."라며 꽁무니를 뺀다고 말한다. 월스트리트에서 벌어졌던 리먼브라더스의 금융사고 같은 것은 수재 중 수재인 금융공학도들의 분석력만 믿고 CEO들이 일을 저지른 사건이다. 그러고도 사후 보너스를 챙겨 오바마 대통령의 분노를 샀다. 후쿠시마의 지진과 쓰나미, 그리고 원전사고에서 보인 일본 도쿄전력의 고위직들은 하나같이 예상외라며 발뺌을 한다. 38.9미터의 쓰나미나 진도 9 이상의 지진을 예상하지 못한 것을 천재지변으로 돌리기에 급급하다.

저축은행의 몰락도 은행이란 이름을 붙여줘 가며 한껏 띄워놓다가 세가 기울기 시작하니까 예상하지 못했던 일이라며 금융감독원장이 책임을 회피한다. 책임을 회피하라고 대학에서 비싼 교육을 시킨 것이 아닐진대 중책을 맡은 사람들의 책임윤리 의식은 얄팍하기가 그지없다.

이명박 정부 들어 기업들은 친親기업정책의 파도를 타고 몸짓 늘리기에 급급했다. 2008~2011년 동안 10대 민간 대기업 그룹의 계열사는 385개에서 562개로 45.8퍼센트가 늘었다(삼성그룹 59→78, 현대자동차그룹 36→64, SK그룹 64→84, 롯데그룹 46→78 등). 그것도 빚내가며 했다(부채 증가는 삼성그룹 58조, 현대자동차그룹 31조). 재벌기업의 문어발식 기업경영이 이럴 때 진면목을 보인 것이다. 양극화 현상이 심화되니까 이제 자본주의가 노사 모두, 상층 하층 모두를 위한 따듯한 자본주의가 되어야 한다며 수정자본주의와 신자유주의가 비판받게 되었다.

1997년 MBC 대선 토론 때 이회창 후보에게도 물었던 대기업 중심 경제에 대한 질문이 14년이 지난 오늘에도 변함이 없다. 우리나라 기업정책은 중소기업 위주의 대만과 달리 대기업 중심이 변하지 않는다. 그러면서 생계와 교육을 걱정하는 계층에게 복지라는 이름으로 뭔가 도움을 주려고 하지만 견고하게 짜인 틀을 고치기 어려워 말로만 그칠 뿐 실제로 실현되는 것이 거의 없다. 무상급식도 그렇고 무상보육도 그렇다. 영재로 가득 찬 정부가 친서민정책이라는 이름을 내걸고 이렇게 속이고 또 속인다.

하나의 정책이 잘못 시행된다면, 이를 책임져야 할 사람은 한둘이 아니다. 정책의 효과는 그 파장이 매우 크기 때문이다. 엄청난 정부 예산을 써가며 집행한 정책으로 그 대상 집단의 생사가 좌지우지된다. 어떤 효과를 노리느냐에 따라 결과는 하늘과 땅 차이가 된다. 만일 대통령 임기 중 정부의 업적을 우선적 고려의 대상으로 삼고 국민의 복리를 이차적인 것으로 치부한다면, 정책윤리는 땅에 떨어지고 말 것이다.

정책은 아무리 세세하게 투입과 산출을 따지며 비용효과 분석을 해봐도 생각대로 되지 않는다. 금융공학이 실패한 예에서도 보았듯이 분석 잘해냈다고 결과까지 보장되는 것은 아니다. 그런데도 분석가들이나 정책 책임자들은 과학적 방법이라는 것만 내세워 정책을 결정한다. 그러나 정책이 성안되고 집행되기까지 많은 시간이 흐르고 그동안에 여러 사정이 바뀌면서 예상하지 못한 변수들이 튀어 나오면 방정식에서 고려하지 않았던 것들이라 설명력(통계에서 말하는 r^2)이 그만큼 떨어질 수밖에 없다.

정책가들이 윤리의식에 관계없이 국민을 속이려고 하는 것은 아니겠지만, 일에 대한 책임을 지지 않으면서 귀한 시간과 예산을 낭비하고 결국 국민의 세금으로 채워 넣어야 하기에 리더들은 계속 속이는 셈이 되고 국민들은 계속 속는 꼴이 된다. 정부와 국민 간의 관계 원형이 계속해서 이럴 수야 없지 않겠는가.

리더의 논리

"청소년의 문화적 자기결정권을 반대했다고 하는데, 술 · 담배는 왜 파나? 게임을 축구나 제기차기와 마찬가지의 놀이문화라고 하는데, 축구나 제기차기에 중독되어 부모를 죽이는 경우는 없다."

한나라당 신지호 의원이 2011년 5월 2일 19세 미만의 컴퓨터게임 강제 셧다운제 발의와 관련해 한 발언이다. 청소년보호법에 따라 19세 미만 청소년에게 술과 담배를 팔지 못하게 되어 있는 것은 사실이다. 하지만 논자가 논의의 초점대로 문화적 자기결정권에 대한 의견을 피력해야지 하위 아이템에 관해 이야기하는 것은 논리에 맞지 않다. 더군다나 게임을 놀이문화라는 상위 개념으로 확장해 그 안에 있는 축구와 제기차기를 비교하는 것은 이른바 '분할의 오류 fallacy of division'에 해당된다. 다시 말해서 어떤 대상이 가지고 있는 속성을 그 대상의 부분들도 가지고 있다고 생각하는 오류다. 이는 국내 최고 기업체라고 해서 직원들 모두가 국내 최고의 능력을 가지고 있다고 생각하는 것과 같은 오류인 것이다. 국회의원들 중에는 이런 경우 말고도 논리적 오류를 범하는 예가 허다하다.

리더들은 논리에서 많은 과오를 범한다. '결과 긍정의 오류', '선결문제 요구의 오류', '선언지 긍정의 오류' 등이 그것이다. 학자들의 논문에서 찾은 '선언지 긍정의 오류' 예를 하나 들어본다. 제14대 총선을 분석한 〈한국자본주의 체제 변동에 있어서 제14대 총선의 의의〉라는 제목의 논문인데, 체제의 성격과 선거와의 관계가 매우 밀접한 것은 맞겠지만, 한국의 정치경제체제를 신중상주의 지배연합으로 단정하고 지배연합의 주체 사이의 권력배분이 국민당의 출현으로 바뀌면서 금권주의 지배연합이 된다는 식의 논리를 이 논문은 폈다. 지배연합의 구성 등 달리 분석해 밝혀야 할 과제가 잔뜩 있는데도 그냥 단정하는 오류를 범한 것이다.

논리의 비약은 어느 신문 사설에서도 볼 수 있다. 나라꼴이 말이 아니니 난국을 하루 속히 타개해야 하는데, 이를 추진할 수 있는 인물은 능력과 도덕성부터 갖추어야 한다고 하면서 이를 위해서는 인적 쇄신부터 이루어져야 한다고 강조한다. 그러면서 대통령의 의중에 있는 인물에게 난국 수습의 책임을 지게 하는 것이 옳다고 역설한다. 여기까지는 논리가 맞지만 그 다음 "따라서 총리 인선은 대통령이 자유롭게 자신의 뜻대로 하도록 해야 한다."라고 썼다. 이런 논리를 펼칠 생각이면 총리의 역할에 관한 구체적인 언급이 있어야 할 것이다. 하지만 이 글에서는 찾을 수 없다.

나는 평생 정부를 연구한 행정학자인 동시에 사회과학방법론을 가르치는 사회과학자이기도 하다. 사회과학자라 하더라도 과학사나 과학철학에 대한 기본 소양은 있어야 한다. 나의 과학에 대한 '겉지식'은 이렇게 익혔다. 거기에 논리적 사고를 키우기 위해 김광수의 《논리와 비판적 사고》(철학과현실사, 1990)를 옆에 끼고 살았다. 뭔가 다르게 생각하고, 규율을 싫어하고, 기존 질서와 현상을 존중하지 않고, 틀에 박힌 논리적 사고보다는 자유롭게 상상하고 실험하는 가운데 창의적 작품을 산출한다는 그의 '창의성과 비판적 사고'에 모르는 사이에 젖었다. 또한 창의적 작품이라는 것이 새롭고 신기함만을 뜻하는 게 아니라 논리적이어야 한다는 견해에도 전적으로 동의한다.

승자의 논리와 패자의 논리

흔히 말하는 레터릭, 즉 수사修辭는 승자의 논리를 말한다. 이긴 자의 논리는 어떤 이유라도 맞기 때문에 따라야 한다는 것이다. 그러니 기를 쓰고 이기려고 한다. 그래서 몽테뉴는 "무질서하고 소란스러운 군중을 조종하고 선동하기 위해 마치 환자에게 필요한 약처럼 만들어져 무질서한 국가에서나 사용되는 도구"라고 수사를 폄하했다. 칸트도 "수사학은 웅변가의 재주이며 이는 인간의 약점을 자신의 의도에 따라 이용하는 것으로 고려할 가치가 없다."라고 했다. 논증을 강조한 수사학은 원래 아리스토텔레스의 작품으로, 설득 논거로 정념보다는 이성을 염두에 두고 체계를 마련했다. 플라톤도 감정에 호소하려는 경향이 있음을 걱정해 철저한 논리에 따라 사람들을 설득시키는 수사학이 필요하다고 했다.

리더의 논리에서 승자의 논리보다 패자의 논리는 잘 거론하지 않지만 매우 중요한 비중을 차지한다. 승자에게만 논리가 있는 것은 아니다. 패자에게도 논리가 있다. 패자의 논리도 선善이고 의義일 수 있다. 어떤 때는 패자의 논리가 승자의 논리보다 더 나을 때도 있다.

패자의 논리도 중요하다는 것을 찾기 위해 제14대 국회의원 총선의 당선자와 낙선자를 비교분석해봤다. 각 후보자들이 편 논리를 직접 분석한 것은 아니고, 이들과 관련된 변수들과 당락을 비교한 것이다. 당선자와 차점 낙선자의 당선 횟수, 경력, 학위 등을 분석해 인물을 가려보았다. 당선 횟수에서는 재선인 경우에는 차이가 별로 나지 않으나 3선부터는 당선자가 7:3의 비율로 당선자 쪽이 우세하다. 경력에서는 관료와 법조인이 비슷한 비율로 당선자와 낙선자가 갈린다. 학위도 석사, 국내 박사, 외국 박사 등에서 당락자 간에 큰 차이를 보이지 않는다. 이는 낙선자인 패자의 기본 조건이 별 차이가 없다는 것이고, 이들이 주장하는 정책 논리도 크게 다르지 않다는 것을 뜻한다. 다만 소속 정당 같은 변수가 당락의 결정 요인이 되었다.[8]

선거에서의 승자와 패자를 결정짓는 것이 우리나라에서는 인물들의 논리보다는 정당 같은 배경에 더 영향을 받는다는 것은 이미 알려진 사실이다. 그래서 아무리 정책이 좋고 논리에 강해도 때론 패자가 되기를 감수해야 한다.

반드시 고쳐야 할 리더의 논리

세상은 0과 1만 있는 것이 아니라 0과 1 사이에 0.1부터 0.9까지 여러 개의 수가 있다. 0.1은 0에 가깝고 0.9는 1에 가깝다. 칸트는 이성을 순수이성과 실천이성으로 나누었지만, 순수에는 실천이 실천에는 순수가 겹쳐 있다고 말한다. 엔드류 애벗의 말이다. 시카고대학교 사회학과의 앤드류 애벗Andrew Abbott은 프랙탈 이론fractal theory(미분과 적분이 되지 않는 것은 계산할 수 없다고 데카르트 때부터 버렸던 것을 1974년 만델부로트가 리아스식 해안이나 구름의 모양처럼 미세한 것을 계산해낸 이론)을 원용해 다음과 같이 말했다. "정량에는 정성이, 정성에는 정량이 겹쳐 있다."[9] 딱 끊어지는 이분법으로는 설명하기 힘들다는 이야기다. 하이데거도 같은 말을 했다. 즉 물리적 객관 세계와 정신적 주관 세계는 어느 한 쪽이 없어서는 존재가 불가능하다고 했다. 이는 이분법을 정면으로 거부한 것으로서 사물을 지각하기 위해서는 반드시 사물에 대한 우리의 지식에 상응하는 내용을 마음속에 갖고 있어야 한다는 뜻이다. 상지대학교 최종덕 교수는 "물러섬과 나감의 이중적 나선구조는 이것과 저것을 가르는 서양의 배중률의 논리로는 도저히 설명할 수 없는 인간의 깊은 본성"이라고 했다.

우리는 아직도 이성에 토대를 둔 서양의 합리주의를 철석같이 믿는다. 그러나 합리주의는 동일성identity을 어떻게 해서든지 지키려는 음모를 숨기고 있다. 다시 말해서 '같음'을 강조하지 '다름(차연difference)'을 인정하지 않으려고 한다. 오직 자기중심적이고 자기 논리에만 급급하다. 오죽했으면 자크 데리다Jacques Derrida가 해체주의를 주장했겠는가? 주체와 객체, 선과 악, 미와 추 등 이분법적 논리를 해체하고 다름을 인정하지 않으면 안 된다고 한다. 이분법의 논리가 한계가 있다는 이야기는 여러 번 한다. 동양에서도 '완성문화consummatory culture'라고 해서 한 줄 실에 구슬을 모두 꿰어놓아야지 하나라도 빠져나가면 불안해했다. 새뮤얼 헌팅턴의 말이다.

이분법을 강조하다 보면 둘과 둘 사이의 틈을 놓친다. 음악은 음표가 아니라 음표와 음표 사이의 침묵이 만들어낸다는 것을 이해한다면 이분법에만 얽매이는 것은 세상을 한쪽만 이해하고 사는 것과 같다. 정치에서 여야의 극단적 대치도 마찬가지다.

리더들은 또 역설의 의미를 잘 모르는 것 같다. "집에서 면도를 하지 않는 사람은 이발소에서 해준다."라는 말을 마치는 순간 집이 이발소인 이발사는 어떻게 해야 할지 모순에 빠진다. 이것이 러셀의 역설Russell's Paradox이다. 크레타 섬에서는 모두 거짓말을 하니까 거짓말을 해야 참말이 된다. 크레타의 역설이다. 제노의 역설은 앞에서 설명했다. 서로 모순되는 이야기가 끝이 없는데 유권자나 국민을 어떻게 설득해야 할지 모르고 있다. 역설에 관해서는 뒤에서 다시 이야기하겠다.

리더의 자리가짐

리더는 배우다

"무엇보다도 예술가는 비인간inhuman이 되고자 하는 사람들이다."[10]

1913년 프랑스의 시인 기욤 아폴리네르Guillaume Apolinaire가 선언했다. 고통스럽게 비인간성의 흔적을 찾기 때문이라는 것이 이유다. 탈인간화를 추구한다고 해서 배우가 사람이 아니라는 맥락과는 차이가 있긴 하다.

배우 출신으로 대통령이 된 사람이 미국의 로널드 레이건이다. 레이건은 재임 시절 내내 훌륭한 정책을 펴서 높은 평가를 받았다. 국내 경제를 살려 레이거노믹스Reagonomics라는 신조어가 탄생할 정도였다. 레이건은 배우 이전에 지방의 한 방송국에서 아나운서로 경력을 시작했다. 연설이며 제스처를 꼭 연기하듯 한다. 내용도 훌륭하다. 같은 배우 출신으로 아놀드 슈왈제네거는 미국 캘리포니아의 주지사가 됐다. 액션배우로 명성을 날렸다. 세수稅收가 모자라 캘리포니아 주의 재정이 파탄 직전까지 간 적이 있지만 대통령 후보로 거론될 만큼 열심히 일했다. 그러고도 가정부와의 스캔들로 말년을 망친다.

우리나라에서도 배우들이 가끔 국회의원이 된다. 대개 지역구가 아닌 비례대표(전에는 이런 자리를 전국구라고 했다)로 등장해 한때 국민의 대표 역할을 한다. 돈으로 산 적이 많아 전국구의 '전'을 '돈 전錢'으로 써서 희화하곤 했다. 그러나 역할은 거의 미미했다. 전국구는 직능별로 구색을 갖추기 위해 주로 군사정부 때 시작한 제도 아닌 제도다. 두드러진 역할이 있을 리 없다. 아나운서 출신들은 좀 다르다. 적극적인 역할을 하는 의원들이 있다. 문인이나 영화감독 중에도 장관, 특히 문화체육관광부 장관으로 등용돼 일을 잘 수행한 인사들이 있다. 그러나 가끔 튀는 행동을 하거나 공공부문의 규범을 몰라 자신의 책을 국가 예산으로 사서 돌린다거나 하는 격에 맞지 않는 역할 수행으로 무지를 드러낸 경우가 있다.

리더십센터에서 '몸으로 표현하기'라는 제목의 강의를 하는 연희단 거리패 김소희 이사장은 '배우는 사람이 아니'라고 풀이한다. 개인으로서의 존재보다는 집단과 상황에서 존재한다는 뜻이다. 그는 배우俳優라는 한자는 사람 인人 자에 아닐 비非 자를 쓴 것으로, 개인이라는 의미의 사람이 아니라는 뜻이란다. 한마디로 하나의 사람으로서가 아니라 함께하는 사람의 역할로서 무대에 등장한다는 뜻이다. 리더십에 대한 해석과 꼭 같다. 그가 강조하는 강의 내용으로 돋보이는 것은 몸으로 표현할 때 숨을 뒤로 잡아당기며 쉬라는 것이다. 이는 즉자적卽自的 표현을 삼가라는 뜻이기도 하다.

리더 역시 마찬가지여서 어느 자리를 한때 맡아 그 자리가 요구하는 역할을 하다 퇴장한다. 자연인이 무대(자리)에 올랐다가 퇴장하면 남는 것은 자리다. 헤겔은 자리가 영원하지만 리더는 한때 그 자리를 지나가니 주인은 절대로 아니라고 말한다. 그런데도 미련이 남는지 "한 번 장군은 영원히 장군이다.", "한 번 대사는 영원히 대사다."라는 말을 당사자를 앞에 놓고 좋아하라고 쉽게 말한다. 장군은 신분이 되었으니 영원할 수 있다. 하지만 사령관은 자리일 뿐이므로 개인에게 예속되는 것은 아니다. 대사 역시 마찬가지고 장관도 그렇다. 그런데도 이 나라는 아직도 신분과 계급 사회의 속성이 강해 자리에 연연한다. 오래전부터 있었던 자리를 사고파는 매관매직賣官賣職의 버릇은 아직도 완전히 가시질 않았다.

서울대학교 행정대학원에 발전정책과정(지금의 국가정책과정)이라는 6개월 특별과정이 생긴 것은 1972년의 일이다. 40년이 지난 요즘 어느 대학 할 것 없이 앞다투어 개설한 단기과정의 효시다. 그런데 리더십을 양성하기 위해 시작한 이런 과정들이 교양수업의 수준으로 전락하고 인맥의 장으로 변했다.

그러나 처음에는 달랐다. 당시 수업을 들었던 교수들은 유엔개발계획프로그램UN Development Program의 일환으로 캐나다와 미국에서 온 데니슨과 맥카시, 그리고 인도인 자문역consultant 베나지로부터 리더십 훈련을 받았다. 셀프self와 에고ego의 매트릭스로 구성된 트랜스퍼메이션 게임이라는 것을 했다. 일주일 내내 한남동 남산 기슭에 있었던 미군 종교 리트리트 센터에 가서 숙박하며 여러 상황에 처할 때의 내 입장 밝히기, 그리고 그 상황에서 벗어나는 훈련 등을 했다. 배 대신 긴 줄을 쳐놓고 배라고 가정하고 대여섯 명이 그 안에 들어가 난파 직전에 누굴 설득시켜야 내가 사는지 논리 훈련을 했다. 서로 설득이 되지 않으니까 어떤 교수는 남을 밀치고 말았는데 그런 리더는 설득력이 없는 사람이 된다. 마치 북극에 갔다 생환하는 내용의 영화를 리더십 훈련 과정에서 찍고 있는 것과 같은 상황이자 논리였다. 이는 마이클 샌델의 강의에서 나이 어린 선원이 질병으로 인해 제물이 된 후 구조된 남은 선원들이 법정에 서는 이야기와 비슷했다. 리더십 강의에서는 이것 말고도 로프로 바위를 오르다 조난당해 무게를 못 이겨 끊길 듯 말 듯 하는 밧줄에 매달린 부자녀자들이 나눈 대화며 그들이 처한 극한 상황을 보여주고 결국 맨 밑쪽을 자르는 장면 후 토론을 하게 한다. 과연 어떻게 하는 것이 옳았는지를. 연세대학교 김형철 교수가 강의 때 즐겨 쓰는 자료다.

1972년 훈련의 클라이맥스는 송별 파티에서 벌어졌다. 이들 상담역들이 교육훈련을 마치고 떠나는 만찬에 책임자가 나타나지 않았다. 모두가 의아했다. 대신 동생이라며 와서 함께 저녁을 했다. 급한 일이 있어서 형은 가고 대신 자기가 왔다고 했다. 우리는 그렇게 믿을 수밖에 없었다. 그러나 만찬이 끝날 무렵 동생은 가면을 벗는다. 형이었다. 가면놀이로 역할극을 완벽하게 수행한 셈이다. 이처럼 리더는 상황을 연출하고, 그 상황에서 마땅한 역할을 해내야 한다.

그때부터 한국의 리더들에게도 이런 식의 리더십 훈련이 필요하다고 생각했다. 이런 훈련이 되어 있는 리더가 등장하면 나라가 좀 더 좋아질 것이라는 생각도 들었다.

리더, 직격은 지키자

1994년 12월 서울대학교 행정대학원 원장 이임식 때 일이다. 나는 그때 직격職格이라는 용어를 쓰면서 내가 원장으로서 어떤 격을 지켰는지 의문이 난다고 고백했다. 제자인 조교들에게 예산집행을 편법으로 하라고 지시나 하는 사람이 과연 학교의 장이 될 수 있는지 모르겠다고 했다. 다시는 이런 식으로 자리를 맡지 말아야 한다는 소신을 편 것이지만 그렇다고 내 잘못이 용서될 리는 없을 것이다. 지금도 학교를 감사하면 으레 드러나는 것이 교수들의 연구비 유용 사건이다.

사람마다 커리어 패스career path, 즉 직업의 경로가 있다. 한 직장에서 평생을 정진한 사람이 있는가 하면 여기저기 직장을 옮겨 다닌 사람도 있다. 리더들 중에도 장관 하다가 대학 총장으로 옮기는 사람이 여럿 있다. 대학 총장 출신이 전공 분야에 따라 금융기관의 총수가 되기도 한다. 겉으로 보기에 화려한 듯 보이지만, 장관 하던 사람이 총장이 되는 것을 나는 그리 탐탁하게 생각하지 않는다. 물론 학구적이어서 자격이 넘치는 장관도 있다. 하지만 대학 총장이라는 직책의 격이라는 것이 있는데 격이 맞지 않는 경우가 흔하기 때문이다. 대학의 장에게서는 무엇보다도 문향文香이 묻어나야 한다. 전문 분야에서의 우월함이 인정되어야 학문적 권위가 선다. 그러나 이 나라 대학들은 예산 따오기를 비롯해서 정부의 끄나풀을 힘껏 쥐고 있어야 하기 때문인지 장관이었던 사람들을 영입하는 것을 선호한다. 물론 미국도 그런 경향이 없지 않지만, 그들은 아무나 영입하지 않는다. 닉슨 때 국무장관을 지낸 헨리 키신저는 총장이 아니라 교수로도 복귀하지 못했다. 그의 외교정책에 반대하는 교수와 학생들이 대학 복귀를 반대했기 때문이다. 장관 재직 때 실정失政을 따지지 않는 우리네 실정과는 판이하다.

장관 출신 총장에 대한 회의가 든 것은 어느 대학 총장 취임식에서였다. 행사 막바지 교가를 제창할 시간이었는데, 단상에 혼자 서 있던 신임 총장은 합창 내내 입 한번 뻥끗 못하고 우두커니 서 있었다. 미리 교가가 적힌 종이 한 장이라도 준비했더라면 저런 모습을 보이지 않아도 되었을 텐데 하는 아쉬움이 컸다. 주인공은 학교와 무관하지만 장관 경력을 내세워 총장 선거에서 뽑힌 인물이었다. 교가를 모른다고 총장 자격이 없는 것은 아니지만 격에 흠집이 생기고 말았다. 또 내방객에게 주는 총장의 선물을 통해 그 격을 알 수 있는 경우가 있다. 어느 대학 총장은 아무렇지도 않은 듯 학교 마크가 찍힌 골프공을 내방객에게 준다. 그것보다는 학교 출판부가 발간한 교양서 한 권을 선물로 주는 것이 총장답지 않을까?

최근 어느 총장 취임식에서는 귀빈이라는 이름으로 타 대학 총장이나 정부 고위 관리들이 단상의 자리를 차지했다. 전임 총장이나 학장 등의 보직교수들, 총동창회 회장이라면 모를까 학교와 상관없는 이들이 앉은 모습이 좋아 보이지 않았다. 자연 상태에서 균형을 이룬다는 뜻의 '변분variation의 원칙'에 따르면 자리는 항상 낮게, 아래로가 안정되는 법이다. 그런데 왜들 그렇게 높은 자리에 가서 앉으려고만 들까? 현직顯職들이 자리를 차지하고 있다고 격이 높아지는 것은 아니지만, 집단 이성과 이미지가 어떻게 나타나느냐가 의식의 구성과 진행에 있어 중요한 까닭이 여기에 있다.

사람에게 격이 있고(人格), 나라에도 격이 있듯이(國格), 자리에도 격이 있다. 그것을 직격職格이라고 한다. 그 자리에 맞는 인품은 그 자리가 필요로 하는 행동을 할 때 드러난다. 대통령, 총리, 총장 등 각각의 자리에서 자리에 맞는 사유, 언사, 몸가짐, 마음가짐, 의관 등을 갖추어야 한다. 어릴 때 고생하며 자랐다거나 인격이 고매하다고 해서 기관이 잘 돌아가는 것이 아니다. 공직을 맡은 사람은 자신의 인격을 맡은 자리의 직격에 맞추는 일부터 해야 한다. 대개들 일은 사람이 하지 자리가 하는 것이 아니라고 생각한다. 아니다. 일은 자리가 한다. 자리에 정해진 법과 규정대로 일이 되는 것이고 거기에 격까지 갖춰야 금상첨화다. 고위 공직자가 시정에서나 쓰는 말투로 친서민적이랍시고 행동하면 공적 권위는 나락으로 떨어진다.

격을 모르는 채 높은 자리를 맡은 사람들은 거의 예외 없이 조직의 인력, 예산, 기술, 정보 등 자원을 마음대로 쓰려고 든다. 거기서 그치는 것이 아니라 개인의 영달을 위해 그 다음 더 높은 자리로 가려고 자원을 남용한다. 공직이 무엇이며 공공성이 무엇인지를 알면 그렇게 행동할 수 없는 일을 다반사로 한다.

공직에 오르는 인물들을 볼 때마다 이 나라가 선진국이 되려면 한참 멀었다는 느낌밖에 들지 않는다. 높은 자리를 차지한 인물이면 일단 그 경륜과 노력의 결과라고 인정해 받아들이긴 하겠지만 대개 관례나 겉치레에 몰두한 인상이 짙다. 지극히 비교육적인 것을 교육을 위한 것이라며 위장전입을 마지않는 반법적 인물이 있는 한 법치국가는 멀었다. 화려한 경력의 소유자일수록 대개 여기저기 빈자리를 기웃거리며 다닌 인물들이다. 이들은 대개 높은 자리를 얼마나 오래 버티었는가를 중요한 경력으로 생각한다. 직격에 충실해 직책을 성실히 수행했을 때 직격과 인격의 함수관계가 맞아떨어진다. 그런 인물은 자연인이 되어도 존경을 받는다는 나력을 지니게 된다. 한 번

잘났으면 아무 노력 없이 영원히 잘난 것으로 착각하고 퇴임 후에도 행사 때마다 상석에만 앉으려고 드는 군상들을 어찌 하면 좋을까?

자리란 한때 내 능력과 인간됨을 모두 바쳐 봉사하는 곳이다. 그런데도 행사 때 앉는 자리며 축사하는 것이며 식사 때 화제의 주역이 되는 쓸데없는 것에 집착하는 것을 보면 모두가 아직도 19세기 계급사회의 틀 속에서 사는 듯하다. 21세기가 진행되는 마당에 아직도 이 사회가 직책이나 직격 대신 사람과 신분에 초점을 맞추고 계급의식에 절어 있다는 것은 큰 문제가 아닐 수 없다. 계급을 물리고 직격을 터득하고 살리는 일이 시급하다. 그렇게 되면 인물도 존경받고 자리도 빛나고 신뢰를 되찾는다. 내가 강의 때마다 강조하는 말이지만, 몸가짐 · 마음가짐에다 '자리가짐'에도 정성을 들였으면 좋겠다.

리더의 속 모습 들여다보기

리더십 자화상 그려보기: KPLI

리더들의 얼굴은 각양각색이다. 온화한 미소가 잘 어울리는 사람도 있고, 무뚝뚝하지만 진중해 보이는 사람도 있다. 겉으로 보이는 모습이 이들을 평가하는 전부는 아니지만, 외모만으로 판단하기에 믿음직해 보이지 않는 사람도 있고, 순전히 이미지만으로 리더의 몫을 하는 사람도 있다. 그렇다면 이들의 '속 얼굴'은 어떨까?

리더의 '속 모습'을 보기는 쉽지 않다. 심지어 최측근이라 불리는 사람조차 리더의 '속 모습'을 다 알지 못한다. '속 모습'이 단순히 의중을 뜻하는 건 아니다. 반대로 리더 역시 자신의 추종자들에게 어떻게 보이는지, 즉 자신의 리더십이 어떠한지 모르는 경우가 많다.

리더의 진면목을 파악하는 방법 중 하나는 직접 쓴 자서전을 통하는 것이다. 리더 스스로 자신의 리더십에 대해, 무엇을 어떻게 그리고 무슨 생각으로 했는지에 대해 쓰다 보면 자신의 리더십 스타일에 대해서 자기평가할 수 있는 시간을 가질 수 있다. 글을 읽는 사람 역시 책을 통해 당시 상황과 그의 리더십에 대해 평가할 수 있는 기회가 된다. 그리고 자서전 같은 것 말고 리더의 속 모습을 알 길은 없을까? 리더가 직접 자신의 리더십 자화상Leadership Atlas을 그려보는 것은 어떨까?

서울대학교 리더십센터가 생긴 지는 일천하다. 2008년의 일이니 오랜 전통이 있는 기관은 아니다. 하지만 내가 서울대학교에서 리더십 학부 강의를 본격적으로 시작한 것은 1999년이었고, 그에 앞서 90년대 초에는 '리더십 포럼'을 시작해 역대 국회의장과 총리를 초청해 강연을 듣고 질의응답을 하는 기회를 가졌다. 그 전까지만 해도 이런 경력을 가진 인사들의 말씀을 들을 기회가 흔치 않았다. 회고록을 통해야만 공직에 있었던 분들의 이야기를 접할 수 있었다. 당시 포럼에는 이만섭 전 국회의장을 비롯해 신현확, 노신영, 황인성, 이수성 등 전 총리와 최병렬 전 서울시장 등이 초대되었다. 포럼은 이들의 리더십에 대해 듣고 평가해볼 수 있는 좋은 기회가 됐다.

박정희 정부 직후 신군부 집권기의 행정과 이승만 정부 시절 수립된 개발계획 등에 대해 강연을 했던 고 신현확 전 총리는 회고록 쓰는 것을 한사코 반대했다. "집안끼리 대대로 원수질 일을 어찌 하겠는가?"라는 것이 신 총리의 뜻이었다. 이렇게 말한 이유는 회고록을 제대로 쓰려면 솔직해야 하는데 그러다 보면 다른 사람의 입장을 생각하다 결국에는 좋은 이야기만 쓰게 된다는 것이었다. 시중에 출간된 회고록의 대부분이 자신을 미화하는 이야기로 일관하는 경우는 많다.

그래도 회고록은 리더들의 면면을 살펴볼 수 있는 좋은 기회다. 언제, 어디서, 어떤 일을, 무슨 이유로 했다는 이야기는 많은 사람들에게 참고가 된다. 포럼에 초대됐던 강영훈 전 총리는 후에 자신의 회고록 《나라를 사랑한 벽창우》(동아일보사, 2008)를 냈는데, 매우 요긴한 이야기가 가득했고 솔직한 심정이 담겨 있었다. 이만섭 전 국회의장의 회고록 《나의 정치인생 반세기》(문학사상사, 2004)와 《5·16과 10·26》(나남, 2009)에도 진솔한 이야기가 듬뿍하다. 이들 이외에도 우리나라 정치와 공공 리더십에 대한 귀중한 자료가 되는 진실한 회고록을 쓴 분들이 몇 분 더 있다. 반면 이와 반대인 경우도 많다. 포럼 때 사회를 보면서 잘했다는 정책 이야기 말고 후회되거나 다시 하면 더 잘할 수 있는 정책이 있냐고 물은 적이 있다. 어떤 분은 한사코 잘못하거나 후회되는 일이 없다고 답해 존경의 염이 가지 않았다.

리더의 모습을 객관적으로 파악하는 것은 중요하지만 매우 어려운 일이기도 하다. '리더십 자화상'은 이런 생각에서 탄생했다. 아직 외국에도 예가 없는 리더십 자화상은 본인이 직접 자신의 리더십 모습을 그리는 것이다. 남들은 리더더러 어떻다느니 말을 하지만 정작 자신은 자신의 리더십이 어떤 모습인지, 어떤 강점과 약점이 있는지 잘 모른다. 그래서 리더십 이론을 망라해 기본 요소를 추리고 (이를 리더십 지표leadership indicator라 한다), 이를 바탕으로 조작적으로 정의operational definition한 80~100문항에 걸친 질문(리더십 지수leadership index)을 만들었다. 그리고 이 질문들에 답하면 자신의 리더십을 확인하게 된다.

구체적인 질문에는 다음과 같은 것들이 있다. 각각의 질문에 대한 답은 10점 척도에서 선택하면 된다.

1. 나는 퇴계가 즐겨한 신독愼獨을 잘 실천하는 편인가?

그렇다 — 1 — 2 — 3 — 4 — 5 — 6 — 7 — 8 — 9 — 10 — **아니다**

2. 내가 사물이나 현상을 이해하기 위해 주로 접근하는 방법은 분석적 사고와 통합적 사고 중 어느 쪽인가?

분석적 사고 — 1 — 2 — 3 — 4 — 5 — 6 — 7 — 8 — 9 — 10 — **통합적 사고**

3. 나는 '러셀의 역설'이나 '제노의 역설'에 어느 정도 동의하는가?

동의하지 않는다 — 1 — 2 — 3 — 4 — 5 — 6 — 7 — 8 — 9 — 10 — **동의한다**

4. 나는 '음악이 수학이다'라는 명제에 어느 정도 동의하는가?

동의하지 않는다 — 1 — 2 — 3 — 4 — 5 — 6 — 7 — 8 — 9 — 10 — **동의한다**

5. 나는 눈 깜박하는 찰나(0.2초)의 판단blink에 얼마큼 익숙한가?

익숙하지 않다 — 1 — 2 — 3 — 4 — 5 — 6 — 7 — 8 — 9 — 10 — **익숙하다**

6. 나는 주로 내 처지부터 생각하는 편인가(我相)?

그렇다 — 1 — 2 — 3 — 4 — 5 — 6 — 7 — 8 — 9 — 10 — **아니다**

7. 내가 더 좋아하는 동물은 사자와 호랑이 중 어느 쪽인가?

사자 — 1 — 2 — 3 — 4 — 5 — 6 — 7 — 8 — 9 — 10 — **호랑이**

8. 나는 선禪이나 명상을 좋아한다.

아니다 — 1 — 2 — 3 — 4 — 5 — 6 — 7 — 8 — 9 — 10 — **그렇다**

이러한 질문에 답한 것을 코딩coding해서 '한국공공리더십지수KPLI' 공식formula에 대입해 계산하면 자화상이 그려진다. 그것이 바로 '리더십 자화상'이다.

다음 〈그림 1〉은 2009년 정당 대표(김중권)를 지냈거나 원내 대표

• 〈그림 1〉 2009년 정치인의 리더십 자화상 •

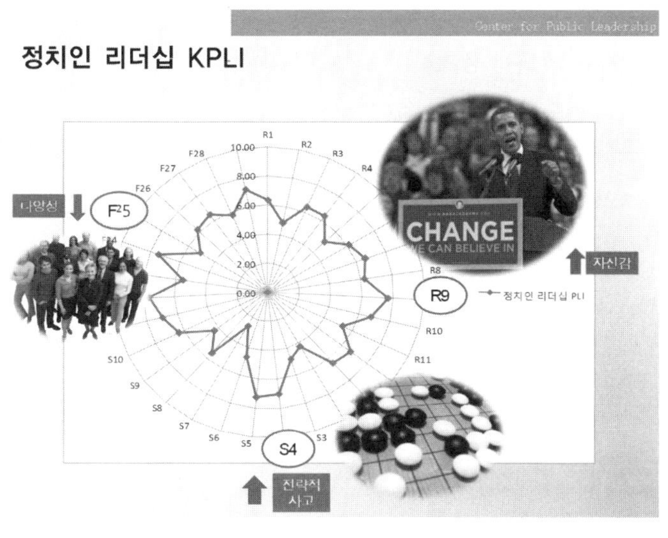

(이강래)를 한 정치인들의 자화상 평균치다. 이들의 리더십은 자신감에 넘치고 전략적 사고에 능한 반면 다양성이 부족하다. 지표는 통틀어 40가지인데 이 그림은 일부만을 그린 것이다. 그림에서 보듯이 척도가 10점으로 원의 원점에 가까우면 리더십의 당해 요소(다양성)가 약하다는 뜻이고 원점에서 멀면 그 요소(자신감과 전략적 사고)가 강하다는 뜻이다. 그림에서 각 요소가 들쭉날쭉하면 그만큼 리더십이 불안정하다는 것이고 반대로 그림의 모양이 골고루 퍼져 반듯한 원이면 안정되어 있다는 의미다. 그림에 그려진 여러 요소는 인문적 소양, 관리적 소양, 그리고 예술적 소양이 구분되어 있어 리더에 따라서는 어느 소양이 더 강한지, 아니면 약한지, 그래서 부족한 것을 채우려면 어떤 분야의 훈련을 받아야 할지를 가릴

• 〈그림 2〉 관료의 리더십 자화상 •

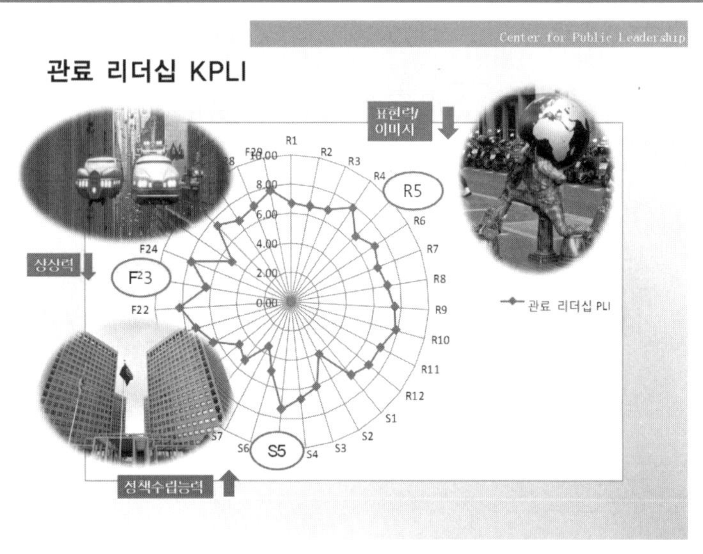

수 있게 된다.

관료들의 리더십 자화상은 조금 다르다. 이들은 정책수립 능력은 탁월하나 상상력이 부족하고 표현력과 이미지 지표는 낮은 편이다(〈그림 2〉 참조).

대학교수와 언론인이 포함된 지식인들은 미래지향적이고 상황맥락지능이 발달했다. 반면 위임을 잘하지 않는다. 나도 여기 포함되어 있는데 일하는 습관이 남을 시키기보다 내가 직접 모든 일을 다 처리하다 보니 생활방식에서부터 위임과 거리가 있다. 그러나 조교에게 모든 일을 하게 하는 교수도 있다. 심지어 보고서도 쓰게 한다. 위임을 '잘하는' 이런 사람이 리더로서 자격이 있는지 모르겠다(〈그림 3〉 참조).

• 〈그림 3〉 지식인의 리더십 자화상 •

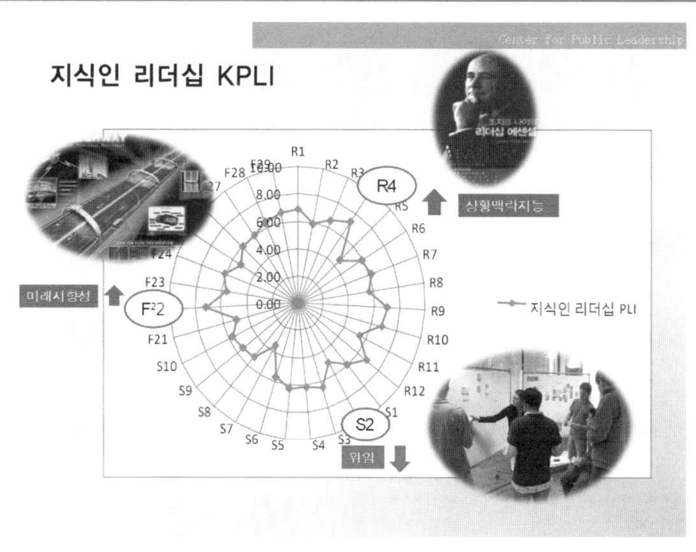

• 〈그림 4〉 CEO의 리더십 자화상 •

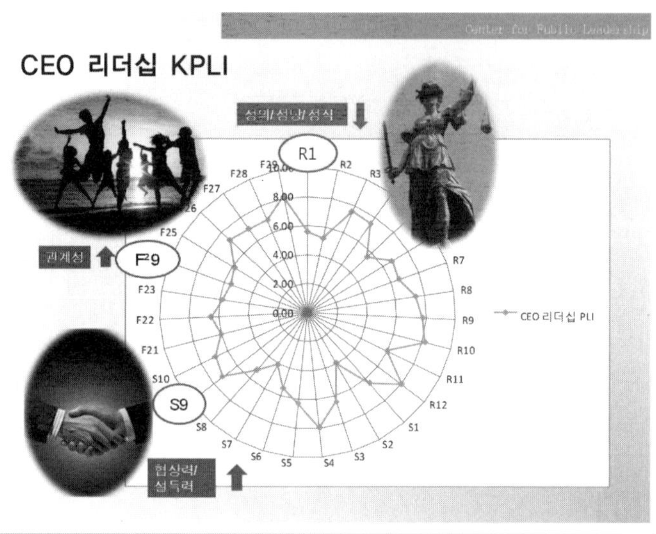

• 〈그림 5〉 NGO 리더십 자화상 •

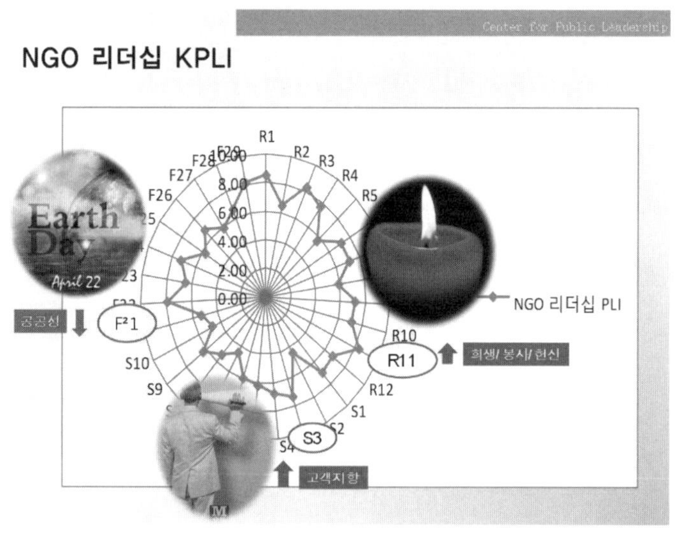

기업의 CEO도 몇 사람 조사했다. 이들은 협상력과 설득력이 강하고 관계성 역시 강하다. 네트워크가 넓다는 의미다. 반면 정의롭고 정당하고 정직한 것과는 약간 거리가 있다(〈그림 4〉 참조).

NGO에서 일하는 사람들의 자화상 역시 이미지 그대로 나타난다. 박원순도 포함되어 있는데 이들은 희생과 봉사, 헌신성이 강하다. 고객지향적이기도 하다. 다만 공공성은 약하다(〈그림 5〉 참조).

다음은 서울대학교 학생들을 이공계와 인문사회계열로 나누어 조사한 것이다. 이공계열의 리더십 특징은 결과를 중시하여 집행력이 강하다. 반면 희생, 봉사, 헌신성은 약하다. 인문사회계열 학생들은 리듬감은 강하지만 위기관리 능력은 약하다(〈그림 6〉과 〈그림 7〉 참조).

• 〈그림 6〉 이공계열 학생들의 리더십 자화상 •

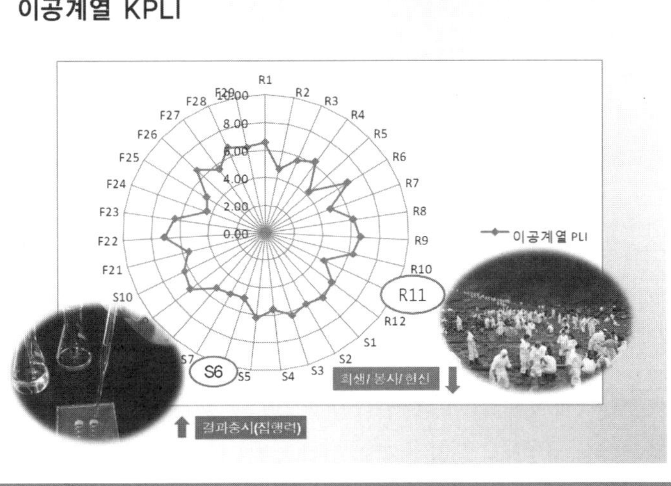

• 〈그림 7〉 인문사회계열 학생들의 리더십 자화상 •

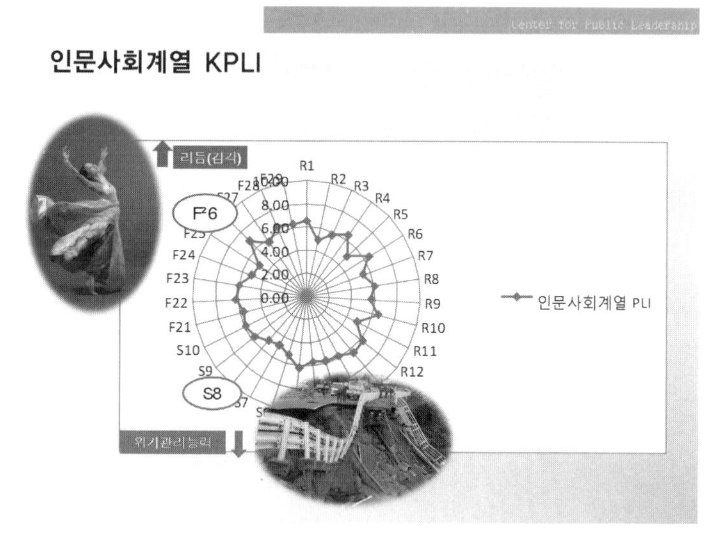

한편 판사와 검사를 대상으로 조사를 했다. 한 가지 의외인 것은 이들에게 "친구가 시험 때 부정행위를 했다면 이를 학교 당국에 알리겠는가?"라는 질문에 그렇지 않다고 답한 비율이 높았다. 이들의 정직성이 의심스럽다. 이 질문은 동료집단의 연대성과 사회연대성을 가리는 것으로 하버드대학교 케네디스쿨에서 학생들과 논쟁을 벌이는 주제 중 하나다.

리더십 자화상을 그리면 자신의 약점을 알게 되어 이를 리더십 훈련 과정에서 보완할 수 있다. 인문적 소양, 관리적 소양, 예술적 소양 등이 다 가려지기 때문에 어떤 방식의 훈련이 필요한지 알게 되고, 리더십센터에서는 이에 맞춰서 훈련한다. 이를테면 사자보다 호랑이를 좋아하는 리더는 독립심은 강한데 남과 더불어 일하는 성향을 갖춘 사람은 아니다. 네트워킹에서 탈허브형이라면 이런 리더 역시 사회적 연대가 약한 인물이다. 음악회에서 공연이 끝난 후 앵콜이나 브라보 등을 외치며 스탠딩 오베이션을 하지 않는 리더는 그만큼 열정이 부족하다. 이들을 위한 훈련 프로그램을 개발하는 것이다.

2010년 지방자치단체장 선거 때는 중앙일보와 함께 서울시, 광역시, 도지사 후보자 일부의 리더십 자화상을 조사해 발표했다. 오세훈은 초연과 용기가 강하다. 한명숙은 통찰력과 혜안이 있다. 안상수는 관용이 강하다. 송영길은 설득력이 강하다. 김문수는 의사소통 능력이 강하다. 다음에 일부를 소개한다(〈그림 8〉 참조).

리더십 자화상은 나 자신의 리더십이 어떤지를 들여다볼 수 있다는 점에서 매우 획기적인 발안이다. 리더는 누구나 나는 괜찮은 리더라고 생각하고 있겠지만 내 리더십의 어디가 강점이고 어디가 약점인지를 잘 모르며 리더십을 행사한다. 그러나 이 리더십 지수를 따라 자신의 리더십 자화상을 그려보면 대번에 내 리더십의 정체를 알게 된다. 그러면서 뭐를 더 보완해야 하는지를 알게 된다. 더욱이

• 〈그림 8〉 2010년 5월 24일 중앙일보에 게재된 다섯 후보의 리더십 자화상 •

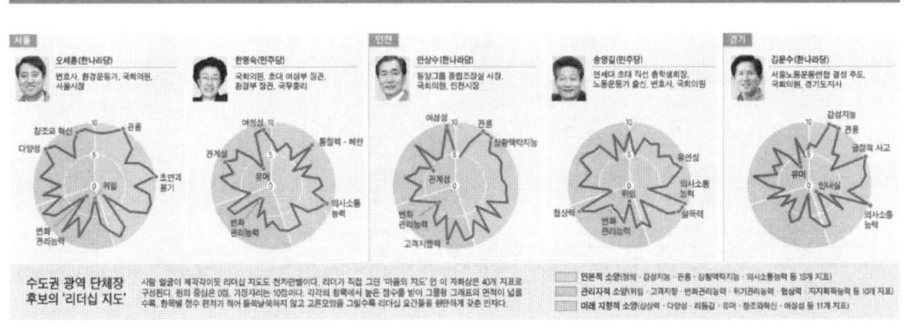

나만이 아니라 나와 함께 일하는 사람들, 참모들의 자화상을 알게 되면 내가 그 참모에게 무슨 일을 맡길 수 있는지를 판단하는 데 큰 도움이 된다. 예를 들어 재즈를 좋아하는 참모에게는 기획을 맡겨도 되는 것과 같은 것이다. 새 기관을 형성할 때 미래를 알고 상상력이 풍부한 사람에게 임무를 맡기면 효과가 다를 것이다. 이러한 자화상 그리기는 비단 정치 분야에서뿐만 아니라 기업, 의료, 군대, 경찰 등 여러 분야에서 활용할 수 있다. 특히 한국 상황에 맞게 만든 것이라 우리의 리더들에게 적용하기 쉽다. 리더십 자화상을 통해 적재를 적소에 배치해 본인에게 마땅한 역할을 맡기게 되면, 본인에게는 물론이고 조직에도 큰 득이 된다. 예를 들어 상상력이나 다양성이 부족한 사람에게 기획 같은 창의적인 업무를 맡긴다고 생각해보라.

리더는 공공의 이익을 향해 달려야 한다

세종시 문제가 잔뜩 현안이 되어 여당 안에서도 서로 의견이 엇갈릴 때 박세일 전 의원이 박근혜 의원을 공격하기를, 사익만 추구한다고 했다. 그 기사를 읽으면서 제임스 뷰캐넌의 말이 떠올랐다. 노벨경제학상을 받은 뷰캐넌은 공익이란 원래 없는 것이지만, 공존을 위해 서로 양보하고 노력하면 공익을 구현할 수 있다고 했다. 인간이 이타적 유전자를 지니고 있다고는 하지만 출발부터 이기적 존재다. 어린아이들을 보라. "어린아이의 인심대로면 못산다."라는 말이 있듯이 인간은 태어나면서부터 내 것 챙기기에 여념이 없다. 자라면서 교육을 받고 사회화되면서 내가 양보하고 희생해야 조금이라도 내 것을 챙길 수 있다는 섭리를 터득한다. 공익을 앞세워야 하는 것은 인간 사회의 공존을 위한 기본 지혜다. 리더가 앞장서서 그 몫을 해야 하는 것은 말할 나위가 없다. 공익은 경제학뿐만 아니라 법학에서도 중요한 연구 과제로, 리더에게 있어 공익 추구는 의사결정의 중요한 지표가 된다.

어제오늘의 이야기는 아니지만 공직을 맡다가 퇴임 후 대형 로펌이나 회계법인으로 진출해 억대의 연봉을 받는 전직 공무원의 도덕성을 무조건 나무랄 수는 없다. 하지만 2011년 5월 신문에 대서특필된 내용을 보면 해도 너무한다. 11개 대형 로펌을 조사한 결과인데 고문 또는 전문위원으로 일하는 140명 중 85퍼센트에 해당하는 120명이 정부 부처나 정부 유관부처의 출신이었다. 이들은 수억에서 수십억대의 연봉을 받으며 소속했던 부처에 가서 로비스트 역할을 수행한다는 의혹을 받는데, 아마 거의 사실에 가까울 것이다. 이들이 퇴임 후 직업을 얻는 것이 비윤리적일 수는 없지만 공직자가 자신이 쌓은 경력과 얻은 정보, 그리고 네트워크로 사익을 추구한다면 뭔가 떳떳하지 못하다는 인상을 지울 수 없다. 외국에는 쿨링오프cooling off라는 제도가 있어서 곧장 로펌에 가지 못하도록 전관예우의 길을 막고 있다. '부족형 인간' 들의 잔치가 공익이나 공덕에 가까울 리 만무하기 때문이다.

리더는 정의로 정신을 가다듬고 공익을 향해 달려야 한다. 그러나 유감스럽게도 많은 리더들이 공익을 추구한다는 것은 허상에 가깝다. 겉으로 내세우는 명분은 어김없이 '국민 모두를 위해', '내 자신을 희생해' 등등이지만 속으로는 사익을 추구하기 일쑤이고, 겉으로도 빼젓이 공익에 반하는 행동을 서슴지 않는다. 공인으로 있다(在朝)가 야인이 되었을 때(在野)는 사익을 추구해도 괜찮지 않느냐고 묻는다면 물론 '그렇다'이다. 하지만 이러한 사익 추구가 재조在朝일 때의 인연과 네크워크로 이루어진 것이라면 정당하지 않아 보인다. 많은 공직자, 특히 법, 금융, 산업 등 분야에 종사했던 고위직들이 퇴임 후 무슨 법인에 가서 옛 부하들에게 부탁해 이익을 추구하는 꼴은 보기에도 매우 어쭙잖다.

이윤 추구는 거기에서 끝나지 않는다. 2011년 5월 국무회의에서 통과된 '준법지원인에 관한 법'은 한마디로 '도둑 정치kleptocracy의 표상'이라고 김인규 한림대학교 경제학과 교수는 말한다. 이는 기업경영의 투명성과 의사결정 과정에서의 적법성 등을 제고하기 위해 법률 전문가를 기업 내에 상시적으로 두는 제도로, 투명성과 적법성을 내세우니 취지까지 반대할 수는 없다. 그러나 이 제도는 어디까지나 사법시험이라는 호된 진입장벽을 통과한 법조인만을 위해 쳐놓은 그물이다. 따라서 이들의 이익만 보장한다는 비판을 면하기 어렵다. 자본주의 사회라는 것이 기득권을 보호하기 위한 장치를 여러 군데 쳐놓긴 하는 것이지만 결국 여기에 드는 비용은 기업이나 사회가 부담하게 마련이다. 결국 자기네들만의 이익을 탐하니 이들에게 희랍시대 때부터 쓰던 표현으로 '도둑이 지배하는'이라는 말이 어울리지 않을까 하는 것이 김 교수의 의견인 듯싶다.

공익이며 공공성이 항상 문제다. 공원, 공중 놀이터, 등대 등을 전문용어로 공공재라고 한다. 누구나 함께 골고루 누려야 할 대상이기 때문이다. 그러나 여기에 사람이 개입되어 소유욕이나 점유욕이 발동하면 이야기가 달라진다. 서로 차지하려고 들고 양보도 거의 하지 않는다. 인간은 원래 자익을 추구하는 동물이다. 리처드 도킨스Richard Dawkins가 말하는 이기적 유전자 때문만은 아니다. 애덤 스미스도 그랬다. 우리가 저녁식사로 빵, 고기, 포도주를 즐길 수 있는 것은 이들 생산자의 자비심 때문이 아니라 이들의 자기애 때문일 뿐이다.

MIT에서 한 실험인데 직장인들에게 가장 큰 관심사는 보수이지, '배운다'와 같은 것은 겉으로 표현하는 것에 불과하다고 한다. 또 누구나 이기적 편견egocentric bias을 갖고 있고, 자기정당화에 능해 자신이 잘못한 것은 너그러이 생각하려는 경향이 있다. 로맨스와 스캔들의 차이 같은 것이다. 나는 옳고 남은 잘못되었다고 생각하는 경향이 늘 있다. 뒤에서 이와 관련된 다른 실험을 소개하겠다.

여기서는 공익 자체에 관한 논의보다는 공익에 관한 한 입장을 소개한다. 바로 노벨경제학상을 받은 제임스 뷰캐넌James M. Buchanan과 고든 털럭Gordon Tullock의 공공선택론이다. 전상경과 황수연 두 교수가 번역한 《국민 합의의 분석The Calculus of Consent》(시공아카데미, 1999)에서 발췌했다. 특히 황수연 교수가 정리한 것을 주로 소개한다.

시장을 연구하는 경제학자들은 사람들이 자익self-interest 또는 사익에 따라 움직인다고 가정한다. 비록 사람들이 이타적으로 행동하는 때도 있지만 소비자, 종업원, 고용주 누구도 시장에서는 자신에 대한 관심이 지배적인 동기가 된다. 정부도 다르지 않다. 정치권에서 행동하는 사람들은 다른 사람들을 먼저 배려하기도 하지만 투표자, 정치가, 로비스트, 관료 할 것 없이 주된 동기는 사익이다. 공익이란 단어는 허상일 뿐이다. (뷰캐넌과 털럭이 주장하는 공공선택론을 비판하는 사람들은 이러한 사익 가정이 잘못됐다고 논박한다. 그러나 기본 가정이 현실성이 없다고 이론이 잘못된 것은 아니다.)[1]

케인즈 경제학에서는 정부를 공익을 추구하는 자비로운 존재로 가정한다. 정부는 경제가 침체되어 있을 때는 팽창정책을, 과열되어 있을 때는 긴축정책을 쓰는 자비로운 독재자라고 보는 것이다. 그러나 득표를 극대화하려는 정치가의 동기 때문에 경제가 과열되어도 정부가 팽창정책을 쓴다는 것은 무리라는 것이 공공선택론자들의 입장이다. 금융시장이 널뛰는 것이 누적되는 재정적자 때문이라는 입장과 같다. 두 입장은 이렇게 정부의 행동에 있어서의 사익과 공익에서 엇갈린다.

또한 인간의 사익 추구가 공익 저해로 이어진다는 명제는 성립되지 않는다. 사익 추구의 공익 저해 여부는 제도 때문이다. 제도가 잘 갖추어져 있으면 사익 추구가 결과적으로 공익 달성에 이바지할 것이고, 그렇지 못할 때는 공익을 저해할 것이다. 기업주가 '통큰 상품' 처럼 경쟁시장에서는 낮은 가격에 질 좋은 제품을 팔지만, 독점 상황이 되면 가격은 올라가고 질은 떨어지며 서비스가 시원찮게 된다. 이것은 그 기업주의 품성이 바뀌어서가 아니라 그가 처해 있는 제도적 상황이 달라졌기 때문이다. 따라서 이에 대한 처방은 인간성이 아니라 제도를 바꾸는 쪽이어야 한다. 인간이 사익을 추구한다는 것 자체는 나쁜 것이 아니다. 나쁘다면 제도 쪽이 먼저다. 그러나 문제는 제도가 완벽하지도 않고 제도를 악용하는 무리가 너무 많다는 데 있다.

인간의 사익 추구는 결코 변하지 않을 테니까 인간성에 관한 사익 가정은 그대로 받아들이되, 제도를 분석하고 처방을 제시하려는 노력을 게을리해서는 안 된다. 공공선택론에서처럼 제도가 중요하다면 개인에 대한 윤리적 처방 말고 제도부터 변경하라는 것인데, 이는 이들이 윤리의식이 박약해서가 아니라 제도 설계가 더 중요하고 효과가 있다고 보는 것이다. 그렇지만 윤리의식이 희박한 리더가 제도를 만들고 운영하니 문제다.

우리는 실제로 지능적으로나 도덕적으로 우수한 사람들이 공직을 맡는데 성과는 왜 시원치 않은지 궁금해한다. 그 이유는 의원과 관료가 하는 결정이 자신의 것이 아닌 납세자들의 자원을 무책임하게 사용하기 때문이다. 이들 자원은 납세자와 규제 대상자의 의사와 관계없이 확보된다. 물론 사용자들은 납세자의 돈을 현명하게 쓰려고 노력한다. 그러나 효율적으로 결정한다고 자원이 절약되지 않는다. 또 절약한 부富의 일정 부분이 자기 몫이 되는 것도 아니어서 동기부여가 약해진다. 그런 상황에서 일반 국민에게 편익이 돌아가도록 하기 위해 특수 이익을 추구하는 강력한 이익집단들에 대항하여 싸워봤자 국민들은 그 편익이 무엇인지, 누가 자신들에게 그런 편익을 부여했는지 잘 알지 못한다. 그러니까 정치가나 관료 등 사용자들은 공익을 증진하도록 자원을 절약할 유인을 갖지 않는다.

의원들은 유권자를 대변해 과반수 규칙을 내세워 입법활동을 한다. 이때 주로 사용하는 무기가 로그롤링logrolling 혹은 투표거래vote trading다. 의원들끼리 각 쟁점에 대한 선호의 강도가 다른 데서 비롯된다. 도시 출신 의원이 농촌 수자원 프로젝트에 찬성투표를 하는 대가로 농촌 출신 의원은 도시 주택 보조 프로그램에 찬성투표를 한다(명시적 로그롤링). 또는 이 두 프로젝트를 단일의 지출 법안으로 묶어 통과시키기도 한다(암묵적 로그롤링). 로그롤링을 해서 양쪽 의원 모두 자기들이 원하는 것을 얻는다. 또한 로그롤링 때문에 결과적으로 사회에 도움이 되지 않는 비효율적인 프로젝트들이 많이 통과된다. 이러한 현상은 유권자의 무지 때문에 더욱 늘어난다.

이처럼 자원이 비효율적으로 사용되더라도 각 지역 유권자들에게는 원하는 프로젝트를 얻어내니까 득이 된다. 신공항이나 과학 비즈니스 벨트 사업 같은 것들이 그 예다. 그러나 로그롤링으로 비효율적인 법안들이 통과되면 국민만 손해다. 의원들도 그 점은 알고 있다. 하지만 자기 지역구에 도움이 된다면 설사 부당한 프로젝트라도 목숨 걸고 얻어내지 않을 수 없다. 이 과정에서 전체 유권자들은 사회적으로 효율이 낮은 프로젝트들을 통과시키는 입법부를 비난하지만, 지역 유권자들은 자기들에게 이득이 되는 프로젝트를 따온 지역구 의원들을 유능하다고 평가한다. 역설 속에 자원만 낭비된다.

문제는 더 있다. 로그롤링으로 통과하는 비효율적인 법안들에 적용되는 과반수 투표 규칙이 바로 그것이다. 일반적으로 법안은 특정 집단에게 편익을 제공하면서 그 비용은 일반세로 충당한다. 과반수 규칙을 적용하면 승리 연합의 구성원들이 얻는 편익은 곧 패배 연합의 구성원들의 비용이 된다. 사회적으로 순손실이 발생하더라도 과반수 연합에게 순이익이 되면 과반수 연합은 그 법안을 통과시킨다. 실행되지 말았어야 할 법안이 실행되면서 적정 수준 이상의 자원이 이 때문에 낭비된다. 언론에서 질타하는 지방공항과 같은 과잉 사업들이 모두 이 때문에 생긴다. 그래서 2/3 의결 같은 엄한 다수결 원칙을 적용하면 자원 낭비는 어느 정도 줄어들 것이다.

공공선택론은 부정부패의 원인을 윤리적 차원이 아니라 지대추구론rent-seeking theory을 통해 접근하여 문제의 본질을 밝히기도 한다.[2]

정부가 생산에 필요한 독점권을 민간부문에 부여할 수 있는 권한을 가지고 있으면, 민간부문은 생산적인 활동에 종사하기보다는 정부로부터 독점권을 획득하여 지대를 추구하려고 든다. 지대추구는 생산은 증가시키지 못하면서, 다른 생산적인 활동에 투입되었을 자원을 써 결과적으로 낭비적인 지출이 된다. 우리나라는 매사가 정부와 연결돼 지대추구만이 아니라 연구비 등에서도 목을 내밀고 정부를 바라본다.[3]

규모가 큰 이익집단은 로비활동을 하려고 할 때 그 활동으로부터 편익을 얻는 집단 구성원들의 지지를 얻는 것이 쉽지 않다. 집단이 달성하고자 하는 공통 목표는 일종의 공공재public goods여서 집단 구성원들이 선뜻 나서지 않고 다른 사람들의 노력에 '무임승차free-ride' 할 가능성이 짙다. 작은 집단보다 큰 집단이 더 그렇다. 반면 소규모 집단은 상대적으로 무임승차가 억제되어 집합적 행동이 쉽다. 올슨Mancur Olson은 대규모 집단이라고 하더라도 집합적 행동에 협조하는 사람에게만 혜택이 돌아가는 선택적 유인selective incentive이 있거나 집합적 행동을 하도록 강제하는 경우는 집합적 행동이 일어난다고 하였다.[4]

규모가 작거나 선택적 유인이 제공되거나 하여 조직된 이익집단의 힘이 커지면 이들은 강력한 분배 연합distribution coalition이 되어 정부를 상대로 로비활동을 해서 집단에 유리한 혜택을 얻어내기가 쉽다. 즉 지대추구에서 유리한 위치에 놓이게 된다.

지대추구 활동은 결국 부를 파괴하는 행동이어서 어떻게 해서든지 이를 막아야 한다. 올슨은 예일대학교에서 낸 그의 《국가의 흥망성쇠The Rise and Decline of Nations: Economic Growth, Stagflation, and Social Rigidities》(1982)에서 이익집단의 활동과 경제성장의 관계를 다시 논하면서 독일과 일본이 2차 세계대전 후 번영하게 된 것은 기업가정신과 경제교환을 질식시키는 특수 이익집단들의 권력을 전쟁이 파괴했기 때문이라는 흥미 있는 설명을 한다.

기업가와 달리 관료들은 이윤을 추구하지 못하고, 대신 관료제 고유의 목적과 사명을 완수하려고 한다. 하지만 공익이라는 이름만으로 이들이 쉽게 행동하지는 않는다는 데 현실적 고민이 있다. 관료들에게는 봉급, 수당, 승진, 권력, 명성, 존경 등이 행동의 직접적 동기다. 이러한 것들은 관료제의 예산과 높은 상관관계가 있다. 윌리엄 니스캐넌William Niskanen은 관료제의 속성은 어떻게 해서든지 예산을 극대화하려 든다고 믿는다. 관료제는 공급 독점적인 지위를 누리고 의회와의 예산 협상에서 정보 독점의 우위를 점하고 있어서 불필요한 서비스나 고비용 사업을 밀어붙일 수 있다.

낭비는 계속된다. 정부 개혁에서 기관 통폐합을 하면 그렇다. 한 지역에 경찰서가 두 개 있고, 소방서가 두 개 있는 것에 대해 많은 사람들은 어불성설이라고 생각할 것이다. 전통 행정학의 정책 처방에서 가장 많이 듣는 것 중 하나가 중복과 낭비를 줄이기 위해 기관들을 통폐합해야 한다는 것이다. 효율을 얻기 위해서다. 하지만 그들은 중복을 없앰으로써 나타나는 효율은 보면서 독점화시킴으로써 나타나는 더 큰 비효율은 보지 못한다. 자동차 생산업체를 여러 개 두고 경쟁시키는 것이 효율적이지, 중복과 낭비를 줄인다고 한 업체만 남겨두고 다른 업체들을 없애서 독점으로 만드는 것이 효율적인 것은 아니다. 한국은행이 금융감독원처럼 금융계 감사권을 달라는 것도 이런 이치 때문이다.[5]

정부에 경쟁을 도입해야 할 뿐만 아니라 정부 행동은 가능한 한 지방적 수준local level에서 일어나야 한다고 공공선택론은 주장한다. 그렇게 되면 정부 단위들의 수는 많아지고 각 단위의 크기는 작아지게 되는데, 정부 단위가 작을수록 정부에서 어떤 일이 일어나는지 더 알기가 쉬워져 지대추구 활동을 억제할 수 있다. 정부 단위들이 많아지면 정부 서비스의 비교가 가능하여 불만을 느끼면 사람들이 '발에 의한 투표vote with their feet'를 할 수 있게 된다. 그렇게 되면 지방정부는 좋은 서비스를 제공하기 위해 경쟁할 것이고 개선을 위한 노력을 늘릴 것이다.

정부 서비스는 가능한 한 작은 정부 단위에 의해서 제공되는 것이 바람직하지만, 큰 정부 단위의 필요성을 부정해서는 안 된다. 공공선택론은 규모의 경제와 외부효과를 고려하여 크고 작은 다양한 정부 단위들이 혼합되어 있는 연방제federalism가 주민들의 선호를 잘 충족시키면서 효율적으로 정부 서비스를 제공하는 제도라고 한다. 연방제를 사용하는 국가가 번영하는 국가들이라는 점은 시사하는 바가 많으며, 첨예화된 지역별 · 집단별 이익의 충돌을 완화하는 데 도움이 된다. 하지만 이것은 어디까지나 미국 이야기다.

뷰캐넌과 털럭은 진정으로 정당한 집합적 결정, 즉 공익에 일치하는 결정은 모든 투표자들이 만장일치로 지지하는 결정이라는 생각으로 이론을 폈다. 만장일치 규칙대로 하면 외부비용external cost이 들지 않는다는 장점은 있다. 그러나 만장일치 규칙에는 지나치게 많은 의사결정비용decision-making cost이 따른다. 따라서 두 비용을 고려할 때 만장일치가 아닌 의사결정 규칙이 적합할 것이다. 구체적으로 어떤 의사결정 규칙이 적합한가는 사안의 종류에 따라 다르다. 투표자들 사이에서 원하는 강도가 모두 같다면 과반수 규칙이 적합할 것이지만, 선호의 강도는 다른 경우가 일반적이어서 과반수를 반드시 지켜야 한다고 옹호할 필요는 없다. 우리는 흔히 과반수로 통과하면 만사 해결이라는 사고방식을 가지고 있는데, 이러한 사고방식은 잘못되었다고 뷰캐넌과 털럭은 말한다.

《국민 합의의 분석》은 '헌법적 정치 경제론constitutional political economy'을 탄생시켰다.[6] 이들의 논거인 방법론적 개인주의, 이른바 집합체의 성격을 개인을 분석해서 밝힐 수 있다는 것은 많은 논쟁거리를 남긴다. 방법론적 개인주의가 분명히 한계가 있다는 것을 우리는 기억해둘 필요가 있다.

어쨌거나 리더들에게 공익은 추구해야 하는 것인지, 추구되기는 하는 것인지, 공익에 대한 입장이나 방법은 어떻게 설정하는 것이 좋은지 혹은 옳은지 등 많은 숙제거리를 남긴다. 충분한 토의가 필요한 주제다. 공익을 구현하기가 이처럼 어렵듯이 정의나 공동선 역시 마찬가지다.

리더를 평가해야 하는 이유

리더십 자화상이 멋있고 훌륭하고 또 공익을 구현하려고 애쓰는 리더들도 결국에 가서는 어떤 평가를 받느냐에 따라 일반 국민들의 선호가 엇갈리게 마련이다. 자신은 리더로서 갖출 것을 다 갖추었다고 자신하지만(자화상이 멋있지만) 그가 편 정책이 시의에 맞지 않을 수도 있고, 국민의 기대에 어긋날 수도 있다. 대개는 경제, 복지, 교육, 안보 등 정책에서 선호가 갈린다. 크게는 시대 상황에 따라 평가가 달라진다. 따라서 리더들은 항상 평가에 예민할 수밖에 없다. 정부 출범 때는 호의적 반응을 얻지만 말년에 가면 지지도가 곤두박질하는 예가 흔하다. 여기 소개하는 평가 기준은 앞에서 소개한 자화상 지수와는 다르다. 보통 리더, 특히 미국에서 대통령의 리더십을 평가할 때 정치적 소통 능력, 조직 능력, 정치적 기술, 비전, 인지 스타일, 감성지능 등을 본다. 전통적으로 그리 했지만 평가기관마다 기준은 같지 않다. 자화상 지수와 다른 이유는 서양에서는 아직도 정치활동에 한정된 업적 평가에 초점을 맞추기 때문이다. 기왕 평가를 하려면 더 넓게 리더십 전체를 조감해 평가하는 것이 바람직하다.

역대 전 · 현직 대통령 중 다시 뽑고 싶은 대통령으로 박정희가 1위를 차지했다. 백원우 의원이 소장인 더 좋은 민주주의연구소가 여론조사기관 리서치뷰에 의뢰해 무작위 자동응답방식RDD으로 990명을 조사한 결과 박정희 전 대통령이 다시 대선에 출마했을 경우 57.5퍼센트의 응답자가 '다시 뽑겠다' 고 답했다. 똑같은 질문에서 노무현 전 대통령이 47.4퍼센트로 2위, 김대중 전 대통령이 39.3퍼센트로 3위를 차지했다. 이명박 대통령에 대해선 '다시 뽑겠다'는 의견이 16.1퍼센트, '다시 뽑지 않겠다'는 의견이 72.2퍼센트를 기록해 비교 대상 가운데 제일 다시 뽑고 싶지 않은 대통령으로 꼽혔다. 이 대통령은 다시 뽑겠다는 의견이 22.0퍼센트에 달한 전두환 전 대통령보다도 지지도가 낮은 것으로 조사됐다. 이 대통령보다 다시 뽑겠다는 의견이 낮은 대통령은 이승만(14.2퍼센트), 김영삼(7.9퍼센트), 노태우(3.1퍼센트)뿐이었다. 전 · 현직 대통령 중 가장 호감도가 높은 인물을 선택하는 단순 호감도 조사에서도 박정희 전 대통령이 31.9퍼센트, 노무현 전 대통령이 30.3퍼센트, 김대중 전 대통령이 19.8퍼센트, 이명박 대통령이 7.6퍼센트로 나타났다. 이번 조사의 표본오차는 95퍼센트 신뢰수준에 ±3.1퍼센트포인트라고 연구소 측은 밝혔다. 국부인 이승만에 대한 평가가 낮은 것은 현재의 응답자들이 이승만 대통령에 관해 잘 모르기 때문일 것이다. 평가는 현재여서 유리할 수 있고 과거여서 불리할 수 있으며, 그 역도 진이다.

한편 5 · 16혁명 50주년이 되어 혁명을 평가한 2011년 5월 16일 조선일보 조사에 따르면 박정희에 대한 평가가 두드러지는데 아직도 83퍼센트가 그의 국가 발전에 대한 치적을 찬양한다. 반면 민주화를 희생하는 대가였기 때문에 민주화에는 56퍼센트가 부정적이었다. 20대는 경제성장에 높은 점수를 주었고, 60대는 새마을운동에 긍정적이었다. 또 30~40대는 권위주의 문화에, 20대는 대기업 위주 정책에 부정적이었다(〈표 1〉 참조).

박정희에 대해서만이 아니라 역대 대통령에 대한 평가는 여러 기

• 〈표 1〉 박정희 평가(조선일보, 2011. 5. 16) •

(단위: %)

긍정적 유산		부정적 유산	
경제성장	41.2	권위주의 문화	31.8
새마을 정신	39.2	대기업 중심 경제성장	24.3
정치적 리더십	9.1	인권침해	22.8
자주국방	5.8	대결적 남북관계	6.1

회를 통해 이루어진다. 여론조사를 통해 하기도 하고 학자들이 주관적 평가를 하기도 한다. 당시 세태나 정세가 어떠하느냐에 따라 평가자의 반응이 달라질 수 있다.

우리나라와 달리 미국은 역사학자들이 중심이 되어 대통령을 일관되게 평가한다. 미국의 평가를 하나 소개한다. 내가 쓴 《창조! 리더십》에 자세히 소개되었지만 여기서는 간략하게 요약한다. 먼저 와튼 스쿨에서 쓰는 대통령 평가방법 8가지를 소개한다.

(1) 역사가는 모험가의 손을 들어준다.

(2) 대통령의 힘은 '국민을 감화시키는 권위'에서 나온다.

(3) 위대한 대통령에게는 위대한 적이 있다.

(4) 신비하게 보일 줄 알아야 한다.

(5) 후대의 평가에 연연하면 망가질 수 있다.

(6) 대통령을 현재의 잣대로만 평가하지 마라.

(7) 의도하지 않은 결과는 어쩔 수 없다.

(8) 성공에는 왕도가 없다.

한편 CNN의 평가 기준은 다음과 같다.

(1) 대중설득public persuasion

(2) 위기관리 리더십crisis leadership

(3) 경제관리 능력economic management

(4) 윤리적 권위moral authority

(5) 국제 관계international relations

(6) 행정 능력administrative skill

(7) 의회와의 관계relations with Congress

(8) 비전과 의제 설정vision/setting an agenda

(9) 만민을 위한 평등한 정의 추구persued equal justice for all

(10) 시의에 맞는 성과performance within context of the times

이 기준에 따르면 10개 분야에 걸쳐 링컨이 항상 1위이고 뷰캐넌이 항상 꼴찌다.

미국 대통령 평가의 대표적 학자 프레드 그린슈타인Fred Greenstein은 프랭클린 루스벨트부터 클린턴에 이르기까지 대통령의 리더십 스타일을 다음의 6가지 요소로 나누어 평가한다.[7]

(1) 정치적 소통political communication: 대중들과의 의사소통

(2) 조직적 능력organizational capacity: 내부업무 수행 능력

(3) 정치적 기술political skill: 정권 운영의 순조로움

(4) 비전vision: 비전 제시와 부응의 정도

(5) 인지 스타일cognitive style: 쏟아지는 정보와 조언의 처리 능력

(6) 감성지능emotional intelligence: 리더십을 잃지 않고 자신 잘 관리하기

여기에 몇 가지 지수를 더하면 창조력creative capacity, 집행력power of execution, 윤리성ethical mind을 들 수 있다.

미국 비영리 케이블 방송 C-Span이 행한 다른 평가도 재미있다. 2009년 3월 25일 65명의 학자들이 2000년에 한 평가 기준을 그대로 사용했다. 그 기준은 대중설득, 위기대처, 경제관리, 도덕적 권위, 국제관계, 행정관리 기술, 의회관계, 비전 제시, 공정성 추구, 임기 내 위업 등이다.

평가 결과 2000년에 이어 에이브러햄 링컨이 단연 1위(902점)를 차지했고, 2위는 조지 워싱턴, 3위는 프랭클린 루스벨트, 4위는 시어도어 루스벨트, 5위는 트루먼, 6위는 케네디, 7위는 토마스 제퍼슨, 8위는 아이젠하워, 9위는 우드로 윌슨, 10위는 레이건이다. 2000년에 6위였던 윌슨이 9위로 내려앉은 것이 눈에 띈다.

우리나라 대통령에 대한 평가는 흔하지 않다. 유형별로 나누어 스타일 등을 비교한 글들이 간혹 보이나 과학적 분석을 토대로 한 것은 아니다. 최근 위키리크스가 평한 세 명의 대통령에 대한 평가만 옮겨 싣는다. '한국 역대 대통령 평가 외교전문 공개'라는 제하의 기사다. 여기서 보면, 김영삼 대통령은 "다혈질적 성격, 보수적 정치이념, 정책 현안에 대한 지식 부족"으로, 김대중 대통령은 "국제적으로 널리 알려진 정치인, 외교정책 모든 분야에 능숙"으로, 그리고 노무현 대통령은 "고졸 출신, 국제무대 신인, 그러나 주관이 뚜렷하

고 신념 확고"라고 평가했다.

우리나라도 대통령에 대한 평가가 체계적으로 오래오래 두고두고 이루어져야 한다. 그래야 대통령이 되고 싶은 사람들도 그 평가 기준에 맞추어 자신의 리더십을 잘 닦고 준비한다.

지금까지는 대통령에 대해서만 평가했지만, 장관에 대한 평가 역시 그냥 넘어갈 수 없다. 2011년 6월 초 중앙일보가 '나는 장관이다' 라는 기획기사를 쓰면서 어떤 장관이 잘했고 또 어떤 장관이 잘못했는가 3명씩 추천하고 그 이유를 밝히라고 하기에 경제 · 재정 부문에 한정되었다고 해서 처음에는 사양하다가 청에 못 이겨 이규성, 윤동윤, 윤증현 등을 잘한 그룹으로 평가했다. 이유는 공직에 있다가 물러난 후 공직을 활용해 태평성대하는 장관들은 나력이나 잔향과 거리가 멀어 그렇지 않은 사람으로 추천했는데, 나중에 보니 추천받아 등장하는 인물들이 전혀 내 기준과 달라 헛수고를 한 셈이었다.

경제 분야에 한정하지 않으면 평가를 높이 받아 손색이 없는 장관으로는 한승주, 오인환, 윤여준 같은 인물들이 있다. 한승주는 외교 분야의 전문성과 국제적 네트워크로, 오인환은 전문성과 배짱과 뚝심으로, 윤여준은 통찰력과 예지력으로 성공한 장관이다. 특히 한승주는 선준형이라는 차관을 만나 2인자와의 조화가 매우 모범적이고 이상적이었다. 부처관리는 차관에게 맡기는 등 역할 분담을 매우 잘했다.

끝으로 옛날에는 어떠했는지 보자. 이덕일이 연구한 조선 왕들의 경우, 태종과 세조는 '악역을 자초한 임금' 으로, 연산군과 광해군은

'신하들에게 쫓겨난 임금' 으로, 선조와 인조는 '전란을 겪은 임금' 으로, 그리고 성종과 영조는 '절반만 성공한 임금' 으로 평한다.[8] 미국식 평은 아니지만 역사학을 시간학이자 미래학으로 규정하는 저자의 임금들에 대한 평이 뛰어났다. 임금에 대한 평은 여럿 있다. 주로 회자되는 태조, 태종, 세종, 영조, 정조 등에 관한 연구가 꽤 있다. 역사학자 말고 오인환, 이한우 등의 임금에 대한 연구는 평가를 겸해 책으로 자세하게 소개하고 있다. 특히 이한우는 조선의 역대 여러 왕들을 '조선의 길을 연' 임금(태종), '조선의 표준을 세운' 임금(세종) 등으로 시리즈를 냈다.[9]

문제는 평가라는 것이 기준을 어떻게 잡고 시비를 가리며 업적을 어떻게 해석하느냐에 따라 천차만별의 결과를 낳는다는 점이다. 최근에도 노태우 전 대통령이 회고록에서 비핵화 선언을 큰 업적으로 자랑하고 있으나 당시 북한이 핵개발을 하지 않을 것이라는 전제로 북방외교정책에 집착한 나머지 내린 판단은 역사에서 큰 우를 범한 것이다. 당시 어느 장관이 나에게 자문하기에 나는 그 분야 전문가가 아니니 판단할 수는 없지만 미국이 전술핵을 철수할수록 우리는 더욱더 핵을 개발해야 할 것이라는 의견을 낸 기억이 있다. 평가는 본질적으로 갈리게 마련이지만 평가에 평가를 더할수록 리더들을 되돌아보는 계기가 생길 것이기에 바른 평가는 늘 이어져야 할 것이다.

리더 뽑기, 리더 되기

리더가 탄생하는 과정과 경로는 매우 다양하다. 초대 대통령인 이승만의 어린 시절을 살펴보자. '세계를 가슴에 품은 이' 우남 이승만은 황해도 평산군에서 태어나 두 살 때 서울로 올라온다. 평생 돈을 벌어본 적이 없는 선비 이경선을 아버지로 두었고, 어머니가 홀로 고생하며 키웠다. 이때 그는 검소한 마음가짐과 저항정신을 새긴다. 과거시험에 희망을 걸었으나 갑오경장으로 제도가 폐지되어 삶의 목표를 잃는다. 실의를 딛고 일어서 영어를 배우기 위해 배재학당에 입학한 후에는 특출한 영어 실력으로 한국에 온 선교사에게 한글을 가르치고 용돈을 벌 정도였다. 또한 이때부터 학당의 교사인 선교사의 도움으로 서양에 눈을 뜨기 시작한다. 또한 교회 활동을 통해 봉사활동을 몸에 익힌다. 그 후 옥고도 치르며 생명의 위협을 느끼는 가운데 인생의 의미를 제대로 터득하기 시작한다. 현대사에 등장하는 한국의 리더들이 훌륭한 가문 덕에 유학의 길에 오르는 사례가 종종 있긴 하지만, 이승만은 넉넉한 집안에서 유학의 길에 오른 것은 아니었다.

이승만의 성장 과정에서 눈에 띄는 점은 어린 시절 체득한 봉사활동 경험이다. 서양은 어릴 적부터 교회나 그 밖의 단체를 통해 봉사활동을 한다. 어린 시절부터 남을 돕는 일이 몸에 배면서 내 나이에 사회에서 해야 할 일이 무엇인지를 체득하게 되고, 그것이 사회 구성체의 일원이 되는 교육으로 연결된다. 서양의 리더들은 어릴 적부터 현장 경험을 쌓는다. 우리와 달리 학교 이외의 장소에 가는 것을 당연히 여긴다. 학교는 인턴을 권장해 고교 때부터 UN과 같은 국제기관이나 공공기관에 가서 리서치를 하는 등 경험을 쌓기도 한다. 선거 때가 되면 선거 캠프에 가서 편지도 붙이는 등 자원봉사를 한다. 이는 정치를 익히는 자연스런 계기가 된다. 학점을 따기 위해 억지로 하는 우리의 인턴과는 세계가 다르다. 어린 시절부터의 경험을 통해 분야별 세계를 익힌다. 정당이면 정당, 행정부면 행정부, 기업이면 기업 등에서 지배적인 규칙과 관습을 직접 익힌다. 세상에 눈을 뜨기 시작한다고 보면 된다. 이것이 자신이 학교에서 배운 지식과 조화를 이루게 된다. 내 지식이 어떻게 쓰일 수 있는지를 학교에서부터 미리 알게 된다는 뜻이다.

어릴 적 경험이나 교육은 남다른 것이어서 이에 관한 논쟁과 연구가 이어진다. 본성nature이 리더로 자라게 하느냐, 아니면 양육nurture이 리더를 키우느냐 등에 관한 논쟁이 바로 그것이다. 견실한 가정에서 태어나 부모의 지적 자극 속에 리더로 성장하는 사례도 있고, 반대로 어려운 가정환경에서 부모의 강력한 소망으로 훗날 리더가 되는 사례도 있다. 이 경우 흔히 '타이거 맘' 한테 혹독한 훈련을 받는데, 스트레스 속에서 자란다고 해도 과언이 아니다. 흔히 스트레스가 아이의 성장을 방해한다고 이야기하지만, 스트레스가 창조성을 해치지 않는다는 연구가 있다. 또한 400명의 역사적 인물 중 75퍼센트가 결손가정, 과잉 소유욕, 독재적 부모 등으로부터 고통을 받았다는 연구도 있다.

20세기 저명한 소설가, 극작가, 예술가, 과학자들 중 85퍼센트가 문제 가정에서 자랐다. 온정과 애정이 부족했는데도 창조적 과학자로 성공한 사례들도 있다. 요하네스 케플러Johannes Kepler는 아버지를 "사악하고 완고하고 싸우기 좋아하고 말년에 불행했던" 인물이라고 적었다. 또한 고어 바이달Gore Vidal은 "부모 중의 한 사람을 증오한 힘이 이반 대제나 헤밍웨이를 만들었다."라고 하면서 부모 모두로부터 받는 사랑은 "예술가를 망치는 것이 분명하다."고 했다.[1] 이처럼 가정환경과 양육 과정이 리더로서의 성장에 강한 독립변수가 된다. 효과는 극단으로 갈린다.

동서양의 대표적 리더들인 윈스턴 처칠, 자와할랄 네루, 마하트마 간디, 넬슨 만델라, 마거릿 대처, 앙겔라 메르켈, 체 게바라, 아웅산 수 치, 힐러리 클린턴, 덩샤오핑, 블라디미르 푸틴 등의 성장 과정에 어떤 공통점이 있나 정리해보면[2] 학창 시절부터 리더로서 활약한 경험, 풍부한 독서, 법학 공부, 닮고 싶은 롤 모델의 존재, 돈독한 신앙심, 나름대로의 의사소통 방법, 해외에 체류한 경험, 부모와 떨어져

산 경험 등이다. 그렇다면 우리네 리더들은 어떠한가? 무엇을 경험하며 성장했는가?

말만 잘하는 리더, 토론 잘하는 리더

앞서 설명한 리더십 자화상 그리기가 본격화되면 리더가 어떤 인물인지 알기 쉽겠지만, 아직은 보편화되지 않았다. 가장 쉽게 리더가 어떤 인물인지 알 수 있는 길은 선거 때 방송이나 신문 토론회를 통해서다.

대선 토론이 본격적으로 시작된 것은 1997년 제15대 대통령 선거 때부터다. 그해 가을 들어 국민의당(김대중)과 자유민주연합(김종필)이 연합전선을 펴고 또 다른 후보들(조순, 이인제 등)이 사퇴하기 시작해 후보수가 줄긴 했지만 초가을만 해도 여러 후보가 난립했다. 마침 MBC가 닷새에 걸쳐 생방송으로 진행하는 대선 토론을 계획하고 있었다. 저녁 9시 뉴스가 끝나자마자 곧이어 생방송으로 꼬박 2시간 동안 진행되었고, 후일 '특별기획 연속방송극'을 본 것 같다는 평을 들었다. 시청률이 꽤 높았던 점으로 미루어 인기도 있었다. 당시 정치부장이었던 엄기영이 사회를 봤고 김영희 중앙일보 대기자, 문정인 연세대학교 교수, 그리고 내가 패널로 나왔다. 토론에 등장한 인물은 김대중, 김종필, 이인제, 이회창, 조순 등이었다.

이회창 후보에게 물은 질문 중에 기억나는 것으로는 다음과 같은 것이 있다.

"이 나라는 아침에 잠자리에서 일어나 세수하며 쓰는 비누나 치약부터 펼쳐보는 신문, 점심으로 먹는 패스트푸드, 장 보러 가는 슈퍼마켓, 심지어 저녁에 보는 야구 중계까지 거의 재벌기업의 생산품에 의존하며 사는데 이런 현상이 바람직한 경제구조인가?"(물론 이런 사정은 14년이 지난 오늘에도 계속된다. 오히려 사정은 더 나빠져 문방구, 외식업, 차량 정비, 와인 판매, 골프연습장, 콜택시, 동네 마켓 등 규모가 작은 서민형 자영업종에까지 재벌기업들이 손을 뻗치고 있다.)

김대중 후보에게는 대통령에 당선되면 정부 부처를 개편하고 작은 정부로 가야 할 텐데, "어떤 부처부터 없애겠느냐?" 같은 질문을 했다.

사단은 이인제 후보와의 토론에서 났다. '신과학주의' 라는 용어를 자주 쓰기에 "그럼 이와 관련해 어떤 책을 읽으셨습니까?"라는 것이 내 질문이었는데, 답변이 궁하고 당황했을 수밖에. 신과학주의라고 하면 기존의 과학적 방법에 대한 패러다임을 비판하면서 당시 계량 일변도의 과학주의의 한계를 인지하고, 정성적 인식론의 중요성도 함께 강조하려는 입장이다.

대선 토론에서 불리한 상황에 처한다든가, 아니면 다른 게재에도 정치인은 비판을 받으면 참지를 못하는 것이 항례다. 지도자들이 갖추어야 할 덕목이 한 30~40개쯤 된다면 그중 '용기와 초연' 이라는 것이 매우 중요하다고 학자들은 말한다. 왜냐하면 지도자는 늘 외롭기 때문이다. 물리적으로도 접근이 막혀 있어 외로울 뿐만 아니라 난제를 고심하고 또 고심해야 하기 때문이다. 거기에 아무리 잘해도 비판의 칼날을 받아야 하니 고독할 수밖에 없다. 리더십과 고독에 관해서는 또다시 이야기하겠지만, 비판에 유유할 수 있는 리더들은 그리 흔하지 않다. 부시 전 미국 대통령도 마이크가 켜 있는 줄 모르고 기자 욕을 해대다 혼난 적이 있다.

이인제 후보에게 한 질문은 내가 좀 오만했다고 후회한다. 후회스런 질문은 어김없이 비난으로 이어졌다. 비난의 화살이 끊임없었던 것은 다음 날 학교 연구실의 전화 응답기에서 확인되었다. 입에 담지 못할 거친 욕이 매일 전화 응답기에 남아 있었다. 겁도 났지만 정치 세계의 한 단면이 이런 것이구나 하고 새삼 알게 되었다. 토론 중 조순 후보에게는 '선생님' 이라고 호칭한 것도 비교가 되었으니 욕먹기에 알맞았다.

이 토론이 본격적인 대선 토론의 효시嚆矢 같지만, 실은 14대 때 〈시사저널〉에서 박권상 사장과 서명숙 당시 정치부 기자가 중심이 되어 대선 토론을 한 적이 있다. 패널에는 조두영 서울대학교 의과대학 정신과 교수, 강철규 서울시립대학교 교수가 합세했다. 후보자 중에는 김대중, 박찬종, 이종찬, 정주영 등이 초대되었다. 김영삼 후보는 한사코 초대에 응하지 않았다.

기억나는 에피소드를 꼽자면 김대중 후보에게 "저 멀리 보이는 청와대가 어떤 느낌으로 다가옵니까?"라는 내 첫 질문이다. 딱딱한 분위기를 누그러뜨리려고 한 질문이었는데 답은 없었다. 당시 롯데호텔 38층에 멤버스라는 클럽이 있었고 점심을 하면서 진행한 토론회였는데 그 전까지 군사정부가 창문을 시꺼멓게 가려 청와대 쪽을 볼 수 없었던 사정이 풀린 뒤여서 그런 질문이 가능했다.

하이라이트는 정주영 후보의 공산당에 관한 발언이었다. 발언이 어찌 새어나갔는지 뉴스에서 법석을 떨었다. 당시 초보 수준의 캠코더에 토론 내용을 모두 녹화했었는데, 그 카메라는 내 소유였다. 우연히도 당시 SBS 시사토론을 맡아 진행 중이었는데 마침 그날 오후 녹화를 하러 방송국에 갔었지만 앞서 녹화된 발언의 진상을 공개하지 않았다. 일종의 직업윤리라고 할까, 다른 계기로 얻은 정보를 다른 매체에 가서 공개한다는 것이 스스로 허락되지 않았기 때문이고 그것은 지금도 잘했다고 생각한다.

대선 토론은 그 후 전문위원회가 꾸며지고 훨씬 체계적으로 진행되었다. 아쉬운 것은 후보자 간에 인신공격성 토론이 오가게 되는 것인데, 그것은 어쩔 수 없는 한국 정치의 수준일 게다.

지금껏 이어지는 대선 토론의 장단점은 분명히 있다. 장점은 말할 것도 없이 후보자 개인의 면면을 파악하게 된다는 것이다. 언변과 논리는 물론 지식의 폭과 깊이, 정치철학과 정책정향, 이미지를 포함해 인간됨 등등이 토론 과정에 그대로 묻어나기 때문이다. 후보자 중에는 교과서 같은 답을 하는 인물이 있다. 또는 허황된 생각을 하는 후보도 있다. 정책 내용을 잘 숙지하지 못한 듯한 발언을 하는 후보도 있다. 순간 포착 능력이 뛰어난 후보도 밝혀진다. 반면 이미 지적한 대로 사생활을 포함해 인신공격적인 질문이 후보자끼리 오간 예가 2007년 대선 때다. 그리고 대선 토론의 중요성이 부각되니까 후보들이 열심히 준비해 면접시험 치듯이 하기도 한다. 그리고 순간만 모면하면 된다는 전략조차 동원되는 듯하다. 질문자의 진행 역시 딱딱하고 기계적이 되었다. 그럼에도 불구하고 선거 포스터나 대중 연설 말고는 접근할 수 없었던 후보자에게 유권자가 가까이 다가간

점은 분명히 있다. 그러나 앞에서 지적한 이런 단점 때문만은 아니지만 요즘은 예전만큼 대선 토론의 인기가 높지 않다. 지금은 예상된 질문에 뻔한 답을 내놓아서이기도 하고, 후보자들의 면면을 들여다볼 수 있는 다양한 매체, 예를 들면 홈페이지나 트위터, 페이스북과 같은 매체들이 등장했기 때문이다.

여론조사, 항상 옳을까?

투표 날, 마감 시간이 되기 무섭게 각 방송사는 어김없이 "아무개 후보가 몇 퍼센트 득표로 당선 가능성이 있다."라는 선거 결과 예측 조사를 방송한다. 투표하고 나온 사람들을 조사해 얻은 결과를 분석한 것이다. 통계학자들의 도움을 받아 새로 개발한 프로그램에 따라 출구조사를 진행하고, 이를 분석한 결과를 보도해 유권자의 궁금증을 풀어주는 것이 예사가 되었다. 물론 맞지 않는 경우도 있어 방송사가 곤욕을 치르기도 한다.

요즘에는 굳이 선거 때가 아니더라도 여론조사를 자주 해 통계분석 결과를 언론이 보도한다. 그리고 사람들은 통계수치를 보고 동향을 확인한다. 막연히 하는 말과 수치를 써서 하는 말에 대한 사람들의 신뢰도는 매우 다르다. 이렇게 통계는 이제 삶의 한 부분이 되었다.

그런데 통계가 세상의 세 가지 거짓말 중 극치라는 이야기를 들은 사람이 있는지 모르겠다. 세상에는 거짓말이 세 가지 있다고 한다.

첫째가 거짓말, 둘째가 새빨간 거짓말, 그리고 셋째가 통계라는 것이다. 미국에서 계량분석을 배울 때 통계 교재 중 하나의 서문에 실린 내용이었다. 통계학자가 그렇게 말했으니 틀림없을 것이다.

선거 때가 되면 여론조사가 극성을 부린다. 집에 있으면 시도 때도 없이 여성 음성의 기계음이 귀청을 때린다. 누가 앞선다, 누가 인지도나 선호도가 높다 하는 것을 독자들에게 알리기 위해 언론매체나 조사기관들이 가만히 있질 않는다. 평소에 호감이 가는 후보가 있으면 몰라도 딱히 없다면 여론 동향 따라 후보를 선택하는 것이 자연스럽다. 여론조사에서 일등을 달리니까 당선되겠지 하는 기대가 곁들여진 선택일 수도 있고, 일등이 아니더라도 또 가망이 없어 보여도 특정 후보가 좋아 선택하는 경우도 꽤 있을 것이다.

90년대 중반쯤 《참여론 바로 보기》라는 책을 제자(임동욱, 황종우, 우병렬)들과 같이 낸 적이 있다. 이 책에서 여론조사가 조사자의 의도에 따라 왜곡될 수 있음을 밝히는 다양한 사례를 소개했다. 설문지 등을 써서 알아내는 여론이라는 것은 질문의 문맥에 따라 얼마든지 자신이 원하는 방향의 답을 유도해낼 수 있다. 예를 들면 "이명박 정부가 국토의 효율적 이용을 목표로 하는 4대강 사업"에 지지나 반대를 말하라고 하면 '국토의 효율적 이용'이라는 말에 편향돼 호의적 반응이 나온다. 북한에 생필품을 보내는 데 대한 의견을 물을 때도 "북한군으로 흘러들어 갈 여지가 없지 않지만"과 같은 문장을 앞에 붙이는 경우하고 그렇지 않은 경우의 반응은 크게 달라진다. 책을 쓸 당시에는 미국의 대對니카라과 정책을 예로 들었는데 표현에 따라 다른 반응을 보였다. 저명인사의 이름이나 감정적 용어나 이념적

용어가 들어가지 않은 질문에 대한 정책 지지도는 13퍼센트에 불과했는데, 레이건의 이름이 들어가거나 '니카라과는 친소련 정부' 라는 말을 삽입하니까 지지도가 23퍼센트, 그리고 '니카라과는 좌익 정부' 라고 했을 때는 지지도가 33퍼센트로 뛰었다. 표현에 따라 반응도에 이처럼 큰 차이가 나는 것이다.

여론조사의 오류는 이것만이 아니다. "오늘이 투표일이라면 대통령 후보 중 누굴 찍으시겠습니까?"라고 물으며 사람 이름을 열 사람쯤 댄다면 먼저 나오는 사람이 선택될 가능성이 제일 높다. 그렇지 않고 응답자로 하여금 생각하고 있는 사람을 말하게 하면 편견이 크게 개입되지 않는다. 또 어떤 조사는 한 질문에 세 가지 이상을 답하게 하는 세련되지 못한 질문도 있었다. 응답자에게 혼란이 생기는 것이 당연하다. 요즘에는 그렇지 않지만 시기에 맞지 않는 조사를 하는 경우도 예전에는 심심치 않게 많았다. 모든 일에 때가 있게 마련인데, 너무 일러 설익은 열매를 따게 되는 것이다. 반대로 늦으면 뒷북만 치는 꼴이 된다. 공부할 때 공부하고, 건강할 때 건강을 지키고, 사랑할 수 있을 때 열정을 쏟는 것이 옳다. 여론조사도 마찬가지여서 때를 놓치면 아무리 바른 조사를 해도 값이 떨어진다. "햇볕이 났을 때 건초를 말려라."라는 말이 바로 그것이다.

또한 통계를 분석하는 과정에서도 오류가 발생할 여지가 있다. 응답자의 숫자가 많거나 답이 정확하지 않을 때 분석자가 임의로 답을 추정하게 되는데 그 과정에서도 오류가 발생할 수 있다.

몇 명을 조사할 것이냐 역시 중요한 문제다. 90년대에는 11명을 조사하고는 통계랍시고 발표한 웃지 못할 사례도 있었다. 통계적으로 의미가 있으려면 적어도 30명은 넘어야 정상분포normal distribution를 가정할 수 있다. 선거 때는 보통 1000명 이상은 한다. 내일신문 장명국 사장 말에 따르면 비용 등의 문제로 요즘 800명을 대상으로 조사를 하는데, 1500명을 조사했을 때와 경향에서 큰 차이를 보이지 않는다고 한다.

그런데 문제는 피조사자의 숫자를 어떻게 확보하느냐다. 대개 무작위로 추출하는데, 이를테면 전화번호부에 등재된 사람들을 모집단 삼아 표본을 뽑는 방식이다. 유명한 예가 미국에서 70년대 초 대통령 후보로 해리 트루먼과 존 듀이가 경합할 때, 여론조사에서는 듀이가 이기는 것으로 예견되었으나 선거 결과는 정반대로 나타났다. 전화번호부에 등재된 유권자는 당시만 해도 중산층 이상으로, 전화번호부를 모집단으로 하니 전화가 없는 하층민의 의견을 알아낼 길이 없었기 때문이다. 자동차 등록자를 대상으로 하는 조사의 한계도 이와 비슷하다.

요즘 국내에서도 비슷한 문제들이 있어 조선일보가 처음으로 '무작위 전화통화Random Digit Dialing: RDD'라는 방식을 활용했다. 전화번호부에 없는 가구까지도 조사 대상에 넣은 것이다. 요즘 사람들은 집 전화 없이 휴대전화만 갖고 있는 사람이 25퍼센트, 집 전화가 있어도 등록하지 않은 사람이 45퍼센트가 된다. 집 전화를 등록한 사람은 30퍼센트에 불과하니 등록하지 않은 인구를 표본에서 제외시킨다면 그 조사는 대표성을 잃는다. 여론조사에 대한 불신이 약 40퍼센트 정도가 되는 상황에서 되도록이면 정확한 표본을 추출해 조사에 임하려고 노력하나 표본오차를 좁히기란 쉽지 않다.

대표적 표본을 정해 조사했어도 통계가 얼마나 정확하게 분석되는지는 의구심이 든다. 모집단으로부터 여러 선택의 과정을 거쳐 표본을 얻었어도 그 표본이 분석 대상을 대표하지 못할 수도 있다. 또한 통계분석을 위한 조사라는 것이 관심을 갖는 변수가 제대로 선택되지도 또 통제되지도 않는 상황에서 이루어지는 데다가, 분석 결과에 대한 해석도 누가 어떻게 하느냐에 따라 얼마든지 결과에 영향을 미칠 수 있다. 최근 예를 하나 들면, 2011년 8월 말 오세훈 시장의 무상급식 투표에서 투표하지 않은 사람에게 이유를 묻는 질문 중에 오 시장의 정치력, 이를테면 시의회에서 의원들을 설득하고 협상해 그곳에서 문제를 해결했어야 옳았는데 투표까지 하게 해 실망해서 투표장에 가지 않았다는 사람은 답을 할 수 없게 조사를 하고 있었다.

한 번 조사해 분석한 통계자료의 경우 두고두고 인용이 되다 보니 그 영향력이 오래간다. 특히 유의성significance 있고 반복replicability이 불가능한 실험 내용이고 거기다 메이저 저널에까지 실리고 나면 누구나 인용하는 중요한 연구로 인정받는다. 하지만 시간이 지나면 그 효과가 반감하게 되는데, 이를 감퇴효과declining effect라 한다. 통계분석이라 하더라도 그 가치가 영원하지 않고, 시간이 흐를수록 설명력이 떨어지는 경우도 있다.[3] 〈뉴요커〉에 '과학적 방법이 작동은 하는가Does the Scientific Method Work' 라는 제목으로 실린 내용이다.

희랍 금언에 "셈하기 시작하면 그것은 이미 그것이 아니다."라는 말이 있다. 숫자가 꽤 믿음을 주는 것은 사실이나, 돌의 무게를 쟀어도 돌의 생김새며 부피는 알 수 없는 것과 같은 이치다. 그래서 세상의 거짓말 중 하나가 통계라는 말이 있는 것 아닐까? 여기에는 숫자가 실재를 왜곡할 수 있다는 의미 이외에 조작 가능성 등을 함축하고 있는 것이다.

이처럼 통계는 정확한 정보를 제공하지는 못한다. 하지만 자신의 주관적 판단에 참고할 수 있는 좋은 자료이긴 하다. 따라서 유권자들은 국민을 위해 봉사할 참 일꾼을 선택해야 할 때 통계분석은 참고만 하고 내 주견에 따라야 현명할 것이다. 훌륭한 리더를 확인하는 일이 쉽지는 않지만 앞에서 누누이 소개한 대로 결코 어렵지만은 않다는 것을 마음에 새겼으면 한다.

잘생긴 리더보다는 품위(품격) 있는 리더

선거는 정치에만 해당되는 이야기가 아니다. 우리는 대학 총장, 학회 회장, 연구기관장, 협회장, 교우회장 등등 여러 부문의 장들을 투표로 선출한다. 후보로 나선 사람들은 자신들의 조직을 가동해 선택을 호소하는 선거운동을 한다. 됨됨이부터 미래 공약까지 자신을 알리기 위해 여러 채널을 활용한다. 선택의 기준은 투표하는 사람마다 다르겠지만, 경력이나 공약 등이 중요한 판단 기준이 된다. 하지만 모든 유권자들이 후보자들의 정보를 가지고 있는 것은 아니다. 이 경우 인상이나 이미지와 같은 요소들이 중요한 선택 요인이 된다. 다른 정보들보다 끄는 힘이 크기 때문이다.

과거 우리나라 리더들의 인상이나 이미지를 한번 살펴보자.

이승만 대통령은 건국의 아버지다운 인상을 풍긴다. 역할도 그랬지만 대통령 취임 당시의 연령이 73세에다 한복을 입은 모습이 국부의 모습 그 자체였다. 근대화 운동가요, 독립운동가라는 이미지에다 국제무대에 나서도 손색이 없는 지도자였으니 그런 인상을 풍기기에 충분했다. 야당과 정적을 탄압하고 부정선거를 자행한 책임을 면하기는 어려우나 온화한 인상에 국민을 어여삐 여기고 연민의 정을 가졌던 것으로 기억한다.

짧은 집권 기간이었지만 윤보선 대통령과 장면 총리는 신사의 이미지를 풍겼다. 말쑥하게 차린 신사복이 어울렸다. 좋은 집안 출신으로 당시에 드물게 외국에서 수학한 것도 그런 인상을 풍기는 데 도움이 되었을 것이다.

박정희 대통령은 무엇보다도 강인하다는 인상을 풍긴다. 키를 비롯해 외모에서 당찬 인상을 주고, 독재자라는 오명을 지울 길이 없지만 국정운영에서 추호의 틈이 없었다. 중화학공업 중심의 정책을 추진할 때 정치권에서 얼씬도 못하도록 경제기획원 같은 정부 부처에 보호막을 쳤고, 무엇보다도 현장을 중시해 문서나 말로 하는 보고 내용을 반드시 눈으로 확인했다.

최규하 대통령은 건장한 신체 조건에다 외교관 출신답게 풍모가 있다. 하지만 상대방을 압도할 수 있는 외모임에도 불구하고 소심하다는 평이 있어 신뢰를 얻는 데는 불리했다. 이는 당시의 정치 상황과 최 대통령의 역할이 무관하지 않았을 것이다.

전두환, 노태우 두 대통령은 권력투쟁의 산물이었다는 이미지밖에 남지 않는다. 당시 광주민주화운동까지 일으키며 그렇게 집권을 했어야 했는지 정당성을 찾기 어렵다. 퇴임 후에도 정치자금으로 복역까지 했으니 좋은 이미지를 남기기는 어려울 것이다.

김영삼 대통령은 거공자 같은 모습에도 불구하고 어눌하다는 인상을 준다. 말할 때 발음과 내용 때문에 그렇다. 대화중에도 한 과제에 집중하지 못한다. 발음 실수가 많아 사람들의 입에 자주 오르내리고 희화된다. 그러나 단기短氣가 강해 금융실명제나 중앙청 건물 철거(나는 역사의 기록이라 생각해 철거에 반대했었다) 등 큰일을 해냈다.

김대중 대통령은 민주투사답고 독재의 희생자 같은 인상을 풍긴다. 테러로 다리를 절기 때문에 그렇다. 어느 평에도 나왔듯이 이승만 이후 국제적 인물로 평가받는다. 정이 많아 맺고 끊는 것이 부족해 주변의 부정부패를 다스리지 못한 것이 흠이다. 그래도 최초로 민주정부를 탄생시켰다.

노무현 대통령은 걸을 때 머리를 흔들고 발걸음도 불안해 좋게 보면 서민풍이긴 하지만 믿음이 덜 가는 면이 있다. 게다가 "대통령 못해 먹겠다."라는 등 시정에서나 쓸 거친 말을 서슴지 않아 존경의 대상에서 멀어질 때가 있다. 그러나 신념이 확고한 인상은 풍긴다.

이명박 대통령은 사업가의 인상을 버리지 못한다. 추진력이 강하다는 것을 인정하면서도 전체 정책 분야의 조화 면에서는 그리 높은 점수를 받지 못하는 듯하다. 정책이 극과 극을 오가니 더욱 그러하다. 이 대통령 역시 언어 면에서는 세련되지 못했다. 정부 인사도 외곬이다. 그래도 평창 동계올림픽 유치와 이어서 한 아프리카 순방으로 국민에게 훨씬 더 다가갔다.

2011년 여름 현재 다음 대선 후보로 이름이 오르내리는 인물들의 이미지를 평해보자면, 박근혜 의원은 반듯한 외모와 행동으로 선생님 같은 인상을 풍긴다. 원칙주의자로 알려진 것은 나라가 어지럽고 흔들릴 때마다 색다른 전범이 된다. 그렇지만 복잡하고 비정하기 이를 데 없는 권력의 세계에서 원칙만으로 얼마나 버틸 수 있을지 의문이 없지 않다. 여백이 좀 더 있었으면 좋겠다는 평도 있다. 오세훈 전 서울시장은 매너 넘치는 부드러운 신사 같은 인상을 풍기고 철인 3종 경기에 출전할 만큼 강한 체력을 가졌지만, 그에 걸맞지 않게 약하다는 이미지를 지우지 못한다. 무상급식 투표건도 정치력의 한계를 드러낸 셈이다. 김문수 경기도지사는 한나라당 소속에서 비롯된 보수 이미지와 과거의 투쟁 경력으로 인한 진보 이미지를 동시에 갖췄다. 이미지라고는 할 수 없지만 시산이 넉넉하지 못하다는 평이 있다. 손학규 대표는 영국에서 수학한 박사이고 교수 출신이니 지식면에서 흠잡을 데도 없고 큰 폭의 움직임도 예사롭지 않으나, 흡인력이 부족하다. 문재인 이사장은 견인지구堅忍持久랄까, 참고 견뎌 믿음이 가는 이미지로, 권부에 있긴 했었지만 험난한 권력 세계에 어떻게 적응할지는 미지수다. 가을 들어 서울시장 보궐선거와 연관해 여론 몰이로 혜성처럼 등장한 안철수 교수와 박원순 변호사를 빼놓을 수가 없다. 정치를 할 것 같지는 않은 안 교수의 인상과 이미지는 청결 그 자체다. 내면도 그럴 것이다. 다만 공공부문에서 자신의 정체성을 확인하고 공공정책 논리에 익숙해지려면 시간이 필요할 것이다. 박 변호사는 시민활동가요 자신의 명함에 적은 대로 사회 디자이너다. 그러나 도구주의자적 행태에서 벗어나야 한다. 공공부문이 새로운 아이디어로 바뀌는 그런 곳이 아니라는 것은 명심해야 할 것이다. 이들 중 오세훈과 김문수에 대한 리더십 자화상(한국공공리더십지수)은 앞선 장에서 소개했다.

이상은 이미지라는 요소에 초점을 맞추어 대선 후보군 몇몇을 촌평한 것인데, 이미지만으로 인물의 됨됨이를 가리지는 못한다. 참고 사항일 뿐이다. 이들의 리더십은 동시에 이들이 맞을 시대 상황과 맞닥뜨려 어떻게 발휘되어 유권자로부터 어떤 호응을 얻느냐가 관건이다.

이미지는 인물로, 이슈로, 그리고 정당으로 자리매김한다. 이미지는 총체적인 것이어서 단지 옷 잘 입고 넥타이 잘 매고 말 잘하는 차원을 넘는다. 부분적으로는 좋아도 전체적인 인상이 나쁠 수가 얼마든지 있다. 매끈하고 맵시 있다고 인상이 좋은 것도 아니다. 그리고 이미지만으로 지지가 계속되고 인기가 유지되지는 않는다. 시대상에 맞아야 한다. 신구 인물 교체라는 여론이 비등飛騰한 것도 구舊인물에 식상해 새로운 인물의 등장을 바라는 것이겠지만, 사람 얼굴 바뀐다고 되는 것이 아니라 시대에 맞는 생각과 패러다임을 체화한 인물이어야 한다.

이미지가 당락에 결정적 영향을 미친 경우도 있다. 미국 대선 때 케네디와 닉슨의 경우가 그렇다. 텔레비전 토론의 효시는 1960년 미국 대선 때다. 젊고 매력적인 케네디는 그것만으로도 부족해 캘리포니아 해변에서 얼굴을 검게 태웠다. 그는 심미적으로 어필할 수 있는 이미지를 창조했다. 검정색 계통의 옷을 입어 열정적 인상을 풍기며 분위기를 제압했다. 상대적으로 나이가 많은 닉슨은 회색 양복을 입어 더 늙고 활력이 없어 보였다. 유권자들이 어느 쪽을 더 선호할지는 설명이 필요 없다.

우리나라 정치인들은 대개 양복이나 넥타이로 자신의 트레이드마크를 정한다. 한복을 입는 이도 있고, 늘 빨강 넥타이를 매는 이도 있다. 보통 빨강은 자극적이고 용기 있어 보이며, 파랑은 맑고 명랑하며, 노랑은 밝고 쾌활한 이미지를, 초록은 즐겁고 평화로운 이미지를 나타내는데, 이를 활용해 자신을 대표하는 색을 정한다. 하지만 외모로 세련된 멋을 풍기는 정치인은 손꼽을 정도다.

하지만 이미지는 이러한 외적 요인으로만 정해지지는 않는다. 위와 같은 이른바 '패션 커뮤니케이션' 도 이미지를 결정하는 중요한 요소지만, 이에 더해 행동이나 말에서 풍기는 진중함이나 철학과 같은 요인들로 이미지를 가른다. 1956년 한강 백사장에서 포효한 당시 대통령 후보 신익희는 "권력자들이 거머리처럼 국민의 정강이에 달라붙어 있다."라는 추상秋霜 같은 연설을 했지만, 그 어조는 잔잔하고 호주머니에 손을 넣거나 옷매무새를 가다듬으며 연설해 청중을 편하게 했다.

품위 역시 리더의 이미지를 결정하는 중요한 요소다. 몸매나 말투나 행동이 격조가 있어야 한다. 언젠가 현역 국회의장이 어느 상가 빈소에 가서 조의를 표하고 사람들이 모인 자리로 옮기자마자 국밥을 먹기 시작하는 모습을 보고 정치인이어서 소탈하게 보이는 것도 중요하니까 저럴 수 있겠구나 하고 긍정적으로 생각했지만, 자리에 따라서는 품위를 지키는 것도 중요하다. 외국 정상이나 고위 관리들이 참석하는 청와대 국빈 만찬에서 국회의원들이 만찬이 시작되면 윗저고리부터 벗어 의자에 걸쳐놓고 먹기 시작하는 모습을 보기도 하는데 자리에도 맞지 않고 세련되지도 않았다.

요즘은 리더들이 비즈니스 매너를 배우는 데도 열심이고, 따로 스타일리스트를 두기도 하는 등 겉으로 보이는 이미지를 만들어가는 데 이전보다 능한 편이다. 그래서 겉모습만으로는 리더의 본모습을 판단하기 힘들 수도 있다. 대신 TV나 라디오와 같은 언론에서부터 블로그, 트위터와 같은 SNS 등을 통해 보이는 이미지들이 많아졌다. 리더들의 이미지를 판단하는 중요한 요소인 연설이나 글솜씨에 대해 알아보자. 겉으로 나타나는 이미지보다는 속 모습이 더 중요하기 때문이다. 글로 어떻게 자신을 묘사하고 어떤 내용과 스타일의 연설로 자신의 내면세계를 알리는가로 리더의 속 모습을 제대로 볼 수 있기 때문이다.

세상을 움직이는 리더의 연설법

"제가 실망시킨 국민, 저의 행동에 동의하지 않았던 국민, 그리고 저를 미워했던 국민에게 사과드립니다. 용서하십시오."

바츨라프 하벨 전 체코 대통령이 한 퇴임연설이다. 우리나라에서 이렇게 감동적인 연설을, 그것도 퇴임사에서 한 대통령은 아직 없다. 하벨의 퇴임연설을 비롯해 오바마 대통령의 연두교서, 카메런 영국 총리의 TED 연설, 정운찬 국무총리의 인사청문회 연설 자료 등은 리더십 훈련의 중요한 자료다. '리더십에 관한 이미지 쇼' 라는 이름의 이 20분짜리 영상물을 학생들에게 보여주고 리더의 이미지와 관련된 토론을 하게 하거나 단어를 뽑아 3분 스피치 연습을 하게 한다.

어떤 내용의 연설을 어떻게 하느냐는 자신의 이미지를 보여주는 데 큰 영향을 미친다. 리더는 연설을 잘해야 청중의 마음을 사로잡는다. 단지 말을 잘하는 것이 아니라 사람들의 심금을 울려야 할 때 그에 맞게 연설할 수 있다면 이보다 좋을 수는 없다.

연설을 잘하려면 글솜씨가 좋아야 한다. 연설문을 전담하는 참모들이 있어 대신 써주는 경우가 대부분이지만, 리더 자신도 문장력이 빼어나 글을 쓰고 고칠 수 있어야 한다. 클린턴 대통령 때 공보비서를 했던 스테파노플러스는 "우리가 써준 원고를 대통령은 여러 번 고쳐 정작 연설할 때는 우리가 상상하지 못했던 멋진 단어가 나온다."라고 했다. 글도 잘 쓰고 연설도 잘하는 인물로는 노벨문학상을 받을 정도로 글솜씨가 뛰어난 윈스턴 처칠이나 앞서 얘기한 바츨라프 하벨을 들 수 있다. 1968년 프라하의 봄이라고 불린 체코의 민주화 시위가 소련군에 의해 무력으로 진압당하자 반체제 대열에 합류해 정치에 뛰어들어 옥고까지 치른 하벨은 슬로바키아와 분리 후 체코 대통령을 다시 역임했으며 《가든 파티》 등의 희곡을 발표한 극작가이기도 하다.

또한 연설의 달인으로 꼽히는 케네디의 다음 연설은 지금까지 여러 사람에게 회자膾炙된다.

"국가가 여러분에게 무엇을 해줄 것인가를 묻지 말고, 여러분이 국가를 위해 무엇을 할 수 있는지를 물어라."

오바마는 국가에 대한 봉사를 유도하면서, 대학생이 사회봉사활동을 100시간 하면 수업료를 지원하겠다고 약속하며 젊은이들에게 "당신은 미국에 투자하고, 미국은 당신에게 한다."라고 했다.

연설의 또 다른 백미는 1968년 대통령 선거에 출마했다가 형처럼 암살당한 로버트 케네디 법무장관이다. 그는 다음과 같은 명연설을 했다.

우리의 국민총생산은 한 해 8000억 달러가 넘습니다. 그러나 여기에는 대기오염, 담배광고, 시체가 즐비한 고속도로를 치우는 구급차도 포함됩니다. (…) 무섭게 뻗은 울창한 자연의 경이로움이 사라지는 것도 포함됩니다. 네이팜탄도 포함되고, 핵탄두와 도시폭동 제압용 무장경찰 차량도 포함됩니다. (…) 우리 아들에게 장난감을 팔기 위해 폭력을 미화하는 텔레비전 프로그램도 포함됩니다. 국민총생산은 우리 아이들의 건강, 교육의 질, 놀이의 즐거움을 생각하지 않습니다. 국민총생산에는 우리 시의 아름다움, 결혼의 장점, 공개토론에 나타나는 지성, 공무원의 청렴성이 포함되지 않습니다. 우리의 해학이나 용기도, 우리의 지혜나 배움도, 국가에 대한 우리의 헌신이나 열정도 포함되지 않습니다. 간단히 말해 국민총생산은 삶을 가치 있게 만드는 것을 제외한 모든 것을 측정합니다.

이 연설을 듣고 나면, 삶을 가치 있게 만드는 모든 것을 다 뺀 국민총생산이라는 수치 중심의 경제성장을 외쳐대는 우리네 정부 모습이 참으로 딱해 보인다.

로버트 케네디의 이 연설은 공동선의 정치를 강조하는 마이클 샌델 하버드대학교 교수의 책에도 인용되어 있고,[4] 데이비드 카메론 영국 수상의 TED 강연에도 인용되었다. 이 연설의 내용은 오래전부터 국민총생산GDP의 측정 방식이 옳지 못하다는 것을 강조한 것으로, 그 대안으로 '진정진보계수Genuine Progressive Index' 라는 것이 있다. 국민총생산이나 이에 근거한 일인당 국민소득만 강조할 일은 아니라는 것이다. 그렇게만 해서 국민이 행복하거나 주관적 웰빙이 만족된다는 보장은 하나도 없기 때문이다.

이 밖에도 '그들은 어떻게 말로 세상을 움직였나' 라는 부제가 붙은 책 《위대한 연설 100》에는 역사상 의미 있는 연설들을 소개하는데, 여기서 몇 가지를 예로 들어보겠다.[5]

빌 게이츠는 2007년 6월 7일 하버드대학교 졸업식에서 다음과 같은 연설을 했다.

"저는 여러분이 자신이 거둔 직업상의 성공뿐 아니라 오늘날 가장 심각한 불평등 문제를 얼마나 잘 다루어왔는지, 인간이라는 점 외에는 아무런 공통점이 없는 먼 세상 사람들에게 여러분이 얼마나 많이 기여했는지에 따라 스스로를 평가하기 바랍니다."

덩샤오핑은 1982년 9월 1일 제12차 중국공산당 전국대표대회 개막연설에서 "우리는 중국의 현실로부터 출발해 현대화 계획을 수행해야 합니다. 우리는 혁명과 건설의 과업을 달성하기 위해 외국으로부터 배워야 하고, 그들의 경험에 의지해야 할 것입니다. 하지만 그들의 경험을 기계적으로 적용한다든지, 그들의 모델을 그대로 베낀다든지 하면 우리에게 아무런 소용도 없을 것입니다. (…) 중국의 국사는 중국의 특수한 상황에 따라, 그리고 중국 인민에 의해 운영되어야 합니다."라고 했다.

정치지도자이자 종교지도자이며 인도 독립의 정신적 지주인 모한다스 카람찬드(마하트마) 간디는 1942년 8월 8일 전인도기독교협의회의 '인도 철수' 연설에서 "제가 상상했던 비폭력에 의해 확립된 민주주의에서는 모든 사람에게 동등한 자유가 주어질 것입니다. 모든 사람들이 자신의 주인이 될 것입니다. 오늘 여러분을 초대한 이유는 그런 민주주의를 위한 투쟁에 함께하기 위해서입니다. (…) 우리는 영국민과 싸우는 것이 아닙니다. 우리는 그들의 제국주의와 싸우는 것입니다. (…) 제 인생 최대의 투쟁을 시작해야 할 시기에, 저는 누구에게도 증오심을 품지 않으려고 합니다."라고 했다.

"세상이 움직이는 순간, 그곳에 연설이 있다."라고 한다. 연설이야말로 리더의 참모습, 그 자체라고 해도 과언이 아니다. 연설을 통해 우리는 리더가 어떤 생각을 갖고 있는지, 무엇을 하려고 하는지를 알게 되기 때문이다.

이는 꼭 긴 연설만 해당되는 이야기는 아니다. 짧은 즉석연설에도 해당된다. 영화제작자 더글러스 페어뱅크스는 2년 동안 찰리 채플린과 메리 픽포드와 함께 종이에 단어를 쓰게 하고 이를 뽑아 1분씩 연설하는 게임을 했다. 이런 게임을 통해 지식이나 생각을 즉석에서 정리할 수 있었고 선 채로 생각하는 방법을 익혔다고 한다.

연설은 내용도 내용이지만, 몸짓과 어조 등 비언어로 전달되는 메시지도 연설의 효과 면에서 중요하다. 그래서 연설문 작성뿐만 아니라 실제와 같은 연설 연습도 필요하다. 이를 위해 학교에서는 잘한 연습도 보여주고, 잘하지 못한 연설도 보여준다. 예를 들어 어느 은행장의 연설은 연설이라기보다는 톤이나 리듬의 변화가 전혀 없는 단순한 글 읽기 수준이다. 연설뿐 아니라 국회청문회 같은 자리에서 의원들의 수준 이하의 질문이나 공직 후보자들의 엉뚱한 답변도 리더십 훈련의 긴요한 자료가 된다.

연설을 잘하기 위해서는 효과적 화술의 기본 원칙부터 생각하면 된다. 대표적으로 카네기 연설법이 있다. 기본 원칙은 자신감을 갖고 주제에 흥분하며 빠르고 쉽게 하고 생기를 불어넣으며 청중과 동질감을 가지면서 자신을 낮추고 청중을 이야기 속의 파트너로 삼으라는 것이다. 연설의 기본자세 몇 가지를 정리해보자.

(1) 원고를 준비한다(말에는 지우개가 없다).

(2) 상대방을 보며 말한다(눈이 맞아야 마음도 맞는다).

(3) 또박또박 조리 있고 활기차게 말한다.

(4) 상대방에 맞는 내용을 보편적 언어를 사용해 말한다.

(5) 솔직하고 진실하게 말하고, 일관성을 유지한다.

(6) 가급적 긍정적이고 낙관적인 말을 한다.

(7) 품위 있는 말을 사용하고, 전문용어를 자제한다.

(8) 칭찬, 감사, 사랑의 말을 많이 쓴다.

(9) 책임질 수 없는 말을 하지 않는다.

(10) 특정 집단에 오해를 불러일으킬 말은 하지 않는다.

또한 연설로 성공한 리더들은 다음의 18가지의 법칙을 실천하며 상대의 마음을 사로잡는다.

(1) 침묵으로 말한다.

(2) 강렬한 첫마디로 청중을 압도한다.

(3) 외모에서 카리스마를 연출한다.

(4) 요점을 명확히 한다.

(5) 의미를 압축해 표현한다.

(6) 자기암시로 성공 이미지를 키운다.

(7) 남의 사례를 들어 호기심을 자극한다.

(8) 통계수치를 들어 신뢰도를 높인다.

(9) 재치로 위기를 기회로 만든다.

(10) 우화 등을 활용한 스토리텔링 기법으로 설득력을 높인다.

(11) 적절한 몸짓으로 비언어적 표현의 힘을 활용한다.

(12) 말은 항상 준비되어 있어야 한다.

(13) 리듬감으로 감정을 자극한다.

(14) 설득력 있는 문장은 공식이 따로 있다.

(15) 상대방의 의표를 찌른다.

(16) 핵심 메시지를 집중해서 전달한다.

(17) 맺는말이 인상적이고 긍정적이어야 좋은 이미지가 각인된다.

(18) 예상 밖의 작은 행동이나 제스처로 시선을 끈다.

이상 정리한 연설의 기본자세와 법칙은 노무현 대통령의 연설문 작성에 5년이나 참여했던 황종우 국토해양부 과장이 서울대학교 리더십센터에서 강의한 내용의 일부다.

연설에 대한 평가도 다양하다. 우아하고 음악적인 목소리의 소유자 프랭클린 루스벨트는 A+, 쿨한 도회적 이미지의 존 F. 케네디는 A, 품위 있는 어조와 제스처를 구사한 로널드 레이건은 A, 훤칠한 외모로 청중의 긴장을 푸는 빌 클린턴은 A, 연설하는 목소리가 두드러지지 않고 단조로운 억양의 드와이트 아이젠하워는 B, 차돌처럼 차고 딱딱한 비음의 해리 S. 트루먼은 C−, 답답한 훈계와 어색한 풍자로 잘난 척한 리처드 M. 닉슨은 D 등으로 역대 미국 대통령들의 연설이 평가된다.

우리나라 대통령 중에는 노태우 대통령이 연설에 대한 집념이 강했다. 대개 정상들은 외국에 나가면 영어가 아닌 모국어로 연설을 하게 되는데, 노 대통령은 미국 국빈방문 때 의회에서도 그렇고, 유엔에서도 영어로 연설을 했다. 이때 전해오는 이야기가 연설 원고에 물이 묻는 바람에 두 장이 한꺼번에 넘어갔지만 조금도 당황하지 않고 그 부분을 원고 없이 그대로 연설했다고 한다. 잠자리에 누워서도 헤드셋을 끼고 연설 원고를 외우다시피 듣고 또 들었기 때문이다. 김영삼 대통령은 금융실명제처럼 중요한 키워드 중심의 연설을 한다. 김 대통령 역시 연설 때 원고지 종이가 날아가 버린 일이 있었다. 조금도 당황하지 않고 연설을 했지만 원래 원고 내용과는 거리가 있었다는 것이 후문이다. 김대중 대통령은 원고를 가필하며 뒷장까지 빼곡하게 추가하는 습관이 있다. 너무 세세해서 연설이 아닌 듯한 인상을 주기도 한다. 노무현 대통령의 연설 팀들은 사투리도 그대로 쓴다. 말을 바꾸면 읽을 때 톤이 달라질 우려가 있는 것을 염려해서다. 대통령들은 보통 원고를 보고 말하는 것처럼 보이지만, 투명한 프롬터를 써서 들여다보며 읽어 내려간다. 그것도 한 쪽은 컴퓨터로, 다른 한 쪽은 컴퓨터 작동이 안 될 때를 대비해 수동으로 원고가 넘어가도록 관리한다.

유머는 챙기셨습니까?

"와인의 Y 자는 아시는지요?"

서양의 연사들은 으레 농담으로 연설을 시작한다. 반면 우리 연사들은 자신이 잔뜩 긴장해 청중도 긴장하게 만든다. 그렇다고 대단한 연설이 나오는 것도 아니다. 가벼운 농담은 청중의 긴장을 풀어준다. 연단에 선 리더와 듣는 청중의 심리적 거리를 한껏 잡아당긴다. 그럼에도 불구하고 우리 습관은 공식석상에서 농담은 금기처럼 되어 있다. 리더들이 고상한 조크보다는 천박한 패설에 더 익숙해 있어서일까?

한 식당에서 들은 이야기다. 어느 명사가 저녁 초대를 받아 왔는데, 초청자가 "와인 리스트 좀 가지고 오라."고 했더니 초대받은 명사가 하는 말이 "우리 오늘 포도주 마시기로 하지 않았나!"라고 했단다. 어처구니없는 이야기지만, 듣는 사람들의 입맛을 돋운 것은 분명하다.

미국 대통령의 조크 중 대표적인 것이 링컨이 한 말이다. 한 야당 의원이 "당신은 두 얼굴을 지닌 이중인격자"라고 하니까, 링컨이 답하기를 "내가 얼굴을 두 개 가지고 있다면 하필이면 이 못생긴 얼굴을 가지고 나왔겠느냐?"라고 했다. 위트가 넘치는 조크다.

조크 몇 가지를 소개해본다. 처칠이 노동당의 끊임없는 국유화 요구에 시달릴 때 화장실에서 한 야당 의원을 만났지만 모른 척했다. 야당 의원이 왜 모른 척하냐며 힐문하자 처칠이 답하기를 "당신네들은 큰 것만 보면 국유화하자고 하니 내 걸 보면 국유화하자고 하지 않겠소."라고 했다. 또 처칠은 자신이 벌거벗고 있는지 모르고 문을 열고 들어와 당황하는 루스벨트에게 "나는 귀국에게 숨길 것이 하나도 없는 사람"이라고 조크한 일화가 두고두고 남는다.

이건 쓸데없는 조크이긴 하지만, 미국에서 유학생 몇이 햄버거를 사 먹으러 갔는데, 주문을 마친 점원이 "퍼 히어 오어 투 고for here or to go?"라고 물으니, 잘못 알아든 유학 초년생이 친구에게 "네 명은 여기서 먹고 두 명은 가라 하니 어쩌면 좋겠냐?"고 했다. '퍼'를 넷four으로, '투'를 둘two로 알아들은 것이다. 사투리를 폄하하려는 것은 아니지만, 경상도 사투리를 쓰는 어느 학생이 햄버거 가게에 가서 햄버거 세 개를 달라고 주문했는데 한참을 기다려도 음식이 나오지 않다가 햄버거 서른 개가 나왔단다. '으'를 '어'로 발음하는 경상도 사투리 때문에 종업원이 '쓰리three'를 '서리thirty'로 알아들은 것이다.

빌 게이츠는 대학을 중퇴했지만 나중에 명사가 되어 명예졸업장을 받게 됐다. 그는 명예졸업장을 받으며 한 연설에서 "내가 만일 1학년에 들어와 연설을 했다면 여기 앉아 있는 여러분 중 여기 온 사람은 거의 없었을 것이다."라는 조크로 시작했다. 오바마 대통령은 오사마 빈 라덴 사망 후 기자회견에서 처음이 아니라 맨 마지막에 웃으면서 "오늘은 조금만 즐겨라."라고 했다.

미국에서는 출근하며 소지품을 챙길 때 "유머 챙겼느냐?"라고 묻는 것이 습관이다. 유머는 긴장을 풀어주고 하루를 즐겁게 보낼 수 있게 해준다. 연설에 앞서 농담하는 것이 동양적인 정서는 아닐 수 있지만, 리더들이 청중의 긴장을 풀어주기 위해서라도 격조 있는 농담을 상황에 맞게 구사했으면 좋겠다.

리더들이 갖추어야 할 자질이나 능력이 한두 가지가 아니지만 일반인들은 대개 리더가 하는 연설을 듣고 리더에 대한 이미지가 굳어지고 호오가 달라진다. 그래서 리더들은 연설에 많은 신경을 쓰고 준비도 철저히 한다. 연설을 뒷받침하는 기본은 말할 것도 없이 리더의 지식 체계다. 참고로 연설 내용은 7퍼센트, 목소리는 38퍼센트, 몸짓 등 비언어가 55퍼센트의 효과가 있다는 연구가 있다.

이처럼 일반인들이 리더들을 평가하는 방식에는 토론이나 연설, 이미지, 통계자료 등 여러 가지가 있다. 이러한 요소들은 특히 공공리더들을 평가하는 데 큰 도움이 된다. 그래서 요즘 리더들은 연설이나 이미지 등에 큰 힘을 쏟는다.

리더는 항상 바른 결정을 할까?

올바른 선택은 리더를 빛나게 한다

2007년 2월, 35년의 세월을 보냈던 정든 학교를 정년퇴임하면서 3000여 권에 달하는 책을 학교 중앙도서관에, 270여 권의 행정학 원서는 행정대학원 자료실에 기증했다. 그래도 끝까지 끼고 있던 책 중의 하나가 허버트 사이먼Herbert A. Simon의 《행정행태Administrative Behavior》다. 이 책은 행태주의가 풍미하던 60년대 필독서였다. 사이먼은 이 책에서 주장한 '제한된 합리성bounded rationality'으로 후에 노벨경제학상을 수상하기도 했다.

인간의 선택이 그리 합리적이지 못하다고 말하며 기존의 '합리적 선택론rational choice'을 뒤집는 이 이론은 90년대 들어 행동경제학으로 이어져 편견이나 휴리스틱 등의 비합리적 선택이론을 창도하기에 이른다. 또한 이를 통해 개인뿐만 아니라 정부나 기업에서의 여러 결정 역시 모순될 수 있음을 일깨워줬다.

사이먼이 말하는 '행정 이론administrative theory'에 따르면 인간은 의도성과 제한된 합리성 때문에 자신의 이익을 극대화하려는 감각(위트)이 모자라 그저 만족하면 족하다고 느낀다. 이는 결정하는 행위의 심리적 측면을 파헤치는 것으로, 인간을 '경제적 동물economic man'로 상정하고 특정 상황에서 어떤 결정을 하는지를 살펴보면 우리가 하는 선택과 결정이 경제적 모델과는 거리가 있다는 것을 확인할 수 있다. 경제적 인간 모델은 행정적 인간 모델보다 훨씬 더 완벽하고 세련됐다. 그러나 '제한된 합리성'으로 인해 인간의 실제 선택 과정은 지극히 불완전하다. 정보도 충분하지 않고 처리 과정도 완벽하지 않기 때문이다.

'경제적 인간'은 내가 가진 것 모두를 극대화하려 한다. 반면 '행정적 인간'은 그 정도면 됐다good enough라고 생각한다. 예를 들어 백화점과 달리 재래시장은 옆 가게와 서로 손님을 나누는 경우가 있는데, 재래시장의 주인은 손님을 나눠도 그 정도면 이윤도 적절하고 만족스럽다고 생각하는 '행정적 인간'에 가깝다. 상인들이 손님 수준에 따라 속이는 것이 아니라면 말이다.

또한 경제적 인간은 복잡한 현실세계complex real world를 다루고, 행정적 인간은 왁자지껄하고 혼란스런 세상을 단순화시켜 생각한다. 후자가 그렇게 생각하는 근거가 없는 경우가 많고 특정 상황에서는 하나도 맞아떨어지지 않아 적합성이 매우 미약하다는 것이다. 그저 하나로 뭉뚱그려 볼 수밖에 없다는 논리다. 따라서 인과관계도 단견이고 단순하다. 몇 개의 요소만 챙기면 그게 다인 것이다. 하지만 단순함에 집착하면 얻는 것도 있지만 간과하는 것도 있다.

행정적 인간의 특징을 요약하면, 첫째 극대화 대신 만족을 택하다 보니 가능한 대안을 모색할 생각조차 하지 않는다. 둘째, 세상을 텅 비어 있다고 생각하고 모든 요소 간의 연관성을 무시해버려 상대적으로 주먹구구식 결정이 많아진다. 이 두 가지 특징은 사이먼이 카네기멜런대학교의 앨런 뉴웰Allen Newell과 함께 심리학 모델을 활용해 인간의 복잡한 행태를 컴퓨터로 계산해낸 것들이다. 또한 캘리포니아대학교의 인지심리학자 대니얼 카너먼은 인간의 이러한 복잡한 행태를 연구해 노벨경제학상을 탔다.

만일 대통령이 경제적 인간 모델을 선호해 원리원칙대로만 한다면 이윤이나 이익 또는 복지가 극대화돼 누구도 실망하지 않는다. 그러나 현실세계는 너무나도 복잡해 어떤 결정도 극대화는커녕 만족조차 할 수 없는 것이 사실이다. 또한 모든 정책에는 필요한 자원이 뒤따라야 하는데 사정이 여의치 못할 때 어떻게 하겠느냐의 문제 역시 남는다. 정부가 큰 사업을 발표할 때마다 언론과 야당은 재원은 어디서 염출하려는 것인가 질문 공세를 편다.

그렇다면 행정적 인간 모델이 더 나은가? 행정적 인간 모델에 따르면 복잡하게 뒤엉킨 현실 문제를 어떻게 할 수 없으니까 그 정도면 됐지 하며 꾸려나가야 하지 않겠느냐고 반론한다. 다시 말해 "그만하면 됐지good enough" 혹은 "이 정도면 적절해resonable"라고 말하며 나중에 때가 되어 여건이 충족되면 그때 보완하자고 하는 것이다.

무엇이 옳다 그르다 말할 수 없지만, 나은 것은 만족 모델이나 점증 모델과 맥을 같이하는 것이다. 간단히 말해 만일 선택이 최상이 아닌 차상이라면 그 정도 선에서는 안주해야 한다는 것이다. 또한 만족을 극대화하든 극소화하든 좋은 결정을 내리기 위해선 제도의 뒷받침이 있어야 한다. 따라서 제도나 규정은 결정을 가능하게 하기도 하고 반대로 결정을 옭맬 수도 있다. 제도에 관한 비판적 견해는 뒤에서 다시 얘기하겠다.

실제로 끔찍한 예를 하나 들어보자.

2011년 3월 11일 일본 센다이 시에 진도 9.2의 강진이 발생해 35미터 높이의 쓰나미가 밀어닥쳐 이와데, 미나기 등의 지역이 쑥대밭이 되었고, 이어 후쿠시마 원자력발전소가 물에 잠기고 급기야 폭발하는 큰 사고가 발생했다. 두고두고 도쿄전력이 야단을 맞는 이유가 초기대응에 실패했기 때문이라는데, 그 이면에는 기막힌 사연이 있다. 사고 당시 시미즈 마사타카 도쿄전력 사장은 도쿄에서 400킬로미터 떨어진 나라奈良에서 간사이 지방 재계 인사들과 회의를 하기 위해 출장 중이었다. 오후 3시쯤 원전 타격 보고를 받은 사장은 곧바로 자동차를 타고 본사로 향했으나, 고속도로가 막혀 전철을 이용해 나고야 공항으로 가서 회사 헬기를 탈 생각이었지만 민간 항공기는 오후 7시 이후에는 이착륙을 할 수 없다는 규정에 막히고 말았다. 사장은 경제산업성에 연락했고 경제산업성은 총리실 운용기획국장을 통해 방위성에 긴급 협조를 요청해 사장은 11시 30분 아이치 현 항공자위대 기지로 이동해 C-130 수송기를 타는 데 성공했다. 그런데 그만 이마저도 무위로 돌아갔다. 수송기가 자정쯤 이륙한 것까지는 좋았으나, 방위성 담당 실무자가 방위대신(기타자와 도시미)에게 "도쿄전력 사장이 수송기 탑승을 요청한다."라는 보고를 했고, 대신은 "항공기는 재난구호에 우선적으로 투입해야 한다."라고 지시하는 바람에 출발 20분이 지난 수송기가 회항해야 했다. 이 과정에서 이미 이륙했다는 이야기는 대신에게 보고되지 않았다. 결국 시미즈 사장은 나고야 공항으로 다시 가 이튿날 오전 10시쯤 헬기를 타고 도쿄에 있는 본사로 돌아올 수 있었다. 그 사이 원전 냉각시스템을 복구했어야 했는데 이에 대응하지 못했고 하루가 지난 12일 오후 3시 36분 원자로 건물에서 수소폭발이 일어났다. 사장이 없는 사이 제1원전 원자로 냉각수가 줄어들고 노심용융이 진행되는 한편 원자로 내부의 증기를 빼내는 조치가 늦어져 돌이킬 수 없는 사고가 발생했다.[1]

엄격한 규정에다 관료들의 융통성 없는 대응, 그리고 상사에 대한 의사소통 결함 등 악재가 겹치고 겹쳐 대형 사고가 일어난 것이다. 동시에 기관의 장이 없으면 아무런 결정을 하지 못하는 관료제의 실상을 그대로 보여준다. 이 상황에서는 경제적 인간 같은 엄격함보다는 행정적 인간 같은 여유가 있어야 했는데, 행정적 인간마저도 존재하지 않았던 것이다. 만일 이런 일이 우리나라에서 벌어졌다면 대번 고위층에 연락해 군 헬리콥터를 보내서 사장을 원하는 장소로 급히 이송했을 것이다. 원칙도 중요하지만 제도나 규정에 더해 운영의 묘가 뒤따라야 한다.

모델은 유형을 완전히 나누어 이것 아니면 저것이라는 이분법적 논리가 기반이 된다. 하지만 인간의 행태를 그렇게 무 자르듯 하면 안 된다. 리더의 생각 속에는 경제적 요소도 행정적 요소도 섞여 있기 때문에 신축적으로 대응할 수만 있다면 그리 걱정할 일은 아니다. 분석적이라 우기지만 않는다면 말이다. 그것이야말로 복잡한 현실세계와 멀어지는 결과를 빚는다.

리더의 선택이 합리적이지 않은 까닭

CEO들은 사무실에서 얼마나 합리적 판단을 하고 현명하게 행동할까? 대부분의 리더들은 자신이 책임지고 있는 조직의 명운이 내게 달려 있으니까 옳은 결정을 내릴 것이다. 그러나 항상 결과가 기대한 만큼 이루어지는 것은 아니다.

경영자는 기업 관련 정보를 공식적인 정보시스템을 통해서 확보한다고 생각하지만 실제로는 경영자의 78퍼센트는 비공식적인 구두 커뮤니케이션에 의존한다고 한다. 그리고 경영은 과학이고 경영자는 전문직이라는 것이 우리의 통념이지만, 실제로는 경영에서의 결정은 치밀한 분석보다는 마음속에 있는 이렇고 저렇게 얽히고설킨 정보가 바탕이 된다.[2]

일반적으로 사람들은 매우 현명하고 합리적인 선택이나 결정을 내린다고 생각했다. 그런데 그게 아니었다. 2002년에 노벨경제학상을 받은 대니얼 카너먼Danniel Kahneman과 아모스 트버스키A. Tversky가 이를 가려냈다. 간단히 말해 인간의 판단은 합리적이지 않고 준準 아니면 제한적 합리성이 있을 뿐이라는 것이다.

경제학에서는 효용의 극대화라는 이름으로 이익을 추구하는 것을 당연시했다. 자본주의 정신 역시 그러하다. 만인을 위한 만인의 행복을 외치는 공리주의가 그렇다. 인간의 합리적 선택을 수리로 풀어낸 뷰캐넌과 털럭은 1986년 노벨경제학상을 받았다. 하지만 누구나 자신의 효용을 극대화하려고 들면 어떻게 합리적 선택이 균형점을 찾을 수 있을까? 아담 스미스는 '보이지 않는 손'에 의해 가능하다고 했다. 또한 영화 〈뷰티풀 마인드〉에서처럼 반드시 예쁜 여학생에게만 남학생이 달려가지 않는다. 내시 균형점Nash Equilibrium이 존재하기 때문이다. 눈치를 보며 머리를 굴리다 보면 최선이 아닌 차선을 선택하는 것이 유익하다고 믿는 사람이 생기게 마련이다.

카너먼과 트버스키는 휴리스틱heuristic과 바이어스bias, 즉 직감의 기능을 연구해 합리성은 비현실적인 개념이라고 단언한다. 경제주체의 의사결정은 반드시 합리적으로 이루어지지 않으며, 합리에 가까운 '준합리적' 정도다. 이들은 주류경제학의 이론에 심리학의 연구 성과와 다양한 실험 방법을 접목해 주류경제학의 기대효용 이론을 뛰어넘는 행동경제학 이론으로 경제학의 새로운 지평을 열었다. 어느 학자는 "인간의 행동이 '이성과 감정이라는 두 마리 말에 이끌리는 쌍두마차'라는 비유는 옳지만, 이성은 작은 조랑말일 뿐이고 감정은 커다란 코끼리만 하다."라고 주장했다. 마음이 인간 행동을 결정하고, 인간 행동이 경제를 움직이기 때문에 결과적으로 경제는 마음mind이 움직인다는 것이다. 이때부터 합리주의, 그중에서도 도구적 합리주의를 맹신하던 시대가 종언을 고했다.

카너먼과 트버스키는 이러한 기본 관점에 입각해 실제 인간의 행동이 '기대효용 이론'에서 예측하는 것과 다르게 나타나는 것을 실험으로 밝혔다. '프로스펙트 이론Prospect Theory'이 그것이다. 이는 리스크 상황에서 어떻게 판단하는가를 설명하는 이론이다. 사람들은 보통 손해가 덜 나는 쪽을 택한다. 손실회피성이라는 것이다. 1000원을 잃어 마음이 상하는 것이 1000원을 얻어 만족하는 것보다 그 마음의 손해가 2배에서 2.5배나 큰 것으로 나타난다. 또한 이익이나 손실의 가치가 작을 때는 변화에 민감하지만 가치가 커질수록 그 민감도는 줄어든다(민감도 체감성). 쉽게 말해 같은 3도 차이지만 기온이 1도에서 4도로 오르는 것이 21도에서 24도로 오르는 것보다 더 따뜻하게 느껴지는 것과 같은 이치다. 이는 국회 예산심의에서 액수가 천문학적 숫자면 덜 민감해 시시콜콜 따지질 않는 것과 비슷하다.

손실회피성과 휴리스틱적(편법적) 선택에 대해 설명하자면, 간혹 사람의 판단이 흐려지는 것은 감정에 치우쳐서 그렇게 된다고 생각한다. 감정에 치우치지 않고 이성적으로 사고하면 올바른 판단을 할 수 있다는 것이 일반적인 생각이었다. 그러나 카너먼과 트버스키는 인간의 사고 자체가 주먹구구식으로 이루어지고 그로 인해 잘못 판단할 가능성이 충분히 있다고 한다. 정보처리를 잘못해서 그렇게 되고, 또 자기기만self-deception이나 소망적 사고wishful thinking 때문일 수도 있다. 인간의 정보처리는 현실적 제약 때문에 완벽하지도 정확하지도 않다. 뒤에 결정을 혼자서가 아닌 여럿이 해야 한다는 이야기에서 또 나오지만 집단지성이 더 효과적이라는 말과 통한다. 결국 혼자서 한다면 차선의 판단과 결정을 할 수밖에 없다. 인간은 주어진 상황의 제한성과 자신의 인지 능력이 부족하기 때문에 자신이 어느 정도 만족할 수 있는 결정을 해야 한다. 또 빠르고 효율적인 처리를 하려면 때로는 오류가 발생할 가능성도 있다. 이러한 처리는 완벽한 논리적(알고리즘적) 처리라기보다는 편법(휴리스틱)에 해당한다.

편견이나 바이어스도 마찬가지다. 카너먼이 말한 휴리스틱은 합리적이지 못한 의사결정을 내릴 때 근거로 삼는 간편한 방법(쉽게 말해 주먹구구식 방법)이며, 바이어스는 그에 따라 얻게 되는 판단이나 결정의 편향을 가리킨다. 직감적으로 선택하거나 결정하면 착각과 오류에 빠지기 십상이다. 1월 한 달 동안의 데이트 횟수를 질문한 다음 행복도를 판단하게 하면 행복(목표 속성)에 대한 평가를 데이트 횟수(휴리스틱 속성)로 바꾸어 판단하는 것과 같은 것이다.

사람들은 어떤 때는 '완전한 간섭' 으로 선택의 여지를 줄일 만큼 현명해 최고의 효율을 올릴 수 있다. 학기말 페이퍼를 제출할 때 부리는 요령을 보면 그렇다. 선택의 여지가 많을수록 인간이 더 높은 행복감과 성취를 일궈갈 것이라는 믿음은 실은 맞지 않는다. 먼 미래를 판단할 때와 가까운 미래를 판단할 때 그 기준이 일치하지 않는다. 자율에 맡기면 슬기롭고 합리적으로 최적점을 찾아 결과적으로 만족을 극대화할 것이라고 기대하지만 숙제를 미루고 나면 나중에 받는 고통과 견주지 못하는 우를 범한다. 사람이 아인슈타인처럼 사고하고, IBM처럼 기억하고, 간디처럼 의지력을 발휘하는 존재라고 가정했던 것은 맞을 수가 없는 어디까지나 가정일 뿐이다. 사람은 생각했던 것보다 훨씬 더 자주, 더 누적적으로, 더 현저하게, 더 꾸준히 합리성의 틀을 벗어난다. 댄 애리얼리의 말처럼, 사람은 가까운 것에만 집착하는 것 말고도 손실회피, 가진 것을 현상유지하려는 과잉 집착, 첫인상에 따른 어이없는 오판, 고정관념에 턱없이 휘둘리는 인상 등을 버리질 못한다. 인간은 더 이상 합리적이지 않다. 그러니 리더들의 결정이 합리적이지 못할 수가 얼마든지 있다.

잘못된 인지가 '나쁜' 결정을 내린다

전쟁을 부르는 리더의 오판

"다수당 대표 톰 대슐 앞으로 배달된 탄저균 가루 한 티스푼이 2001년 가을 미국 상원을 완전히 마비시켰습니다. 우체국 직원 2명이 사망하고 수백 명이 응급치료를 받아야 했습니다."

유엔 안전보장이사회 임원을 대상으로 작은 유리병을 엄지와 검지로 집어 올려 살짝 흔들어 보인 사람은 부시 대통령 때 국무장관을 지낸 콜린 파월이었다.

파월은 이라크 사담 후세인 정부가 1995년 UN 사찰 이후 탄저균 8500리터 제조 사실을 시인했으며 UN 사찰단의 결론대로라면 이 시설에서 2만 5000리터를 더 제조할 수 있다고 말했다. 이어서 "우리는 이라크가 이 화학무기를 계속 제조하고 있음을 보여주는 많은 정보를 수집했습니다."라고 했다. 파월은 80분 동안 연설하면서 이라크가 가하고 있는 위협을 조목조목 열거했다.

그러나 결과는 너무 엉뚱했다. 대량살상무기 수색 책임자로 임명된 데이비드 케이가 2년 동안 샅샅이 뒤졌지만 단 하나의 샘플도 얻지 못했다. 무기 개발계획이 진행되고 있다는 어떤 증거조차도 밝히지 못했다. 겨우 몇몇 과학자들이 첫 번째 걸프전쟁의 기념물로 탄저균 가루 몇 병을 집 냉장고에 보관하고 있다는 것뿐이었다.

부시 대통령은 체니 부통령과 럼스펠드 전 국무장관, 정치 고문 칼 로브에게 쉽게 조종당한 '속 좋은 바보'라는 말을 들어야 했다. 유럽인들은 부시가 미국에 대한 세계의 신뢰를 깨뜨렸으며, 이 신뢰를 다시 쌓으려면 수십 년이 걸릴 것이라고 했다.

대통령 등 많은 고위직들이 이처럼 오판을 일삼고 국민의 세금을 낭비하고 아까운 젊은 목숨들을 전장에 바친다. 판단 하나하나가 전혀 예상외의 엄청난 결과를 초래한다.

때론 바보스런 결정도 필요하다

"두 천재가 나를 노래했다. 그럴수록 내 인생은 아팠다."

조선일보 김수혜 기자가 쓴 패티 보이드의 이야기다. 그녀는 회고록에서 "천재는 어른이 되길 멈춘 철부지 어린애 같아……. 나를 위해 작곡한 노래들도 결국은 그들을 투영한 노래 '뮤즈'가 된다는 것? 황송하면서도 민망한 노릇"이라고 했다. 패티 보이드는 비틀스 멤버 조지 해리슨과 에릭 클랩튼이 동시에 사랑했던 '전설적인 뮤즈'로 왕년의 비틀스의 〈섬싱Something〉(1969), 에릭 클랩튼의 〈레일라Layla〉(1970)와 〈원더풀 투나잇Wonderful Tonight〉(1977)의 주인공이다. 10대 미혼모의 사생아로 태어나 조부모 손에서 자랐지만 음악에 있어서는 천재적인 능력을 보였던 클랩튼을 패티 보이드는 "(천재들은) 철부지 어린애 같다."라고 표현했는데, 옷도 낚싯대도 맘에 드는 것이라면 똑같은 것을 수십 개씩 사들이는 클랩튼의 행동을 보면 그녀의 말을 이해할 수 있다.

이처럼 천재는 보통 사람들과 달리 어른이 되지 않고 어느 단계에서 멈춰 서는 경우가 많다. 또한 주변의 예스맨들이 비위를 맞춰 자기도 모르게 '내가 최고로 중요한 인간이다, 뭐든지 내 맘대로 해도 된다' 고 착각에 빠지기도 한다. 물론 세상엔 똑똑한 천재도 많다. 천재가 아니더라도 재벌 2세 경영인 가운데 종종 이런 모습을 보게 된다. 이들의 경우 라캉의 거울계 또는 상상계에서 벗어나지 못한 것이다.[3] 상상계에 머물러 있으면 어머니밖에 모른다. 남근이 전부다. 보통은 자라면서 언어를 습득하며 상징계로 진입하는데, 그것이 잘 되지 않는 사람들이 있다. 좋은 학교를 나오고 사회적으로 성공한 엘리트 중에도 꽤 있다. 에고가 강한 자기중심적인 이들은 대개 자신밖에 모르고 치졸한 판단과 행동을 일삼으며 남을 업신여긴다. 실재계에도 제대로 진입하지 못한다.

천재나 자기 착각에 빠진 사람들은 툭하면 '바보짓' 을 한다. 어떤 이들이 천재인지는 〈네이처〉가 뽑은 10명의 역사상 천재들을 보면 알 수 있다. 성격상 과학자가 많이 뽑힐 줄 알았는데 사람들을 보면 좀 의외다. 기준이 자세히 알려지지는 않았지만 여러 분야에서 탁월한 업적을 남긴 르네상스인이 기준이었을 것이라고 추측한다.

(1) 레오나르도 다빈치

(2) 윌리엄 셰익스피어

(3) 요한 볼프강 괴테

(4) 피라미드를 만든 이집트인

(5) 미켈란젤로

(6) 아이작 뉴턴

(7) 토머스 제퍼슨

(8) 알렉산더 대왕

(9) 피디아스(제우스 신상과 파르테논 신전의 아테나 여신상을 총지휘해 만든)

(10) 아인슈타인

리스트를 살펴보면 색채론의 기본을 세운 괴테가 포함되었고, 변호사이자 언어학자이며 건축가이기도 했던 토머스 제퍼슨도 포함되었다.

창조적 천재들은 보통 사람들이 했다면 바보짓이라고 비웃음을 살 만한 우스꽝스러운 행동을 자주 한다. 영화 〈아마데우스〉에서 모차르트는 어이없는 광대 짓을 하며 작곡에 몰두한다. 스티브 잡스 애플 전 CEO도 인도 도인들의 기행에 열광하는 괴짜로 유명하다. 천재 물리학자인 리처드 파인먼은 발사 직후 폭발해버린 우주왕복선 챌린저호의 사고 원인을 조사하는 위원회에서 혼자 낄낄대며 양파 링 모양의 과자를 컵에 집어넣었다 꺼냈다 하는 장난을 해 비난을 받은 적이 있다. 하지만 그는 장난을 친 게 아니었다. 실제 챌린저호는 양파 링처럼 생긴 오$_0$링이 찬 기온으로 얼어 터지는 바람에 연료가 누출되어 폭발했기 때문이다.

왜 창조적 인물들은 툭하면 이렇게 바보스럽고 장난기 어린 행동을 할까? 사회과학 분야를 통틀어 최고의 천재로 꼽히는 스탠퍼드대학교 경영대학원의 제임스 마치James March 교수는 '창조경영'이란 말이 출현하기 훨씬 전인 1970년대 초 〈바보스러움의 기술technology of foolishness〉이라는 짧은 논문을 통해 그 이유를 명쾌하게 설명했다.

그는 논문에서 의사결정의 유형을 두 가지로 구분했다. 첫 번째 유형은 주어진 목적을 어떻게 추구하고 달성할 것인가와 관련된 '목표추구goal-pursuing형' 의사결정이다. 우리에게 익숙한 이 유형은 치밀하고 냉철한 예측, 분석, 계획으로 완성된다.

마치는 목표추구보다 훨씬 중요하고 근본적인 의사결정 유형이 있다고 말한다. 바로 어떤 목적을 추구할 것인가를 다루는 '목표발견goal-finding형'이 그것이다. 목표발견형 의사결정은 지금까지 존재하지 않던 전혀 새로운 상품이나 서비스, 기술, 사업 등을 만들 때 필요하다.

마치는 목표추구형 의사결정이 이성의 영역이라면, 목표발견형 의사결정은 꿈과 상상력 같은 장난과 유희의 영역이라고 말한다. 존재하지 않던 혁신을 이뤄내기 위해서는 심각하고 딱딱한 표정으로 책상 앞에 앉아 계산이나 분석만 해서는 안 된다. 처음 보는 신기한 장난감을 가지고 노는 어린아이처럼 열린 마음으로 자유분방하게 다양한 실험과 시도를 해야 한다. 하지만 20세기 대량생산 시대에는 꿈과 상상력, 그리고 장난스러움이 마치 바보 같은 행동으로 보였다.

창조적 상품을 만들어야 하는 21세기에는 엉뚱하고 장난스러운 꿈과 상상력이 가장 중요한 경쟁력의 원천이 된다. 바로 '바보스러움의 기술'이 필요한 것이다. 실제 애플, 구글, 3M, 마이크로소프트, 닌텐도 같은 창조적 기업들은 상상력을 경영의 핵심 화두로 삼고 있다. GE는 아예 '상상력으로 돌파하기'를 핵심 가치로 삼는다. 아인슈타인도 지식보다 상상력이 더 중요하다고 했다. 21세기 창조경영 시대에 꿈과 상상력, 장난스러움은 가치 창출과 경쟁력 강화에 반드시 필요한 '센스 넘치는 바보스러움'이다.

잘못된 결정을 하는 세 가지 이유

2009년 2월 〈하버드비즈니스리뷰〉에 앤드루 캠벨, 조 화이트헤드, 시드니 핀켈스타인, 세 교수가 의사결정과 뇌의 인지에 대한 매우 흥미로운 논문을 발표했다. 논문에서는 크게 두 가지에 대해 이야기하는데, 첫째는 패턴 인지pattern recognition의 문제다. 뇌는 30개의 각기 다른 부분들이 정보를 통합하는 복잡한 과정을 통해 인지하는데, 새로운 상황이 발생하면 이전의 경험과 판단에 근거하여 가정을 세우고 상황을 보기도 전에 패턴을 그려낸 후 판단하게 된다. 이때 기억 속에 저장된 감정의 태그tag가 있어 크게 어긋나지는 않지만 간혹 실수도 한다.

둘째는 정서 태깅emotional tagging이다. 기억 속에 저장된 태그, 즉 정서적 정보가 어떤 것에 집중하느냐에 따라 뇌의 인지 과정은 달리 나타난다. 뇌가 감정을 통제할 때 만일 이 부분이 손상돼 있다면 의사결정에 흠결이 생길 가능성이 높아지는 것이다. 심리학자 개리 클라인Gary Klein의 말에 따르면, 어떤 정책을 결정하는 순간 대부분은 저장되어 있는 패턴 인지 때문에 일반적으로 큰 잘못 없이 이루어지지만, 간혹 견제와 균형의 원리가 깨질 때 문제가 발생한다. 원래대로라면 목적을 정하고 정의를 내리고 방법과 전략을 강구해야 하는

데, 우리의 뇌가 이런 '교과서' 대로 움직이지 않고 결론으로 그냥 치닫거나 대안을 전혀 고려하지 않기도 하는 것이다. 다시 말해 초기 생각이 어떻게 짜이는가는 매우 중요하다. 과거의 경험과 판단이 계속해서 작용하기 때문이다. 과거의 경험이나 패턴이 지금의 상황에서는 전혀 도움이 되지 않을 수 있는데도 말이다.

훌륭한 리더들이 나쁜 판단을 하는 데는 앞서 말한 것처럼 정서적 태그나 패턴을 잘못 인지하는 경우 발생한다. 이러한 잘못된 인지가 발생하는 원인으로는 세 가지를 들 수 있다. 첫째는 부적절한 자기 이익이다. 우리는 어떤 정보를 접할 때 정서적 중요성으로 인한 전형적인 편견이 발생한다. 우리가 당장 원하는 패턴으로 사실을 인지하게 된다는 것이다. 의사나 감사 담당과 같이 늘 무엇을 해야 하는지 준비되어 있는 전문가들의 경우 처방이나 해결책을 강구할 때 이와 같은 자기 이익이나 판단의 편견에서 벗어나지 못한다. 둘째는 왜곡된 애착이다. 직면한 상황에서 어떤 조치를 어떻게 내려야 할지를 궁리할 때 내면에 존재하는 어떤 것에 집착하게 된다. 리더들 중 어떤 상황에서 우물쭈물하는 경우가 있는데, 바로 자신의 내면에서 애착이 복잡하게 교차하기 때문이다. 셋째는 '잘못된 기억' 이다. 기억이 늘 정확한 것은 아니다. 과거에 남아 있는 기억이 정확하지 않을 수가 있다. 혹은 과소평가하거나 과대평가하기도 쉽다. 2011년 3월 11일 일본에서 발생한 진도 9의 지진이나 파고 3미터의 쓰나미는 예전 기억으로는 상상도 경험도 처방도 할 수 없었던 것이었다.

우리 뇌는 패턴을 끊임없이 인지하고 정서에 이름표를 붙이며 복잡한 상황을 헤쳐나간다. 우리의 인생은 끊임없는 판단과 결정의 연속이기 때문이다. 또한 각자 개인이 지니고 있는 패턴이나 정서가 그러한 판단에 영향을 미치도록 짜여 있다는 사실을 가볍게 여겨서는 안 된다. 항상 주의를 기울이며 적신호를 인지하도록 노력해야 한다. 앞에 인용한 세 학자가 쓴 책《다시 생각하라Think Again》에 나온 대로, "엄마는 자기의 아이가 더 이상 아이가 아니라는 것을 알지 못한다." 영국의 역사학자이자 비평가인 홀브룩 잭슨Holbrook Jackson의 말이다.

조직 모르는 리더 정책 없는 리더

리더는 조직과 함께 산다

"플라톤과 갈릴레오처럼 그들이 발하는 순수한 심력心力은 사회제도의 뒷받침 없이도 존재할 수 있다. 그러나 그런 힘도 교회, 정당, 그리고 그 밖의 사회적 유기체에 의해 전파되기 전에는 중요성을 인정받지 못한다. 권력은 조직과 같이 간다."[1]

버트런드 러셀의 말이다. 조직 없이는 권력이 존재할 수 없다. 그런데 우리네 리더 중에는 조직 관념이 희박한 사람들이 의외로 많다. 하기야 조직이 없는데도 여론조사로 대선 후보까지 되는 지경이니 조직이 대수라고 생각하지 않을 수도 있다. 그러나 리더가 정작 일을 하려고 하면 조직 없이는 하기 어렵다. 조직이란 여럿이 함께 일하는 공간임에도 불구하고 대부분의 리더들은 나만 중하지 함께 일하는 상대방은 그저 부속품일 뿐 은연중에 무시하기조차 한다.

리더는 조직과 함께 산다. 리더로 군림하는 사상가나 예술가는 예외다. 모든 일이 조직 안에서 이루어지기 때문에 조직 없는 리더는 리더이긴 하지만 영향력 등 여러 면에서 차별화되고 통상 말하는 리더 군에서 예외로 취급된다. 이처럼 조직과 리더는 함수관계인데도 조직의 중요성을 인식하지 못하는 리더가 상당수 있다. 나만 똑똑하고 나만 잘나면 조직이 자신을 뒷받침할 것이라고 생각하기 때문이다. 하지만 이것은 큰 착각이다. 조직에는 사람, 돈, 기술, 정보, 정신 등의 여러 자원이 있는데, 이를 얼마나 잘 활용하는가가 리더십의 성패를 가른다. 또한 리더가 구성원들의 생각이나 성향을 다 파악하기는 거의 불가능하고 기껏해야 참모들의 의견을 듣고 부분적으로 파악할 뿐이기 때문에, 조직원들을 규합해 목표를 달성하기 위해서는 보통 정성과 노력이 필요한 것이 아니다.

조직은 하는 일에 따라 여러 유형이 있다. 엄격한 규율을 따라야 하는 공공 조직이나 종교 조직에서부터 교수 제각각이 헌법기관 같은 대학 조직이나 체계가 매우 느슨한 자원 조직까지 다양하다. 이러한 조직의 성격에 따라 리더십 행사 방식은 달라진다. 엄격한 조직에서는 리더가 큰 걱정을 하지 않아도 된다. 모든 것이 정한 규칙대로 움직이기 때문이다. 규정이나 규율이 엄격하지 않은 조직이라도 서로 적응하며 자연스레 조화를 이룰 수 있다. 이 경우 리더에 대한 의존도가 높아지기도 한다.

과거에는 조직을 기계적인 무기체로 보아 리더가 자유재량을 행사할 여지가 크지 않았다. 같은 조직이지만 리더 따라 규정을 넘어 조직을 제 것인 양 움직이기도 했다. 하지만 요즘은 조직 자체를 살아 움직이는 유기체로 보고 이를 지탱하는 문화를 강조한다. 또한 조직 구성원의 생각과 자유의지가 우선시되다 보니 리더가 오히려 뒷전으로 물러나기까지 한다. 리더가 자신의 맘대로 하기가 쉽지 않은 것이다. 따라서 이 시대의 유능한 리더는 기존 조직에 적응하며 조화 속의 변화를 일으키는 사람이 되지 않으면 안 된다.

현대 조직은 구글, 홀푸드, 고어텍스, 애플, H&M처럼 평등 조직이고 수평 조직이며 네트워크 조직이다. 2011년 5월 미국 샌디에이고의 애플 매장에 갔더니 150평쯤 되는 스토어에 판매원이 40~50명은 족히 되어 보이는데, 모두가 '이지 페이Easy Pay' 라는 휴대폰 모양의 단말기를 들고 혼자서 손님을 맞으며 상담하고 판매하고 결제하는 일을 한꺼번에 다 했다. 손님들은 굳이 줄을 서거나 번호표를 받고 기다릴 필요가 없다. 맞아주는 판매 직원과 원하는 내용을 상의하고 물건을 살 수 있다. 융통성 있고 역동적으로 움직이는 조직으로 원하는 물건을 소비자가 당장 사는 매장으로 적합한 조직이었다.

2001년에 히딩크가 한국 축구 대표팀을 맡으며 한 말이 있다. "선수 서로 간에 형, 선배라는 말 제발 좀 쓰지 마라. 나도 퍼스트 네임으로 불러달라."였다. 조직의 평등성을 강조한 발언이었다. 이런 조직에서 필요한 리더는 조언자요 산파일 뿐이지 지배자가 아니다. 이는 꼭 여기에만 해당되는 말은 아니다. 미래 조직은 거의 이렇게 변할 것이다. 위와 아래가 따로 없고 앞서 모범을 보이는 사람을 따라가게 된다. 물론 군대나 경찰 등 생명과 안보를 위해 찰나를 다투어야 하는 조직은 과거와 같은 리더의 역할, 즉 엄격한 규율과 지배와 복종이 요구되지만 말이다.

미래 조직엔 리더가 없다

미래 조직은 평등 조직, 수평 조직, 네트워크 조직, 복잡계 조직, 콜라주collage(미술에서 차용한 단어로, 본연의 특성을 잃은 것이 아니라 각자의 특성을 유지하며 하나의 목표를 위해 결합된 상태를 뜻한다. 그러면서 쉽게 지울 수 있고 고칠 수 있는 특성을 지닌다) 조직 등이라고 말한다. 이 관점에서 공무원의 계급제가 팀제로 전환되었으며, 사회 곳곳에서 계급을 희석시켜 대등한 조직으로 만들려고 한다. 1990년대 초 조직에 계급이 있어야 하는지, 또 우두머리가 반드시 있어야 하는지에 대한 논쟁이 있었다. 이에 대해 피터 드러커는 "배가 순항할 때는 모르지만 난파할 때 하선 명령을 내려야 할 누군가는 있어야 하지 않느냐"고 했다. 계급이 있든 없든, 자신이 조직원이든 리더든 모두 소통해 서로 이해하고 도와 개인이 아닌 조직 전체를 위한 길을 찾는 것이 조직의 궁극적인 목표일 것이다.

미래 조직의 전형으로 불리는 복잡계 조직은 복잡하고 무질서한 기업환경을 어떻게 극복해 조직의 성과를 높일 것인가, 조직과 환경이 별개가 아니라 서로 공진하는 관계라는 것을 인식하고 나아가 윤리적으로도 떳떳할 것인가에 대한 고심에서 탄생했다. 이제 사회는 어떤 정책적 노력에도 불구하고 무질서하고 불안정하며, 평면도 아니고 선형도 아니다. 이런 환경에서 조직의 이해와 전략을 과거의 패러다임만으로 세운다는 것은 불가능하다.

그래서 여기에 사이버네틱스 이론을 도입해 개방 시스템으로서의 조직과 환경의 상호작용을 '필수적 다양성의 법칙Law of Requisite Variety'으로 이해하고, 조직은 복잡한 환경의 변화 속에서 '자체적응성viability'을 확보하고 발전시켜 나가는 '자생체계모형Viable System Model: VSM'으로 상정한다. 이런 시각에서 보면 조직을 효율적으로 운영하는 것은 환경의 다양성에 효과적으로 대응하는 것이다. 국민이 무엇을 원하는지, 소비자가 어떤 상품을 택할 것인지, 미래 사회는 어떻게 변할 것인지를 감안해야 한다는 뜻이다. 그러므로 다양성에는 미래 기술의 변화 추이와 소비자의 기호 변화 등이 포함된다. 조직은 여기에 효과적으로 대응할 수 있도록 구조가 설계되고 운영도 효율적이 되어야 한다. 그러려면 조직이 열려 있어야 하고 동시에 국제 기준에 맞게 윤리적이어야 한다. 한마디로 조직 운영에서 과학성과 윤리성이 강조되고, 이전과는 다른 새로운 시각으로 조직을 보게 된 것이다. 따라서 미래 리더에게는 기존의 관리자적 시각만이 아닌, 경제뿐만이 아니라 사회, 문화, 환경, 윤리 등을 모두 아우르는 폭넓은 시각이 필요하게 된 것이다. 조직의 내형도 많이 변해 요즘에는 책상이나 걸상은 없고 긴 소파 몇 개 덜렁 놓여 있는 넓디넓은 공간이 사무실이다. 조직원들은 노트북 하나 들고 와 소파에 앉아 일을 보고 사람들과 회의하고 각자 흩어져 일 보러 나가는 것이 습관화되기 시작했다.

이렇게 서로 위와 아래가 없어지고 신경을 써야 할 대상이 다양해지는 가운데 어쩌면 미래 조직엔 리더가 없을지도 모른다. 이미 구글, 고어텍스, 애플 매장, H&M, 오르페우스 챔버 오케스트라가 계급을 없앴다. 이에 관해서는 뒤의 창조 리더십에서 다시 말하기로 한다.

또한 학생들에게 하는 강의에서 조직과 리더십에 관한 사례로 〈웨스트 윙West Wing〉, 〈커멘더 인 치프Commander in Chief〉, 〈리멤버 타이탄Remember Titan〉 등의 드라마나 영화를 보여주고 토론을 하게 하는데, 내용마다 리더와 팔로어 간의 관계가 달라져 이를 보여주며 학생들로 하여금 문제를 어떻게 처리해야 하는지를 판단하게 한다. 예를 들어 〈웨스트 윙〉에서는 조직의 리더는 추종자들이 적극적으로 지지하는 가운데 성장하고, 그로 인해 긍정적인 시너지 효과가 나타나 리더의 짐이 가벼워진다. 반대로 〈리멤버 타이탄〉에서는 리더의 노력으로 조직이 변하고 긍정적인 시너지 효과를 낸다. 그런가 하면 〈커멘더 인 치프〉에서는 리더의 뛰어난 위트로 위기는 극복하지만 조직 갈등은 극복하지 못한다. 모두 조직과 상황, 리더십 등의 요소가 어떠한 방식으로 복합적으로 엮이고 해결되는지를 보여주는 좋은 사례다.

말이 아니라 소통이다

"정보의 정확성이 아니라 진심이 오고 갔다는 확신이 있을 때 인간은 소통의 만족감을 느낀다."[2]

건국대학교 신경정신과 하지현 교수의 말이다. 하 교수는 말로든 몸짓이나 얼굴 표정이든 어떤 선입견 때문에 본심이 가려진 형태로 상대방에게 전달될 수 있다고 말한다. 현대인들은 여러 겹의 필터로 방어막을 친 채 대화를 나눈다. 조직을 움직이기가 어려운 이유가 여기 있다. 그래도 우리는 소통을 해야 한다. 리더는 더욱 그렇다. 소통 없이 설득할 수 없기 때문이다. 그럼 소통하는 메커니즘을 하나하나 이야기해보자.

몸이 말한다

소통은 말로만 하지 않는다. 몸과 소리로 한다. 생각과 느낌을 숨에 실어 언어와 몸과 소리로 표현하는 것이다. 특히 몸으로 하는 소통은 간결하면서도 깊다. 몸이 항상 말하고 있기 때문이다. 소리도 목소리보다 몸소리를 더 친다. 스티브 잡스는 엄지와 검지로 동그란 원을 그리며 말한다. 보통 '그렇다' 는 OK 사인을 뜻하지만, 정확한 사고를 하고 계산을 철저히 한다는 표현이기도 하다. 양손의 손가락을 펴서 마주 세우기를 좋아하는 오프라 윈프리는 자신감으로 말하면 따를 자가 없다. 자신만만하다는 몸의 표현을 그렇게 한다. 또한 흔히들 하는 깍지 낀 손의 모습은 강한 확신감을 나타낸다. 말하면서 손을 자주 사용하는 사람이 있는데 허공을 자꾸 가르면 불안해 보인다.

걷는 모습도 보폭을 넓게 하며 활발하게 걷는 사람에게는 믿음이 가지만, 허리를 꾸부리고 천천히 걸으면 활기가 없어 보인다. 팔자걸음을 걷는 사람보다는 모델의 캣워크까지는 아니더라도 턱을 아래로 당기고 배를 밀어 넣고 가슴을 펴고 당당하게 걸어야 상대방을 압도할 수 있다. 바지 주머니에 손을 넣고 걷는 사람과 그렇지 않은 사람에 대한 인상 역시 다르다. 푸틴 같은 리더는 한 손은 바지 주머니에 넣은 듯 고정되고 다른 한 팔을 힘차게 저으며 걷는 특징이 있다. 그가 이미 리더이니까 그런 걸음걸이가 그의 브랜드가 되긴 했지만 양손을 주머니에 넣고 걷는 리더는 거의 없다. 쉬는 자세로 덜 역동적으로 보이기 때문이다. 상대방을 바라보는 눈의 초점도 중요하다.

사람은 첫 대면에서 말보다 몸으로 상대방에 대한 순간적 판단, 예를 들어 믿을 만한가, 거만하지는 않은가, 청을 들어줘도 되는가, 함께 일할 만한가 등의 판단을 하게 된다. 토니아 레이맨이 쓴 《몸짓의 심리학》에서는 "당신이 침묵하고 있는 순간에도 몸짓은 말을 하고 있다."라고 했다. 자신의 몸을 어떻게 사용하느냐에 따라 상대방에게 주는 인상은 달라진다. 따라서 어떤 모습이면 쉽게 소통하고 호감을 줄 수 있는지를 생각하며 전략을 짤 필요가 있다. 또한 재닌 드라이버가 쓴 《당신은 생각보다 많은 것을 말하고 있다》에 따르면, 몸으로 말하는 방식에 '배꼽의 법칙'이라는 것도 있다. 좀 어색한 이야기이긴 하지만 배꼽의 방향이 당사자의 흥미나 지향점을 머리보다 더 정확하게 말한다는 것이다. 이처럼 우리는 자신의 생각을 모두 말로 표현하지는 않지만 표정이나 몸짓으로 많은 것을 말한다. 입을 삐쭉거리거나 눈을 치켜뜨는 것만으로도 어떤 감정을 갖는지를 알게 된다. 소통에 유능한 사람들을 보면 이런 것에 능하다.

몸짓 표현의 백미는 연희단 거래패 김소희 대표다. 서울대 리더십센터 강의에서 학생들에게 한 손에 짜장면 그릇을 들었다고 상상하게 하고 짜장면을 흘리지 않으면서 팔과 몸을 돌리게 하는데, 애써 움직여보지만 쉽지가 않다. 이때 가장 중요한 것은 몸의 모든 관절을 쓰는 것이라고 김소희는 말한다. 관절은 표현력의 기초이며, 몸은 나를 표현하는 또 다른 세계다.

무대에 선 배우가 관객이 반응하는 것에 예의 주시하며 연기를 하듯 리더 역시 그러해야 한다. 또한 내 모습이 정말 나인지 확인하고 또 확인해야 한다. 다른 표현은 없는지 찾아내고 찾아내려고 애써야 한다. 김소희가 강조하듯이 좋은 표현은 앞보다는 뒤에서, 위보다는 아래에서 나타난다. 뒤로 표현하라는 것은 한 박자 쉬며 여유를 가지라는 것과 통한다. 걸을 때는 엉덩이의 모양새에 신경 써야 한다. 척추는 하늘로 당기고, 어깨는 중력에 맡기고, 몸은 위와 아래에서 잡아당긴다고 생각하고 걸어라. 숨도 깊고 천천히, 그리고 길게 쉬어야 한다. 숨을 머금고 있어야 한다. 배우는 숨이 하나 더 있다고 생각한단다. 리더도 마찬가지다. 그것이 힘 있는 소통을 할 수 있는 방법이다. 그래야 카리스마가 있어 보이고 아우라가 있어 보인다.

종이편지의 힘

종이편지는 귀한 소통수단이다. 옛날에 특히 그랬다. 요즘은 이메일로 소통하는 것이 빈번하고 트위터나 페이스북 등 개인적인 소통의 수단이 하도 발달해 옛날처럼 손으로 편지를 쓰는 것이 드물지만 때론 종이에 육필로 편지를 보내는 것이 더없는 소통의 효과를 본다.

편지를 쓸 때는 짧고 간결해야 감동이 크다. 그리고 유머가 있어야 한다. 레이건 대통령은 아버지 부시 대통령에게 생일 축하 편지를 보낼 때, 70세가 된 부시더러 '젊은이young fellow' 나 '어린이kid' 같은 표현을 쓰며 "나는 자네 나이에 새 일을 시작했다."라고 격려하며 마치 어린아이가 장난치듯 썼다. 얼마나 친근한가. 반기문 유엔 사무총장은 젊은 외교관 시절 고속 승진의 미안한 마음을 선후배 동료들 100명에게 보내는 각기 다른 내용의 편지로 대신했다고 한다. 이들의 호감을 살 수밖에 없었을 것이다.

말로 소통하기

언어는 소통의 가장 중요한 수단이다. 소통을 잘하려면 말을 잘해야 한다. 앞의 연설에서도 많이 강조했다. 하지만 청산유수처럼 유창하게 말한다고 무조건 소통이 잘될까?

말은 정확하게 해야 내용 전달도 잘되고 상대방이 잘 알아듣는다. 좋은 리더는 길게 말하지 않는다. '지식의 저주' 에 사로잡혀 유식한 척 혼자 떠드는 것은 삼가야 한다. 간단명료하게 말하는 습관을 길러야 한다. 말로 받는 스트레스가 부하의 심장발작률을 20퍼센트나 높인다는 연구도 있다. 말로 천 냥 빚도 갚지만 말로 평생 원수를 질 수도 있다. 말을 잘하는 것은 그래서 중요하다. 또한 소통에 있어서는 듣는 사람의 자세도 중요하다. 말로 표현하지 못하는 말과 말 사이, 문장과 문장 사이를 읽을 줄 알아야 한다. "안광이 지배紙背를 철한다."라는 말이 있다. 종이 뒤까지 읽어낸다는 뜻이다. 방송인 유정아는 리더십센터 강의에서 상대방의 마음속에 들어가는 것이 소통의 지름길이라고 했다. 말을 할 때는 발음의 정확도, 크기, 스타일, 속도, 포즈, 고저, 강약, 군말, 눈 맞춤, 표정, 제스처, 자세, 동작, 적응력 등 모든 것을 하나하나 신경 써야 한다. 전달하는 내용에 흠이 없어야 하는 것은 기본이다.

그런데 말 잘한다고 모두가 인정하는 아나운서라 할지라도 잘못된 표현을 남발하는 경우가 많다. 뉴스를 한 시간 전에 예고하면서 "잠시 후에 뵙겠습니다."라고 한다. 한 시간이 어떻게 잠시인가? 또한 일반 사람들도 많이 쓰는 표현 중에 "무엇을 하도록 하겠습니다." 같은 내가 나를 시키겠다는 사동 표현을 아무렇지 않게 쓴다. 교통안내 방송에서 도로가 막히는 상황을 "어렵다."라고 표현하는데 길이 막힌다거나 속도 내기가 힘들다고 하면 될 것을 어렵다고 한다. 구어적인 표현으로 많이 쓰는 '없어가지고', '그래가지고'의 '가지고'나 '죽어버리고', '잠들어버리고', '깔려버리고'의 '버리고' 역시 구어의 특성이라고 치부하기에는 문제가 많다. 단어를 적절히 구사하지 못하는 경우는 허다하다. 김태호 의원이 총리 후보 청문회 때 "나는 소장사의 아들"이라고 하는 것을 듣고 소장수를 경상도에서는 소장사라고 하나 의아했다.

말에서 논리가 약한 것은 아마도 이 나라 리더들의 기초교육이 부족하기 때문일 것이다. 특히 서양과 달리 언어표현 교육이 제대로 되지 않아서일 것이다. 2003년 봄 갓 취임한 노무현 대통령이 젊은 검사들과 강금실 전 법무장관 임명 건으로 생방송 토론회를 가진 적이 있다. 그때 젊은 검사들은 장관을 정치인이라고 했고 대통령은 한사코 그렇지 않다고 했다. 대통령은 정당인이나 국회의원을 정치인이라 생각했을 것이고, 검사들은 장관은 관리직이 아닌 정무직이니 정치인이라고 생각했을 것이다. 그러나 내 귀에는 대통령과 검사 모두 '대상언어'와 '메타언어'의 차이를 모르고 하는 말로 들렸다. 실은 모두가 다 옳게 생각하고 말했던 것인데 입장이나 해석의 차이 때문에 대화의 틈이 생긴 것이다. 또 우리나라 리더들이 제일 잘못 쓰는 것 중 하나가 '실체적 진실'이라는 표현이다. 진실은 실체적일 수가 없다. 진실이나 진리조차도 그 체계 안에서만 타당할 뿐인 것을 리더들은 마치 진실도 진리도 있는 줄 알고, 게다가 실체까지 있는 줄로 강변하고 있다.

또한 말의 논리라는 측면에서 역설을 잘 알고 있는 것은 중요하다. 앞에 나온 이야기지만 이발사가 "집에서 머리를 깎지 않는 사람만 이발을 해주겠다."라고 말하는 순간, 그곳이 집이자 이발소였던 그는 그만 자가당착에 빠져버린다. 자신의 머리를 깎을 수도 깍지 않을 수도 없게 되는 것이다. 이를 '러셀의 역설'이라고 한다. 러셀의 역설은 19~20세기 집합론의 중요한 이슈 중 하나였던 선택공리로 연결되고, 결국 그 선택공리를 전체 집합론에 포함시켜도 되고 시키지 않아도 된다는 것이 증명되었다. 나아가 어떤 체계라도 그 체계 안에서 증명이 안 되는 정리가 있을 수밖에 없다는 '괴델의 불완전성 원리'로 연결된다. "나는 화살이 날지 않는다."라는 '제노의 역설'은 화살이 날아가고 있는데도 날지 않는다는 모순된 말이지만, 움직임의 동작은 매 순간 정지된 것들의 연속이라는 것을 실험에서 밝혔다. 크레타 섬 출신의 사람이 "크레타 섬에서는 모든 사람이 거짓말을 한다."라고 말한다는 '크레타 패러독스'도 있다. 역설을 잘 활용하면 말싸움에서 지지 않을 수 있다.

잘못된 논리의 대표는 '선언지 긍정의 오류'다. 대전제부터 오류를 범하는 것인데, 말하자면 포괄적 의미로 쓰는 '또는'과 배타적 의미로 쓰는 '또는'을 혼동해 이해할 경우 발생한다. 이를테면 "국회의원은 신뢰하기 어렵든지 사익만 추구하든지"라고 하고, 다음에 이어서 신뢰하기 어렵다고 하면 사익은 추구하지 않는 것으로 결론을 내리는 것이다.

글로 소통하기

글로 소통하는 것도 쉽지 않다. 중앙일보의 남윤호 선임기자는 강의에서 '80자 룰'을 철저히 지키라고 말한다. 문장이 너무 길면 그 뜻을 이해하기가 쉽지 않기 때문이다. 대표적 글쟁이가 송호근 교수란다. 긴 글이라 하더라도 고 정운영 박사처럼 풍부한 감성과 논리로 무장하면 문제는 없지만 말이다. 박완서와 김훈 중 누가 더 글을 잘 쓰느냐는 우문처럼 글 쓰는 스타일에 정형은 없지만, 읽기 편하고 앞뒤를 다시 살피며 애써 이해하려고 노력하지 않으면 잘 쓴 글이다. 또한 조사 대신 쉼표를 사용하거나, 도치법이나 전치법 등을 잘 활용하면 문장의 긴장감도 주고 맛도 살릴 수 있다.

글쓰기의 어려움은 어제오늘의 이야기가 아니다. 남영신 국어문화운동본부 회장은 오래전 서울대학교 리더십 강의에서 서울대학교 졸업식에서 한 어느 총장의 식사에서 6가지 틀린 표현을 골라냈다. 단 두 단락에서 찾아낸 것이 그렇다. 그중 하나가 우리가 자주 틀리는 표현으로 "시대가 변화하는데"인데 "시대가 변하는데"가 맞는 표현이다. 지금도 서울대학교 인터넷 홈페이지에는 다른 게재이지만 '변화하는'이라고 쓰여 있다.

나는 오래전부터 신문에 글을 기고해왔는데, 80년대 어떤 분이 매번 내가 쓴 신문 칼럼을 그대로 오려 빨간색 볼펜으로 틀린 곳을 일일이 고쳐 편지봉투에 넣어 보낸 적이 있었다. 처음에는 거부 반응이 일었지만, 자세히 보니 지적된 내 표현이 거의 다 틀린 표현이었다. 나중에 알고 보니 그분이 이오덕 선생이었다. 뵌 적은 없지만 그 후로 늘 고마운 마음을 새기며 글을 쓰곤 했다.

소통은 쉽지 않다. 몸으로도, 말로도, 글로도 그렇다. 하지현 교수는 말이 통하지 않는 사람들과 일하고 관계를 맺어야 하는 현실에서 한국인에게 맞는 코드가 따로 있다고 말한다. 말하는 내용보다 말투나 어조에 신경을 쓰는 것이다.[3] 명령조로 말하는 사람이 있는가 하면 크게 소리를 높여 떠드는 사람도 있다. 또 힐문하듯 속을 후벼 파는 말투도 있다. 리더는 글로 표현하는 것은 물론 소리의 톤부터 음색까지 조심해야 한다. 음색이 곧 교양이기 때문이다.

리더, 정책으로 말하라

정책은 능력 평가의 시험대

정부는 정책을 마구 만들어낸다. 각 부처는 서로 경쟁하듯 정책을 만들고 시행한다. 정부는 정책을 만들어내는 '공장'이라고 보면 된다. 정부의 정책은 그 영향력도 크고 미치는 범위도 넓기 때문에 중요한데, 그중에서도 정책의 최종결정권자인 리더의 역할이 중요하며, 공공부문의 리더는 정책으로 자신을 이야기한다 해도 과언이 아니다. 그러니까 사람도 중요하지만 정책으로 리더의 이미지가 형성되는 셈이다. 성장 일변도의 정책을 주장하는 리더와 분배 위주의 정책을 주장하는 리더의 이미지가 같을 리 만무하다. 근자에 이슈가 되었던 무상급식에 관한 것도 마찬가지다. 그리고 여기서 한 가지 밝혀야 할 것은 공공부문에 있는 장관이나 시장이나 도지사만이 정책으로 많을 것을 바꾼다고 생각하는 것은 오해다. 국회의원들 역시 법을 제정하거나 개정해 제도와 정책을 바꾸어 큰 영향을 미친다. 안철수 교수가 국회의원보다는 시장이 많은 것을 바꿀 수 있다고 말한 것은 단견이다. 장들 역시 여러 제약을 받아 법과 제도, 그리고 정책을 마음껏 바꾸지 못하는 것이 기업과 다른 공공부문의 특성이다.

요즘 가장 주목받는 '복지정책'을 예로 들어 이야기해보자. 2011년 2/4분기 통계를 살펴보니 우리나라 상위 20퍼센트의 소득이 지난 10년 새 55퍼센트 늘었다고 한다. 이들이 차지하는 소득이 전체의

• 〈그림 9〉 소득 상위자와 하위자 간의 소득 격차 • (단위: 원)

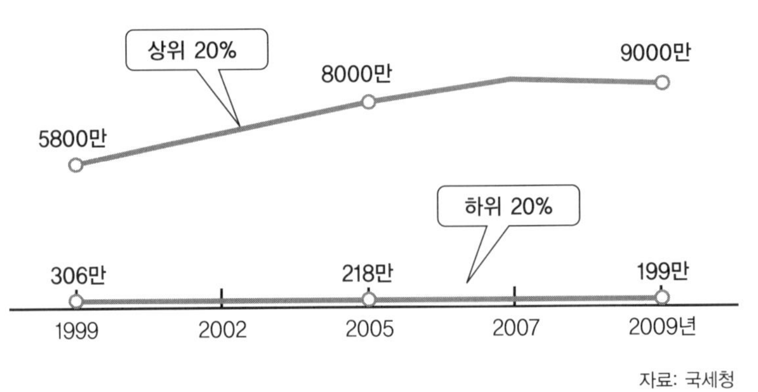

2/3이나 된다. 반면 하위 20퍼센트의 소득은 35퍼센트가 줄었다. 억대 연봉을 받는 사람이 20만 명이고, 하위 20퍼센트의 평균 연봉은 1480만 원이다. 지난 10년 동안 이 격차는 늘고 있고, 날이 갈수록 그 골이 더 깊어질 가능성이 크다. 정부는 이 문제를 정책으로 해결하려고 애쓰지만 많은 쪽은 더 많이, 모자라는 쪽은 더 모자라는 현상이 바뀌지 않을 것 같다. 불균등 분배를 말하는 지니계수Gini Index도 우리나라는 세계 순위 17위에 내내 머물러 있다.

복지정책의 대표인 스웨덴은 그동안 넉넉하게 편 정책의 페이 오프pay off로 재정이 어려워지자 지금까지의 복지국가 정책을 시장-국가 정책으로 바꾸고 있다. 2009년까지 외치던 글로벌화나 유럽화 대신 반글로벌화나 유롤로지를 주장하며 공존을 위한 사회계층 간의 타협과 협상을 강조하는 세력이 스웨덴의 정치와 문화의 주축이 되고 있다.

복지는 어느 나라에서나 중요한 문제다. 복지정책을 둘러싼 갈등은 점점 늘고 있다. 뉴욕 시는 운수노조를 시작으로 경찰, 소방, 교사, 환경미화 등 각 직업 집단에서 도미노처럼 일어난 연봉 인상을 둘러싼 파업에 존 린제이 당시 뉴욕 시장이 손을 들었다. 우리나라도 이러한 사례는 흔하다. 복지를 둘러싼 '전쟁'은 계속 늘고 있다. 이때 협상한답시고 이면계약으로 야합을 하다 보면 자승자박하는 결과를 낳는다. 1990년대 중반쯤 당시 수잔 골딩 샌디에이고 시장이 상원의원으로 진출하기 위해 필요한 공화당 전당대회 비용을 공무원의 퇴직연금에서 끌어다 썼다. 노조가 야합해 이를 묵인하는 대신 퇴직연금을 증액하는 반대급부를 챙겼다. 하지만 테러, 닷컴 붕괴,

금융사고 등으로 주가가 폭락해 연금재정이 적자를 기록하자 문제가 생겼다. 이처럼 당장은 문제가 풀린 듯 만족하게 될지 모르지만 나중에 짐이 되어 부메랑처럼 부담으로 돌아온다. 이를 근거로 당선된 경우 후에 곤욕을 치른다. 우리나라에서는 전임자 책임을 떠안은 송영길 인천시장이 대표적인 예다.

선거를 앞두고 대권주자들의 복지정책을 두고 벌써부터 갑론을박이 벌어지고 있다. 박근혜 의원은 세금은 줄이고 규제를 풀어 법질서를 세우는 것을 핵심으로 삼았다. 한나라당의 정책 기조는 겉으로 친서민정책을 표방하지만 대기업 위주의 감세까지 서슴지 않으려고 했던 것을 보면 진정한 의미의 서민을 위한 복지정책을 펴게 될지 의문이다.

앞으로 정책을 이끄는 리더들의 고민의 중심에 양극화가 자리 잡을 것이다. 자본주의 경제의 약점이고 한계이긴 하지만, 일정 집단을 보호하겠다며 천문학적 예산을 투입해도 결과는 혜택이 골고루 돌아가지 않고 엉뚱한 집단이 이득을 보게 된다. 그러니 결과적으로 부익부 빈익빈이 줄기는커녕 그 틈이 더 벌어지게 된다.

그래도 정책 없이 정부가 지탱할 수 없으니 리더들의 고민은 밤낮으로 이어질 수밖에 없다. 앞으로 정책이 살아남을 방향은 정책을 융합하여 구상하는 것이다. 나는 70년대부터 정책 메트릭스policy matrix라는 표현을 썼다. 그땐 융합이라는 개념을 잘 쓰지 않았지만, 비슷한 의미다. 정책 메트릭스란 정책을 따로따로 보지 말고 관련되는 것을 묶어 한꺼번에 보자는 취지다. 두 개의 정책을 종과 횡, 그리고 주축principle axis 따라 보라는 뜻이다. 메트릭스에서 주축이란 좌에서 우로 대각선 따라 내려 그어지는 선을 이른다. 예를 들어 환경 정책과 산업정책을 같이 놓고 보자는 것이다. 인권정책과 안보정책 역시 마찬가지다. 물론 이들의 정책 논리는 서로 딴판이다. 그러니 더욱더 같이 보아야 한다는 것이다. 그러나 담당 부처가 각기 달라 자기네 이해만 감싸려고 드니 정책으로 문제를 풀지 못한다. 세포 각각은 유전자를 바꾸지 못한다. 세포군이 바꾼다. 오늘에 와서 정책융합 아이디어를 내는 것이 새삼스럽지 않다. 늦지 않았으니 정부와 리더들은 이런 새로운 인식을 가져야 할 때다.

정책결정 모양새

리더와 조직이 하나인 것처럼 리더와 정책 역시 하나다. 리더가 하는 가장 중요한 일이 의사결정과 더불어 정책을 정하는 일이다. 정책의 내용도 갖가지다. 공공부문의 일로 말하자면 인권, 환경, 산업, 교육, 통일, 국방, 안보 등 다양하다. 또 다른 기준으로 분류하면 분배정책, 재분배정책, 규제정책 등이 있다. 기업도 생산, 관리, 홍보, 판매 등의 기본 정책과 전략은 리더의 몫이다.

리더는 정책으로 문제를 풀려고 애쓰지만 그리 만만하지 않다. 선거 때 정책 공약을 수없이 하지만 약속은 잘 이행되지 않는다. 역대 정부 내내 그랬다. 여기에서는 이명박 정부의 정책을 예로 들어 살펴보겠다.

이명박 정부는 747 경제를 공약으로 내걸고 등장했다. 연 7퍼센트 성장에 10년 안으로 일인당 국민소득 7만 달러, 그리고 7위 경제대국 등이 목표였다. 그러나 4년이 되어가는 현재 성장률은 모두 합쳐야 7퍼센트 수준이고 소득은 2만 달러, 그리고 경제 순위는 15위로 물러앉았다. 공교육 살리기와 영육아 보육 등의 교육 관련 공약도, 자영업자 살리기와 같은 국민생활 향상에 관한 정책도 거의 효과를 보지 못하고 있다. 정책은 기대 이상의 희망을 줄 수도 있지만 실현되지 않을 경우 실망을 안긴다. 정부는 신뢰만 잃게 된다. 경제라는 것이 〈이코노미스트〉의 에세이가 지적한 대로 지진처럼 예측하기 힘들긴 해도 위기에 대비한 공약도 준비했어야 옳았다. 폭을 잡아 제일 좋은 때는 얼마, 제일 나쁠 때는 얼마 식의 범역을 정해 약속하는 생각은 왜 못할까?

리더들이 정책을 결정하고 집행하는 이론에는 여러 가지가 있다. 먼저 권력 모델이다. 엘리트에 의한 과두제가 인간 사회에서는 피할 수 없는 철칙이라고 한다. 모스카Mosca, 파레토Pareto, 미첼스Michels 등은 창조적 능력을 가진 소수 엘리트들이 책임과 사명, 그리고 능력 등 세 가지 요소를 겸비해 사회를 지배한다고 말한다. 다수의 대중들은 이들의 의사에 따르기만 하면 된다는 지극히 고전적 엘리트론이다. 문제는 이들이 사회 전체의 이익과 상관없이 자기네 이익을 중심으로 의사를 결정해 책임을 지지 않는다는 점이다. 고전적이지만 시대를 긍해서 변함없는 것이 국민을 슬프게 한다.

여기에 미국의 엘리트론이 가세해 또 다른 권력 모델을 낳았다. 미국 정부의 고위직은 권력 엘리트들이 장악하고 있고 역사적으로 중요한 결정은 이들이 다 했다. 이들은 '담배연기 자욱한 방'에서 자기들의 이익에 반하지 않는 결정을 하고 대중더러는 따르라고 한다. 지금 같으면 어림없는 듯하지만 정책결정의 실체가 크게 다르지 않을 것이다. 이들 정책에는 밝은 면과 어두운 면이 있다. 자신들에게 불리하면 거론조차 못하게 하는 힘이 작용한다. 이를 무의사결정론non-decision making이라고 하는데, 이것이야말로 권력자들의 은밀한 게임이다. 이 나라 국회가 국민으로부터 외면당하는 이유다.

이런 이론들도 세월을 이기지 못했다. 로버트 달Robert Dahl은 예일대학교가 있는 뉴헤이븐 시의 도시정책이 170년 동안 어떻게 결정되는지를 연구했다. 그리고 엘리트가 모든 정책 영역에서 지배적인 권한을 행사하는 것이 아니라 대중의 의사에 민감하게 반응한다는 사실을 알아냈다. 차기 선거를 위해 대중의 선호를 가리지 않으면 안 되기 때문이다. 일반 대중의 이익만이 아니라 이익집단의 이익도 중요했다. 또한 이들은 중복해서 집단에 가입하고 있기 때문에 자신들의 이익을 지나치게 극대화하지 않는다는 사실도 알아냈다. 이것이 이른바 다원형 권력 모델인데 우리나라는 아직 이 수준에 이르지 못했다.

가장 큰 이익집단인 기업은 자신들의 이익이 정책에 반영되게 하기 위해 다양한 수단을 활용한다. 특히 대기업일수록 자신의 이익을 극대화하는 데 양보하지 않는다. 정부가 동반성장을, 언론이 자본주의 4.0을 외치는 이유다. 따라서 정부는 방관하기보다는 기업과 결탁하는 경우가 많다. 이와 동시에 정부는 자신들의 이익 역시 포기할 수 없기 때문에 국가 이익을 빙자한 지배연합을 형성해 권력의 영역을 확대한다. 다시 말해 산하기관을 만드는 등 정부기관을 쪼개는 것이다. 이렇게 분할된 조직들은 감시하고 견제하지 않으면 안 된다. 신베버주의적 관점이 바로 이것이다.

하지만 인지가 발달하고 민주주의가 확대되면서 정책이 이익 극대화에만 집착할 수 없게 되었다. 정책결정에서 합리주의 모형이 등장할 수밖에 없는 배경이다. 이제 결정자들은 이성과 합리성을 기반으로 최적의 대안을 모색해야 한다. 한 · 미 혹은 한 · 유럽 FTA를 성사시키기 위해 김현종 통상본부장이 비이성적·비합리적으로 국가와 국민의 이익을 포기하지는 않을 것이다. 다만 상대적으로 농산품을 희생하고 공산품의 이익을 증대하는 데 대한 집단 간의 이해 충돌을 정부가 잘 조화시켜야 하는 것이 과제다.

이 과정에서 결정이 얼마나 합리적이냐에는 의문이 따른다. 의문을 제기한 대표적인 인물이 허버트 사이먼이다. 그는 만족 모형이라고 해서 최적보다는 현실에 만족할 수 있는 그럴싸한 대안을 찾아야 한다고 했다. 결정권자의 인지적 제약 때문에 주관적 합리성에 머물 가능성이 높기 때문이다. 그럼에도 불구하고 최적의 상태를 찾아야 한다는 사람이 있다. 이스라엘 교수 드로어Yezekil Dror다. 그는 전례가 없거나 매우 중요한 문제를 결정할 때에는 경제적 합리성에 더해 직관과 창의력 같은 힘을 보태 판단해야 한다고 말한다. 한편 다원주의 사회에서는 여러 이해가 서로 부딪쳐 상반되기 때문에 현실성을 고려해 서로 양보해 약간의 향상을 기대하는 수준에서 결정하자는 점증주의적 입장도 있다. 다원주의적 성격은 아니지만 점증주의 입장대로 오세훈 시장이 2011년 8월 무상급식 문제로 시장직을 걸 것이 아니라 민주당이 지배하는 시의회 의원들을 설득하고 협상하고 서로 양보하는 정치를 했으면 좋았을 것이다.

엘리슨은 집단의 성격에 따라 적용할 수 있는 결정 모델이 따로 있다면서 자기 이름을 붙여 합리 모델, 조직 모델, 관료정치 모델이라는 세 가지 모델을 만들었다. 합리 모델이 생각하는 조직관은 조정과 통제가 잘되는 유기체 조직으로, 이 조직은 조직원들이 목표를 공유하고 응집력도 강하며 최고권력자의 지시와 명령이 일관되게 정책을 아우른다. 조직 모델이 생각하는 조직은 하위 체계의 연결이 느슨하고 목표 공유나 응집력이 그리 강하지 않다. 따라서 정책결정도 일관성을 지키기보다는 각 체계에 맞게 유연하게 대처해야 할 필요가 있다. 관료정치 모델은 조직을 독자적인 개개인의 집합체로 본다. 그래도 응집력은 조직 모델보다 낫다. 다만 조직이 제각기 이해를 앞세워 전체 조화에 역행하는 일을 범한다. 하지만 각각의 집합체가 다양한 관점에서 정책을 보기 때문에 새로운 결정을 할 수도 있다.

결정의 원리가 정치적 게임과 타협인 것이 당연하고 자연스럽다. 1961년 쿠바 미사일 위기 때 미국 정부의 여러 기관(국무성, 국방성, 합참본부, 해군, 공군, CIA 등)들이 내놓은 대안들은 최선을 모색하면서 타협한 관료정치 모델의 산물이라는 평을 듣는다.

끝으로 쓰레기통 모델을 소개하겠다. 이 모델에 따르면 의사결정은 문제와 해결책, 참여자, 의사결정 기회 등 네 가지 혼재하는 요소가 독자적으로 흘러 다니다가 한 통 속에 우연히 모여 이루어진다는 것이다. 보통 결정에 참여하는 사람들은 서로의 선호가 명백하지 않고 참여하는 시간도 서로 다르고 분석기술도 다 달라 정말 어쩌다가 결정이 이루어지게 된다는 것이다. 이것이 정책결정의 실재인지도 모른다. 현실 정치에서는 국회에서 하는 '진 빼기' 나 '날치기 통과' 같은 것을 생각하면 된다.

결정을 잘하려면 불확실한 상황을 전제하고 이를 잘 추슬러 손해를 줄일 수 있는 만큼 줄이면서 합리적인 것과 비합리적인 것을 모두 고려해야 한다. 결정할 자신이 없으면, 시간을 벌거나 정보를 더 얻거나 신축성을 사라고 조언한다. 개인의 이익이 우선되느냐, 집단의 이익이 우선되어야 하느냐도 결정에 영향을 미치는 요인이다.

리더의 정책결정만큼 중요한 것도 없다. 그런데 한국의 리더들 중 많은 사람들이 정책결정에 익숙하지 않은 듯하다. 정책이 어떻게 형성되고 집행되고 평가되는지도 잘 모르고 또한 복잡하기 그지없는 과정을 세심하게 연구하고 들여다볼 기회를 가져보지도 못한 채 리더 반열에 선다. 정책결정이라는 것이 그저 아는 사람, 높은 사람에게 뛰어다니면서 부탁해서 될 일이 아니다.

게다가 우리를 슬프게 하는 것은 정책을 아무리 잘 만들어도 효과가 기대만큼 나지 않는다는 것이다. 문제는 풀리지 않고 귀한 자원만 낭비하고 만다. 그래서 미국에서도 정책결정자들의 뇌수를 바꿔치기하자는 희화적인 이야기까지 한다.

리더, 키울 수 있다

리더도 훈련이 필요하다: 서울대 리더십 강의 모듈

리더는 저절로 탄생하기도 하지만 대개는 선출이나 임명의 방식으로 된다. 언제 어떤 식으로 리더가 될지 모르지만, 리더가 되기를 원하는 사람이나 장차 리더가 될 사람들은 리더가 되기 위한 준비와 훈련이 필요하다.

서울대학교 리더십센터는 이러한 준비와 훈련에 중요한 역할을 하는 곳이다. 리더십센터에는 다양한 강좌가 있지만, 그중에서 2010년 가을 한가람고등학교, 2011년 봄 현대고등학교 학생들을 위해 준비한 프로그램 하나를 소개하고자 한다. 이 프로그램은 미래 리더를 위한 것으로 총 10강으로 구성되어 있다.

• 〈표 2〉 고등학교 학생들을 위한 리더십 프로그램 •

주차	강의명	내용
1	미래 사회가 요구하는 리더는? 리더십에도 스타일이 있다!	– 미래 사회가 요구하는 리더 – 우리는 어떤 리더가 되어야 할지에 대해 생각해보는 기회 – 한국공공리더십지수(KPLI) 개발 history – KPLI Test: 자신의 리더십 스타일 진단
2	[체험학습] 통영국제음악제, 서울대생들과 멘토링	– 매년 봄, 가을에 개최되는 통영국제음악제 견학
3	미술로 표현하는 우리의 내면과 일상	– 서울대 미술관을 방문하여 미술 작품을 관람 – 미술관 주변 서울대 투어
4	노벨상 수상자 이야기	– 노벨상을 수상한 과학자들의 이야기를 통해 훌륭한 성취를 이루기 위해서 필요한 자질, 태도 학습
5	말로 표현하기: 리더의 연설과 커뮤니케이션	– 연설을 통해 타인을 설득하고 소통하는 방법 학습
6	몸으로 표현하기: 리더는 배우다	– Role Play – 자신의 느낌, 생각을 온몸으로 표현하기 – 몸짓언어를 통해 타인과 소통하고 설득하기
7	내일에는 무슨 일이 일어날까?	– 미래 사회를 다른 영상자료를 통해 알아보는 다가오는 변화된 세상의 모습
8	Lecture Concert	– 바흐의 골드베르크 변주곡(Goldberg Variations)
9	권력은 봉사다	– 리더의 공공성 추구와 사회에 대한 헌신과 봉사가 빚어내는 우리 사회의 긍정적인 변화들
10	합평회	– 수료식 – 참여소감 및 리더십 프로그램 평가

프로그램을 살펴보면, 리더십에 대한 기본 강의부터 음악이나 미술과 같은 언뜻 보면 관련 없어 보이는 내용까지 다양하다. 리더십 교육에서 음악 강의가 중요한 이유는 화음과 조화 때문이다. 음악을

모르면서 이견을 조화시키겠다는 것은 말이 되지 않는다. 또한 음악은 상상력과 인내심을 기르는 데 도움이 되고, 음악의 변주와 리더의 응변은 그 맥락이 같다.

리더십센터의 훈련 방식은 예술지향적이고 미래지향적이라는 특징이 있다. 또한 이론도 이론이지만 실제에 더 다가가려고 애쓴다. 창조적 상상력을 키우기 위한 방법들도 가르친다. 훈련의 기본 틀로 분석과 종합의 세계, 창조의 세계, 실천의 세계를 상정하고 이 세 가지 세계의 교집합에 리듬이 있다는 것을 강조한다.

나는 얼마짜리일까: 리더가 자신을 모르면

리더가 되기 위해 첫 번째로 가려야 할 것은 내가 나를 얼마나 알고 있느냐이다. 값으로 따져 내가 얼마짜리일까라고 표현해도 좋다. 리더 중에는 자신의 값이 얼마인지 모르는 사람이 많다. 물론 사람을 값으로, 그것도 돈으로 따질 수는 없다. 하지만 현실에서는 많은 사람들이 값을 매기며, 주가로 인기를 측정한다. 9·11테러의 희생자가 받은 보상은 사람에 따라 큰 차이가 났다. 금융회사 간부는 76억을 받았지만, 불법체류 요리사는 2억을 받았다. 그 사람의 인격까지 계산할 수는 없겠지만, 이처럼 실제로 사람의 '몸값'을 돈으로 환산해야 할 경우가 있다. 따라서 값으로 따지든 인기로 따지든 능력으로 따지든 리더십 교육의 요체는 자신이 누구인지를 제대로 알게 하는 것이 바탕이 되어야 한다고 해도 무리가 없을 것이다.

자신의 '값'은 어떤 인생을 사느냐에 따라 달라진다. 우선 고등교육 이상을 받으면 값이 올라간다고 보통 생각한다. 그래서 좋은 대학에 들어가려고 안간힘을 쓴다. 하지만 좋은 대학에서 엘리트 교육을 받는다고 내 값어치가 올라가고, 나의 내일이 보장될까?

5년 전쯤의 일이다. 내가 가르치던 학부 강의에 매일경제신문 장대환 사장이 강의를 한 적이 있다. 그는 현란한 최신 자료와 함께 성공해 세계인이 되는 것이 시대의 흐름이라고 했다. 또한 다른 강의에서 최재천 교수는 사상가의 삶을, 박원순 변호사는 남을 앞세우는 큰 봉사자의 삶을 이야기했다. 그 다음 시간에 학생들에게 어떤 사람이 되고 싶으냐고 묻자 300명의 학생 중 각각 12명이 최 교수와 박 변호사의 말에 동의했고, 나머지는 손을 들지 않았다. 나머지 학생들은 세속적인 성공과 봉사자로서의 삶 모두를 포기하지 못한 듯했다. 어느 쪽이 더 값어치 있는 삶인지 결정하는 것은 쉽지 않다.

예일대학교와 클리블랜드 주립대학교의 교육을 비교하며 쓴 어느 글에서는 일류대학 학생일수록 세 가지가 부족하다고 했다. 첫째는 다른 계층의 사람들과 소통할 줄 모른다는 것이다. 학교에서야 인종과 문화를 익히고 소통도 잘해야 한다고 배우지만, 현실에서는 집에 온 하수구 배관공과 단 한마디의 대화도 힘들다. 둘째는 엘리트 교육을 받은 학생들 대부분은 자신의 값어치를 잘못 알고 있다는 것이다. 지금의 성적이나 위치에 집착해 정작 내가 누구인지, 자신의 운명이나 정체성과 연관된 세상의 실재가 어떠한지 잘 모른다. 셋째는 다양한 경험 없이 오로지 성공하는 능력에만 집착하다 보니 위험을 회피하려고만 드는 지극히 비지성적이고 반직감적인 인간이 되어

간다는 것이다. 다양한 경험과 시도에서 오는 실패와 좌절은 빌 게이츠나 스티브 잡스, 안철수 등이 항상 강조하는 중요한 덕목이다.

대학 교육을 받는다는 것은 지식인이 된다는 것이고 나아가 지성인이 되기를 기대한다는 의미가 들어 있다. 대학은 직업을 얻기 위한 준비 과정만이 아니다. 마음을 다듬는 과정이기도 하다. 하지만 현실은 교육이 실재와 동떨어진 개념적이고 분석적인 수준에 머물고 있고, 사회적 · 감정적 · 창조적 지능을 외면하고 있다. 의문투성이 사회를 제대로 이해하지 못하고 허공에서 허우적거리고 있다.

마음을 다듬기 위해서는 근본적인 질문에 목말라야 한다. 머리 좋고 사려 깊고 창의적이더라도 엘리트 교육이 그어놓은 선 안에서 색깔 고르기에만 몰두할 뿐 길고 먼 지적 여정을 외면하는 것은 대학 교육의 본질을 외면하는 것이다. 나아가 다음 세대가 나아질 것이라는 기대 역시 뜨거운 얼음을 만지는 것과 같은 일일 것이다. 실패의 두려움을 씻어내고 위험을 마다하지 않고 도전하며 상상력과 용기를 키우며 '내 작은 아이디어 하나'를 위해 열정을 발휘한다면 당장은 아니더라도 미래는 내 것이 된다. 페이스북의 창시자 주커버그를 보라. 서울대학교 야구부를 맡은 이광환 감독은 지는 것을 배우는 것도 큰 교육이라고 했다.

다시 말하자면 대학의 리더십 교육은 나 자신이 누구인지를 아는 것에서 출발한다. 그 다음은 나와 너의 관계를 아는 것이다. 그러다 보면 점차 세상을 알게 된다. 이 과정에서 자연학과 인성학에 대한 훈련은 필수다. 붕어빵 찍어내듯 단순 재생산에 급급한 지금의 대학 교육으로는 시간에 쫓겨 쉴 틈도, 혼자 생각할 틈도 없이 돌이킬 수 없는 4년을 보내다 사회에 내던져져 무경험자보다도 더 치욕적인 '무비전자' 라는 상표를 지울 길이 없을 것이다.

대학이 리더를 키우지 못하는 까닭

오늘의 대학 교육에 대한 질타가 많다. "우리 교육 현실은 용감한 전사warrior를 기르는 잔혹한 훈련만 있을 뿐 품격 있는 기사knight를 양성하는 덕성 교육은 퇴색하고 있다."라는 비판도 있다. 나도 2011년 봄 오연천 총장에게 서울대학교의 지식 교육, 인성 교육, 리더십 교육이 모두 격에 미치지 못하고 있다는 보고서를 제출한 적이 있다. 학문의 전당이라 불리는 좋은 대학에 들어가 값진 교육을 받는 것만으로도 촉망받는 장래를 기대했다. 하지만 이제 상황이 많이 달라졌다.

지금까지 대학 교육은 '교육=성공 또는 출세' 라는 세속적 등식에 안주했다. 그런데 대학 졸업생들이 사회에 진출해 진정 훌륭한 삶을 살았는지, 이 나라가 안고 있는 갖가지 문제를 해결하는 데 앞장서고 있는지에 대해서 반성할 때가 되었다. 고등교육을 받은 인재에 대한 비판과 더불어 대학 교육에 대한 생각 역시 새롭게 해야 할 시기가 되었다.

시대가 급변하면서 사회의 수요와 욕구가 달라지는 것은 당연하다. 기존 인식을 수정하고 자성하지 않으면 새로운 변화에 적응하지 못하기 때문이다. 대학 교육도 예외가 아니어서 학문과 교육에 대한 오해와 왜곡과 기대를 바로잡아야 한다. 대학의 본질이 지적 만남의 공간을 제공한다는 지금의 인식은 맞는지, 학문에 대한 오해는 없는지, 대학과 사회는 어떻게 연결되어야 하는지, 대학 교육이 바람직한 인재를 육성하고 있는지, 리더십 교육은 제대로 하고 있는지 등에 대해 머리를 맞대지 않으면 안 된다.

대학의 본질

대학은 쇼레schole라는 어원대로 여유로운 곳이다. 지금은 지나치게 각박해져 교육의 본질이 크게 훼손되었다. 대학은 교수와 학생이 공부하고 서로 가르치는 곳이다. 이 말에 담긴 의미는 매우 크다. 교수가 학생에게 일방적으로 가르치는 것은 대학의 본질이 아니다. 교수가 학생들을 가르치면서 학생으로부터 많은 것을 배우고 느껴야 한다. 미국 대학 교육이 전범이 되는 이유는 교수가 학생에게 끊임없이 질문하고 학생들은 답하고 토론하는 가운데 서로의 생각을 확인하고 다르더라도 이해하려고 노력하기 때문이다. 우리는 학생들이 수업 중에 질문하는 경우가 거의 없다. 빨리 수업이 끝났으면 하는 마음만 앞선다. 그러고는 강의가 끝난 뒤에야 교수에게 다가와 질문을 한다. 질문은 나만 위한 것이 아니라 질문과 답변 과정에서 전체 학생이 듣고 이해하는 공동의 장이 펼쳐져야 옳다.

교육하고 연구하는 대학이라는 공간을 사회로 연장하면 이를 사회에 대한 봉사로 생각해 대학의 본질에 포함시키는 사람도 있으나, 이는 어디까지나 대학과 사회의 관계에서 설정되는 대학의 역할일 뿐이다. 대학의 외연을 넓히는 것일 뿐 대학의 본질적 내포 그 자체는 아니다.

이 나라 대학의 논리는 '공부를 열심히 하면 성공한다.' 는 명제만을 가르친다. 하지만 대학이라는 공간은 경쟁에서 이긴 사람들이 모이는 곳이기는 하지만, 이들이 평생 동안 치를 경쟁에서의 승리를 보장해주는 곳이 아니다. 대학은 공정한 경쟁의 장이긴 하지만, 어제와 오늘의 달라진 현실을 인식하고 앞으로 나아갈 지향점을 파악하고 이를 준비하기 위해 노력해야 하는 공간이라고 말해야 옳다. 그 속에서 나와 남을 비교하는 것이 아니라 자신의 어제와 오늘과 내일을 비교해야 한다. 그런데 지금 대학은 겉으로 보이는 모습에서 자기들끼리 경쟁하며 순위를 매겨 앞서면 된다고 생각한다. 대학은 또한 지적 만남의 공간이다. 지식이 교류되는 곳이다. 교육을 통해 세대 간 교류가 이뤄지는 곳이다. 그런데 이러한 속성을 학연이라는 이름으로 나쁘게 활용하며 스스로 공정성을 잃는 행위를 서슴지 않고 한다. 정의에 반하는 것이지만 지식인들이 늘 간과하는 과오다. 지식인이 지성인이 되기 어려운 이유도 바로 여기에 있다.

이와 더불어 대학과 학문이라는 권위 때문에 지금 하는 학문이 시대정신에 맞는지, 정합성은 있는지 심각하게 반성하는 사람이 드물다. 이 점 역시 대학의 본질이라는 측면에서 대학과 학문하는 사람 모두 생각해봐야 할 문제다.

대학에 대한 오해를 버리자

최고의 지식기관인 대학에서 하는 연구에는 오류가 없다고 생각하는 사람이 있다. 하지만 실상은 실험에 실패하는 경우도 허다하고, 그 자료나 해석을 과장해 발표하는 경우도 있다. 교내에 윤리위원회가 있어야 할 정도다. 인문학이나 사회과학에서는 연구자의 해석에 따라 의견이 엇갈리는 경우가 많다. 여기에 이데올로기까지 가세하면 더하다. 자신의 해석을 증명하기 위한 근거가 되는 통계자료도 조작한다. 게다가 학문에서 늘 정설만을 찾아야 하는 것은 아니지만 허상을 좇는 경우가 많다는 것도 문제다. 과거 노벨의학상과 노벨생물학상 수상 내역을 보면 뇌에 이상이 있는 환자에게 말라리아균을 투여해 치료하려고 했던 경우나 해마를 제거하는 수술에 대한 연구 등이 있다. 정말 어처구니없는 연구다. 인문학에서도 언제는 한국사가 세계화의 추이를 거스른다면 필수 과목에서 제외시켰다가 비난 여론이 일자 한국인의 정체성을 이해하는 데 필수불가결하다는 주장을 한다. 사회과학에서 상황론이 작용하는 것은 흔한 일이지만 일관성이 없어 지식인의 권위를 실추시킨다. 지식탐구와 해석은 인식론적 입견이라 다를 수는 있지만 본체적 지식에 이르기는 거의 무망하다고 생각해야 한다. 그런데도 학문의 담을 쌓아 타 학문을 폄하하는 경우도 많다. 융합의 추세를 외면하는 현실이 안타까울 뿐이다.

리더라면 지적인 삶에서 멀어질 수 없다. 이를 저해하는 불필요한 오해는 불식시켜야 한다. 동시에 본질에 다가가기 어려운 이론의 한계도 인식해야 한다. '리더의 논리'에서 말한 대로 리더들은 실재가 무엇인지부터 제대로 이해하려고 노력해야 한다. 실재를 모르면서 법과 제도와 정책을 세우는 것은 아무 소용이 없다. 더불어 세상을 이해하는 원리가 경쟁에서 협동으로, 지배에서 공존으로 이행되고 있다는 것도 인식했으면 한다.

대학과 사회의 바른 관계는 무엇일까?

대학은 풍부한 지적 자산을 가진, 없어서는 안 되는 사회적 존재다. 그런데 우리는 이런 자산을 나쁘게 활용한다. 지식을 선용하려고 애쓰는 경우도 있지만, 알면서도 오용하고 남용한다. 2008년 금융공학적 지식을 남용해 월스트리트를 무너뜨린 리먼브라더스 사태를 보면 안다. 우리나라에서는 과거 법을 공부한 사람들이 권위주의 군사독재정부의 지배 논리를 정당화하는 데 앞장섰던 예도 있다. 송희영 조선일보 논설주간은 저축은행의 부실 경영도 엘리트 고등교육을 받은 사람들 때문이라고 한다. 좋은 머리를 나쁜 데 쓰는 것에 달통해 편법과 탈법이 극성을 부리고, 법과 제도를 아무리 잘 만들어놓아도 악용하는 것을 막지 못한다.

지식인의 사회참여란 자유정신이 바탕이 돼 현실 문제를 비판하는 양상을 띠는 것이 원래의 모습이다. 비판은 비난과 다르다. 비판은 다른 각도에서 사물과 현상을 보는 것이다. 이를 거부하면 그 사회는 다양성을 잃고 정의로움과도 거리가 멀어진다. 대학에서 진정으로 가르쳐야 할 것은 지식이 아니라 이런 것이다. 모순 덩어리 사회의 때가 아직 덜 묻은 미래 엘리트들을 진정한 리더로 키우기 위해서는 대학과 학문의 본질이 학생들의 가슴에 제대로 다가가야 한다. 깊은 반성과 대안이 필요하다.

대학에서의 리더십 교육

리더십을 흔히 남보다 앞서가는 것으로 인식하는 시대는 지났다. 21세기 리더십은 '공유하는 리더십shared leadership', '함께하는 리더십

team leadership', '파트너십partnership' 이다. 권력은 봉사고 나누면서 더 커지고 아름다운 것이라고 생각하면 리더십의 본질이 저절로 밝혀진다.

리더십은 보통 다음 12가지 기본 요소를 훈련하면 된다고 말한다. 그렇게 한다고 해서 모두가 훌륭한 리더, 정의로운 리더, 창조적 리더, 아름다운 큰 리더가 저절로 되는 것은 아니지만 말이다.

(1) 언어구사 능력word edge

(2) 논리력logic edge

(3) 미적 감각designo edge

(4) 유연한 몸놀림body edge

(5) 시간관념time edge

(6) 공간감각space edge

(7) 자연 친화력nature edge

(8) 미술감각picture edge

(9) 음악과 리듬에 대한 감각music/rhythm edge

(10) 내일을 보는 눈future edge

(11) 사람 친화적people edge

(12) 자성하는 삶self edge

지금까지의 리더십 교육은 보통 말하기와 설득하기, 상황 판단하기, 문제해결 능력 키우기, 결정하기, 봉사하기 등 개인 중심의 능력 배양에 주력했다. 게다가 실제 특정 상황에서 어떤 태도와 언어로 상대방을 설득하고 어떤 행동을 취할 것인지와 같은 현실적인 훈련이라기보다는 강의식 훈련이었다. 그러다 보니 배우는 사람들은 그것이 실제 상황에서 어떤 의미를 갖는지 파악조차 못했다.

앞으로 대학에서의 리더십 교육은 실제 상황을 상정하고 그 상황에서 스스로 어떻게 판단하고 행동할 것인지에 대한 훈련이 기본이 되어야 한다. 동시에 이를 가능하게 하기 위한 기초 훈련을 게을리하지 않아야 한다.

말하기 과목을 예로 들자면, 학생들에게 단어나 문장을 주고 3분 정도 연설을 하게 한다든지, 유명인의 연설을 듣고 평가하고 토론하게 한다든지, 연설문을 직접 써보게 한다든지 등의 훈련이 필요하다. 설득이나 소통이 언어로만 이루어지는 것이 아니라는 사실도 깨달아야 한다. 비언어, 즉 몸과 소리로 하는 것이 더 효과적일 수도 있다. 몸을 제대로 움직이고 소리 역시 때론 강하게 때론 은은하게 조절하면 상대의 마음을 사로잡는 데 도움이 된다. 리더십 훈련에서 꼭 배워야 할 것이다.

또 리더라면 시간과 공간, 음악과 그림, 자연과 사람에 대한 감각이 남달라야 한다. 시간감각이라고 해서 시간을 잘 지키고 아니고의 문제가 아니다. 해야 할 때와 하지 말아야 할 때를 알아야 한다는 것이다. 리듬감각 역시 중요하다. 리듬감각이 훌륭하면 너와 내가 함께 호흡이 맞아떨어지는 생각의 춤을 출 수 있고 상대방이 아름다움을 느낄 수 있게 한다. 그리고 사람에 대한 감각도 필수적이다. 리더십이라는 것이 관계를 기반으로 하기 때문에 그저 인사 잘하고 친밀감과 호감을 주는 것만으로 부족하다. 상대방이 믿음을 갖게 하는 것이 중요하다.

끝으로 리더십의 모든 출발은 나 자신이라는 것을 잊지 말아야 한다. 다시 강조하지만, 내가 누구이고 나는 무엇을 할 수 있고 무엇을 할 수 없다는 것을 아는 것이 중요하다. 이를 토대로 국가와 사회를 위해 진정 얼마나 희생하고 봉사하며 공헌할 수 있는지를 가릴 수 있어야 한다.

대학 총장의 리더십

2011년 초 KAIST에서 학생과 교수가 연이어 자살하는 소동이 벌어지면서 대학 총장의 리더십이 세간의 도마 위에 올랐다. 리더를 양성하는 주요 공간인 대학을 대표하는 대학 총장의 리더십에 대해 이야기해보자.

총장은 학자이자 경영자로서의 역할을 동시에 수행해야 한다. 그 중에서도 학문적 성과는 대학 총장의 첫 번째 요건이다. 연구하기 싫고 능력이 모자란 사람들이 보직교수가 된다고 말하는 사람도 있지만, 정부에서 임명했거나 장관 등을 역임했다는 이유로 임명된 경우라면 여기에 해당하지 않을 수는 있지만 기본적으로는 어느 한 분야에서 학문적으로 우수하지 않고서 총장이 되기는 힘들다. 물론 학문적 우수성과 더불어 총장으로서 처리해야 할 인사와 예산 등을 관리하는 경영적 능력도 중요하다.

학문도 시원찮고 관리 능력도 부족하다면 그 리더십은 존중받기 힘들다. 사람들은 높은 자리를 맡으면 그것이 자신의 능력 때문이라고 믿기 쉽고 관리는 저절로 되는 것으로 알지만, 실제는 그렇지만은 않은 것이 조직의 생리다. 물론 일은 함께 하는 것이니까 상황에 따라 출중한 리더십이 필요 없을 수도 있다. 그러나 기본은 해야 한다. 누가 어느 부서에서 그 일을 해낼 수 있는지 적재적소適材適所에 대한 판단을 할 수 있어야 한다. 학문 간의 갈등을 학문적 깊이로 이해하고 해결할 수 있어야 한다. 융합과 같은 새로운 학문적 추이에 대한 관심도 있어야 한다.

대학 총장은 바쁘면 안 된다. 이러저러한 행사에 많이 참여하는 게 좋은 일만은 아니다. 고독한 시간을 보낼 줄 알아야 한다. 나는 리더의 '5시 룰'을 이야기하는데, 바로 5시에서 6시 사이에는 깊은 생각이 필요한 사안에 대해 생각도 하고 전혀 다른 생각에도 잠겨보는 등 고독을 즐길 시간을 가지라는 것이다. 이런 고독의 시간을 통해 자신의 내면에 파고들며 내가 지금 하고 있는 일이 옳은지 묻고 또 물어야 한다. 이와 동시에 열정을 속에서 불태워야 한다. 써야 할 때 제대로 쓸 수 있기 위해서다.

공직 리더에게 요구되는 자질

빌 클린턴 전 미국 대통령은 자신의 회고록 《마이 라이프》에서 리더의 덕목으로 비전, 전략, 집행력, 인내를 강조한다.[1] 영국 옥스퍼드대학교 템플턴칼리지의 전략리더십연구소에서는 22가지 리더의 덕목을 나열하고 그중 '용기와 초연'을 특히 강조한다. 리더는 황야에 홀로 서서 외로움을 참으며 힘든 일을 이겨내는 용기와 지혜를 짜야 한다는 뜻일 게다.

서양의 리더십은 일을 추진해 뭔가를 달성하는 리더십이다. 물론 이것이 리더의 역할이긴 하지만, 나는 서양식의 역량 키우기 일변도에 흔쾌히 동의하진 않는다. 그렇지만 현실에선 리더들에게 이런 능력, 이런 역량이 필요하다고들 하니 내키지 않지만 일부를 소개한다.

다음은 미국 고위 관리자의 핵심 자질에 관한 것이다. 미국 백악관의 인사관리처OPM는 6가지 핵심 자질을 기준으로 총 28가지의 능력을 고위 공무원들에게 요구하고 있다.

변화주도 자질

(1) 창의력과 혁신Creativity and Innovation

(2) 외적 자각External Awareness

(3) 신축성Flexibility

(4) 활력과 탄성Resilience

(5) 전략적 사고Strategic Thinking

(6) 비전Vision)

사람들을 끌어가는 자질

(7) 갈등관리Conflict Management

(8) 다양성 제고Leveraging Diversity

(9) 타인 개발Developing Others

(10) 팀 짜기Team Building

결과도출 자질

(11) 책임성Accountability

(12) 고객 서비스Customer Service

(13) 결단력Decisiveness

(14) 기업가정신Entrepreneurship

(15) 문제해결 능력Problem Solving

(16) 기술적 신용Technical Credibility

기업적 통찰력

(17) 재무관리Financial Management

(18) 인적자원관리Human Capital Management

(19) 기술관리Technology Management

연대구축 자질

(20) 짝짓기Partnering

(21) 정치적 판단력Political Savvy

(22) 영향력/협상력Influencing/Negotiating

기본 자질

(23) 대인관계 기술Interpersonal Skills

(24) 구두 의사소통Oral Communication

(25) 품격/정직Integrity/Honesty

(26) 글쓰기Written Communication

(27) 지속적인 학습Continual Learning

(28) 공공서비스 동기Public Service Motivation

고위직 관료들에게 요구되는 이와 같은 다양한 자질들은 조직을 이끌어가기 위해 필요불가결하다.

끝으로 좌뇌적 성향과 리더십 사이의 관계에 대해 이야기하겠다. "관료로 성장하려면 좌뇌가 커야 한다."는 이야기가 있다. 사람의 뇌는 좌뇌와 우뇌로 갈리는데, 좌뇌는 언어를 관장하고 분석적이며 부분적이고, 우뇌는 감정을 다스리고 전체를 조감한다. 좌뇌가 발달한 사람은 비개인적이고 기계적이며 기술적인 충동에 민감해 관료주의적 특성과 딱 맞아떨어진다. 나쁘게 말하자면 동일성과 동등성을 강조해 통제와 지배에 능하다. 뭐든지 확실해야 하고 안정되어야 하며, 책임 같은 것은 지지 않으려고 하니까 관료적 습성 그대로다. 타당보다는 합리가 우선한다. 관용보다는 완고가 먼저다. 빨리, 많이, 정확히를 강조하다 보니 꼭 기계 같기도 하다. 막스 베버가 말한 '환상을 잃을 세계'가 바로 좌뇌의 세계다. 우뇌적 파토스가 끼어들 여지가 없다. 여기에 토크빌이 말한 대로 "소소하고 복잡한 규칙들의 그물망" 같은 법률만 남는다. 직관적이고 서로 공유하는 도덕 감정이나 개인들 간의 묵시적 계약에 의존하기는 힘들기 때문이다. 이렇게 부족하고 한계가 뚜렷해도 좌뇌 없이 몸은 움직이지 않는다. 정부 관료 없이 살 수 없는 것처럼 말이다.

지금까지 리더십 교육이 필요한 이유와 리더들이 가져야 할 기본 자질 등에 대해 알아보았다. 대학에서도 그렇고 다른 훈련기관에서도 리더를 키우는 까닭은 우리 함께 좋은 사회, 아름다운 사회를 꾸미고자 해서지 한두 개인이 출세해 영달을 꾀하고자 그리 애쓰는 것이 아니다. 그러나 기관도 개인도 착각해 리더십에 대한 인식을 잘못 갖고 있는 예가 허다하다. 리더가 되기 위한 리더십 교육과 훈련은 어디까지나 가능성을 열어놓고 특정 상황에서 누가 어떤 역할을 함으로써 전체가 살 수 있는지를 가려보는 잠재력 훈련이다. 그런 훈련을 받다 보면 언젠가는 1인자도 탄생하고 2인자도 탄생하고 팔로어가 리더가 되어 역할을 훌륭히 해내게 된다. 그러면 모두가 만족한다. 그런 가능성을 염두에 두면서 좌뇌 훈련도 하고 관계 훈련도 하고 상상력 훈련도 하고, 지혜를 모으는 우뇌 훈련(엄격하게 말하면 훈련으로 되지 않지만)도 하면서 나의 정체성과 능력을 확인할 수 있어야 할 것이다. 총리를 탄생시키기 시작한 일본의 마쓰시타 정경숙처럼 우리도 언젠가는 대학 아닌 곳에 정통 리더십 훈련기관이 고개를 내밀기를 기대한다.

공부하는 리더 되기

리더는 '학문적 삶'을 살아야 한다

리더는 '학문적 삶academic life'을 살아야 진정한 리더가 될 수 있다는 주문을 오래도록 해왔다. 탐구욕에 불타야 현상을 제대로 본다. 학자와 무엇이 다르겠냐고 할지 모르겠다. 그럼 사람들에게 세상 돌아가는 원리며 실제를 모른 채 중요한 판단을 하고 남을 설득할 수 있겠냐고 되묻는다. 리더는 정확한 지식을 알고 있어야 한다. 이를 위해 리더는 공부도 하고 동시에 현장에서 오랜 경험을 쌓아야 한다. 중국의 엘리트들이 대학 졸업 후 농촌이나 공장에 가서 길게는 10년이나 보내는 것을 보면 그들의 커리어 패스가 위대한 지도자를 낳기에 충분한 것 같다. 우리도 한때 행정고시 합격자들을 수습 후

지방자치단체에서 일하게 한 적이 있는데 1년만 지나면 온갖 재주를 부려 서울로 올라왔다. 현장에서 쌓는 경험이 소중한 것을 리더가 되겠다는 사람들이 잘 인식하지 못하는 것이 우리 실정이다.

학문적 삶을 살라는 것은 평생 공부를 하라는 것이다. 그러려면 책도 열심히 읽고 세미나에 축사만 하러 가지 말고 끝까지 참여하는 등 노력이 필요하다. 리더들이 대학이 개설한 6개월짜리 특별과정을 많이 듣는데 요즘엔 수준이 높아지긴 했지만 교양 수준을 넘지 못하고 더욱이 출석도 제대로 하지 않은 채 수료증만 받는다. 염불보다는 잿밥에 더 관심이 있고 사람 사귀기에 여념이 없다. 그런 증서를 남발하는 이 나라 교육도 문제다.

리더들은 책도 책이지만 논문을 읽어야 한다. 우리나라 지도자들 중에 논문을 읽은 흔적을 보기는 쉽지 않다. 논문을 보라는 것은 책은 비교적 구문에 속하기 때문이다. 대부분의 리더가 신문 등의 매체에 정보를 의존하지만, 신문은 단편적이고 깊이가 없다는 한계가 있다. 정보에 해설도 곁들이고 전문가들의 말도 인용돼 있지만 부족하다. 게다가 지면의 제약에다 신문사의 의도가 개입해 실체가 제대로 전달되지 않는 경우도 있다. 정보는 정보일 뿐 지식이 아니다. 지식 비슷하다 해도 지식의 편린에 불과하다. 지식을 체계적으로 습득해야 깊은 우물의 맑은 물을 마실 수 있다.

어느 신문이 우리나라 리더들은 무슨 책을 읽는지를 조사한 적이 있다. 대개는 '무거운' 책들을 읽고 있다고 밝혔는데 어떤 이는 유명인의 꿈을 따라가 보라는 식의 책을 읽고 있다고 밝혀 적이 실망스러웠다. 책은 반짝 읽는 것이 아니라 옆에 놓고 두고두고 읽는 것이다. 고전도 좋고 신고전도 좋다. 전략적 성격의 책도 유용하겠지만 깊이 있는 사고, 반성하는 사고, 비판적 사고를 할 수 있는 책이 리더의 무게를 더한다.

리더는 다양한 분야의 책을 읽어 생각의 깊이와 외연을 넓혀야 한다. 최재천 교수는 한 우물을 파는 대신 시작은 넓게 잡고 역삼각형으로 파고들어야 한다고 표현한다. 인문사회학도에게는 과학기술이나 미학과 같은 것이 필수고 이공학도는 문학, 철학, 예술 등을 익혀야 한다. 러시아 예술인들의 특징 중 하나가 문학에 깊숙이 빠진다는 것이다. 그렇게 함으로써 융합적 사고를 키워 세상을 넓게 그리고 연결해보는 것이다. 리더에게 반드시 필요한 것 중의 하나가 여러 각도에서도 볼 줄 아는 훈련이므로 그것을 돕는 다양한 분야의 책이나 저명인의 강연 등에서 도움을 얻어야 한다. 거기에 외국 신문과 학술지도 도움이 되는데, 책과 더불어 리더의 삶을 통해 자유정신과 비판정신의 나래를 펼 필요도 있다.

한편 리더들이 학자 못지않은 노력을 해야 하는 것과 비교해 학문적 전문가로 리더의 자리에 오르는 경우도 있다. 그런데 전문인이라고 리더의 자리에서 복잡한 조직을 이끄는 능력을 갖춘 것은 아니다. 오히려 편견으로 가득한 융통성 없는 전문인 행세로 낙마하는 경우가 많다. 김영삼 대통령 시절 청와대에서 홍보 등의 일을 하던 윤여준에게 환경부 장관을 맡긴 적이 있다. '전문가들에게 맡기면 제 부처만 지키려고 한다' 는 이유에서였다. 전문성이 폐쇄와 오만을 부르기도 하는 것이다.

리더들, 공부 좀 해라

교과서에서 배운 것은 모두 틀렸다?

우리나라 리더들은 모르는 것이 많은데도 아는 척을 너무 한다. "알아야 면장 한다."라는 속담도 있다. 특히 과학과 함께 살아야 할 21세기를 준비하는 지식이 거의 없다. 유명한 당대의 과학자인 리처드 뮬러는 이를 걱정하며 《미래 대통령을 위한 물리학Physics for Future Fresidents》이라는 책을 냈다. 21세기 리더라면 이런 책 정도는 읽어야 한다.

"세상은 대체로 우리가 학교 교과서에서 배운 그런 곳이 아니다."[1]

로버트 란자의 말로, 리더들이 잘 모르는 것, 바로 교과서면 다 해결된다는 편견과 무지를 꼬집고 있다. 교과서는 모든 것의 표본을 담고 있는 것이니 으레 대표적이고 보편적이라고 생각한다. 하지만 이는 모두 '현상적 지식phenomenal knowledge'이고 그것도 한 단면들을 소개한 것에 불과하다. 칸트가 정의한 '본체적 지식noumenal knowledge'과는 다르다. 예를 들어 자유의지나 영혼의 불멸성 같은 것은 과학의 힘으로는 알 수 없는 우리의 지식 영역 밖에 있다.

최근 발표된 논문은 그동안 우리가 알고 있던 지식을 무로 돌리고 있다. 우리가 알고 있는 것보다 더 많은 일이 일어나고 있고, 우리가 보는 사물과 현상이 실제와 다를 수 있다는 내용으로, 과학에 대한 새로운 인식을 촉발하고 새로운 형이상학으로 바이오센트리즘biocentrism(인류를 포함한 지구상의 모든 생물이 각기 고유의 의식과 윤리적 지위를 갖고 있다고 생각하는 방식)을 고취한다.[2]

밤에 연못을 들여다보면 유충들이 오가는 것을 볼 수 있듯이 우리 세계에도 교호하지만 인식하지 못하는 존재가 함께하고 있다. 이를테면 미생물이나 아주 작은 벌레들이 그것이다. 이 작은 생명체들은 원자의 또 다른 집합일 뿐인가? 과학은 이렇게 작은 생명들을 무기물(메카니스트)의 논리로 환원시켜 독자적으로 물리의 실재를 만들어냈다. 하지만 현미경으로 세포나 분자, 소립자를 관찰한다고 해서 생명을 이해할 수 있는 것은 아니다. 지금까지 과학은 물리적 실재의 기초를 이루는 생명을 규명하는 데 실패했다.

과학이 지배하는 세계에서 우리는 객관적이고 경험적인 실재를 믿고 그 실재를 이해한다고 믿었으나 이는 우리 자신을 속이고 있었던 것이다. 통계, 표준화된 행정행위, 법과 제도, 그리고 정책을 통해 우리 스스로를 바보로 만들었다. 실재의 중심에는 생명이 있고, 생명은 곧 의식이며, 진리와 원칙은 개인의 마음과 자아에서 출발해야 한다.

지각 없는 실재는 없다. 너나 나, 아니면 또 다른 생명이 지각하지 않으면 아무것도 존재하지 않는다. 이제 어떻게 지각하느냐가 실재에 영향을 미친다. 보는 사람마다 대상은 달라 보이기 때문이다. 제노의 역설에서 화살은 매 순간 정지해 있으며, 동시에 두 곳에 있을 수도 없다. 논리적으로 운동은 불가능하다. 시간 역시 절대적 실재라기보다는 의식의 단면일 뿐이다. 앞서 이야기했듯 의식은 실재의 본질을 결정짓는 것으로 매 순간 우리는 우리의 의식을 결정해야 한다. 관찰자의 의식은 결정적이다.

유감스럽게도 기존의 과학은 우리가 지금 왜 여기에 있고 왜 지금 존재하는지를 설명하지 못한다. 따라서 우리가 사는 세상을 바로 이해하기 위해서는 기존의 과학적이고 기계적인 논리가 아니라 생명과 분리할 수 없는 의식을 바탕으로 한 바이오 논리biologic로 옮겨가야 한다.

란자의 주장에 따르면, 바이오센트리즘만이 세상이 어떤 것인지를 인간적으로 이해할 수 있는 근거가 되기 시작했다. 지각하는 생명이 가장 중요한 역할을 하는 것이다. 제노의 화살은 그것이 날아가는 것을 관찰할 때만 존재한다. 인간의 생명 없이는 시간도 동작도 존재하지 않는다고 해도 과언이 아니다. 실재reality라는 것은 결정적 속성이며, '거기there' 없고, 다만 관찰자의 행동에 따라 존재할 뿐이다. 아인슈타인은 상대성 이론을 말하면서 빛의 속도가 일정하다면 분리된 분자가 동시에 서로 영향을 미치지 못한다고 하였지만, 1965년 벨에 의해 이 주장은 뒤집혔다. 벨은 동시에 영향을 미친다는 것을 입증했다. 즉 빛보다 빠른 동시성이란 것이 있을 수 있다.

우리가 관찰하는 것들도 우리 마음속에서 항상 같게 인식될 수 없으며, 여러 다른 요소들에 의해 바뀔 수도 있다. 한마디로 객관적이라고 믿는 과학적 법칙 모두가 거짓말이 될 수도 있다는 뜻이다. 하나의 학문이 최상이라고 믿고 그것으로 모든 것을 해결한다는 것은 거짓이다. 여러 학문을 기초로 동시에 접근해야 할 이유이다.

지금까지 시간과 공간을 당연히 존재하고 측정할 수 있는 것으로 인식해왔다. 시간을 시계가 돌고 해가 바뀌고 나이를 먹는 것이라고, 공간 역시 우리가 살고 움직이고 만들고 측정하는 곳이라고 인식해왔다. 물건은 아니지만 우리가 볼 수 있고 느끼고 맛보고 만질 수 있는 대상으로 인식해왔다. 생명보다 훨씬 기본적인 것으로 인식해온 것이다. 역사는 사람과 사건을 시공에 넣어 기록했고, 빅뱅 · 천체지질학 · 진화론 등은 시공의 논리로 과장되어 왔다.

하지만 우리가 이해하고 인식하는 근거로서의 시공은 추상적인 것이다. 삶이 우리에게 그동안 가르쳐준 것은 시공이 외적·영구적 실재라는 것이다. 이제 지금까지 이해했던 형이상학의 내용은 달라질 수밖에 없게 되었다. 인간은 이제 시공의 주체가 아닌 창조자로 자리매김해야 한다. 지금까지 우리는 시공에 예속된 것으로 믿어왔으나, 시공은 바로 우리의 것이다.

우리가 자고 있는 동안에는 나무의 수분이 증발하는 것을 느끼지 못하고 눈이 녹는 소리를 듣지 못하고 요리하는 음식의 냄새를 맡지 못할 수 있다. 이는 한 공간에 있을 때 다른 공간이 거기 존재하지 않기 때문이다. 모든 생명에는 그들만의 우주가 있다. 지구에는 수십억의 우주가 있는 것이다. 내가 부엌에 있고 아내가 침실에 있다면 각자는 다른 존재일 뿐이다. 소리를 질러 의사소통을 한다면 다른 공간에서 교호하는 것이다. 나는 학교 연구실의 연구팀을 소우주라고 표현하고 제자들은 자신들을 '관악 큰 서당 배우미' 라고 말한다. 모여 함께 연구하기도 하지만 결국 각자가 가진 지각의 영역을 가진 우주다. 다만 수없이 많고 각기 다른 성격을 가진 우주의 질서를 유지하기 위해 제도를 두게 된다.

란자를 소개하는 이유는 리더들이 세계관이 전혀 다르게 바뀌어야 한다는 점을 외면하지 말자는 것이다. 시공이 우주의 기본 요소라는 믿음으로부터 시공이 생명에 속한다는 마음으로 변하고 있음을 확인할 수 있다면, 우리가 지금까지 하고 있는 학문의 전제인 형이상학은 재고되어야 할 대상이 아닐 수 없다.[3] 물론 물리학자들의 반론도 만만찮다. 또한 리더들이 반드시 알아야 할 것은 과학에도 틀린 것이 너무나 많다는 사실이다. 목성, 천연두, 식품 부패 등에서 오류가 밝혀진 것은 오래전 일이다. 게다가 더 큰 문제는 과학을 잘 모르는 정부의 리더들이 국가와 결탁하려 드는 과학자들의 말만 믿고 덩달아 잘못을 감추고 통제하고 호도하는 것이다. 리더들이 명심해야 할 사항이다.

란자의 바이오 논리만이 아니라 과학자들의 입견은 각양각색이다. 물리학자들이 지구와 저탄소 녹색성장을 보는 눈도 갈린다. 노벨물리학상 수상자인 로버트 러플린Robert Laughlin은 2009년 〈아메리칸 스칼라American Scholars〉에 실린 글에서 빙하시대부터 내린 비의 양을 모두 측정한 자료를 바탕으로 인간의 힘으로는 지구를 어쩔 수 없다고 말한다.[4] 우리가 아무리 하이브리드 자동차를 개발하고 저탄소 녹색성장을 외쳐대도 소용이 없다는 뜻이다. 무엇이 옳은지를 말하기는 힘들지만 리더나 정책가들이 과학에 대한 기본 지식을 가지고 자신의 결정을 고심해야 한다는 것은 명백하다.

실재가 뭔지 모르는 리더 많다

이탈리아 몬차 시에서 재미있는 일이 벌어졌다. 시의회가 어항 속의 금붕어를 전시하지 못하도록 결의했기 때문이다. 왜 그렇게 했을까? 모두가 궁금해했다. 어항이 곡면인데 그 안에서 밖을 보면 세상이 왜곡돼 보일 것이어서 금붕어에게 가혹하다는 것이 이유였다. 재미있지 않은가? 사람의 인권도 제대로 보장하지 못하는 세상에서 말이다. 이 이야기를 비약하면 5차원의 세계에서 우리를 들여다보면 인간은 마치 금붕어처럼 4차원 속에서 밖을 왜곡해 보고 있을 가능성이 농후하다는 것이다. 내 말이 아니라 호킹의 말이다.[5]

앞에서 보듯이 우리는 존재하고 있지 않은 시간과 공간을 있는 듯 의식하며 산다. 마찬가지로 민주주의나 정의 같은 것을 눈으로 보지도, 손으로 만져보지도 못했지만 이를 외치며 산다. 민주주의나 정의라는 개념을 설정해놓고 그게 이거니까 그렇게 믿고 분석하고 뜻을 이해하고 연구하고 있을 뿐이다.

"천국은 죽음을 두려워하는 사람들이 만든 동화"라는 말로 신을 부정하듯 말한 스티븐 호킹은 당대의 위대한 과학자요 철학자다. 그가 쓴 《위대한 설계Grand Design》는 우주의 자연법칙만이 지구를 관리하는 기준일 뿐 다른 것이 없다는 논지의 책이다. 더욱이 이 책은 우리가 인식하는 대상이며 연구는 '모델의존적 실재model-dependent reality' 일 뿐 있는 그대로의 실재를 보고 연구하는 것이 아니라는 것이다. 뇌는 외부세계에 대한 모델을 만들고 이를 감각기관을 거쳐 들어오는 정보를 해석할 뿐이라는 것이다. 나무며 집이며 전자 같은 개념도 그렇게 형성됐다. 그러니 우리는 오로지 개념만 아는 것이다. 모델 없이 실재 여부를 판단한다는 것은 불가능하다.

어쩌다가 모델을 잘 만들면 분석의 세계와 경험의 세계 간에 동상유질isomorphism의 관계가 성립돼 같은 것을 볼 수 있는 경우가 없지 않다. 하지만 대개는 허상을 보는 것과 같은 일이 반복되며, 이런 식으로 연구는 이어진다. 어찌 보면 좀 허망하다는 느낌이다. 호킹은 또 존재가 크고 복잡하면 우리가 상식적으로 사고하고 판단하는 것은 불가능하여 3개 이상의 입자들이 상호작용하는 방정식은 정확히 풀지 못한다고 말한다. 그러니 얽히고설킨 세상의 정책 이슈들이 풀릴 리 만무하다. 그러나 놀라운 다양성으로 가득 찬 광활한 우주(그것도 유니버스universe가 아니라 멀티버스multiverse라는 것이 호킹의 주장이다)를 예측하고 기술하는 유일무이한 이론, 이른바 M이론 같은 것이 나올 가능성은 있다고 한다. 인간을 '자연의 기본 입자들이 모인 집합체'라고 보는 호킹의 지구관, 세계관, 우주관, 인간관에 얼마나 동의해야 할지 모르지만 오묘한 진리가 있는 것은 물론이고, 리더 역시 이 궤도에서 크게 벗어나면 허황하기만 한 세계로 빠져버릴 것이다.

리더들이 또 알아야 할 것 중 하나는 러플린이 지구의 저탄소 녹색성장을 지키기가 어렵고 지구는 자연법칙대로 움직인다고 말한 것과 같이 호킹 역시 지구가 골디락스 구역에 위치하고 있기 때문에 뜨겁지도 차지도 않은 위치를 점하고 있다고 한 것이다. 또한 지구는 적정의 이심률離心率 따라 거의 원궤도에 가깝게 돌기 때문에 기후변화가 비교적 안정적인 편이다. 환경에서 탈출구를 찾으려는 리더들이 반드시 알아야 할 내용이다.

학문적 변화에 민감해야 한다

2011년 5월 14일 서울대학교 행정대학원 창립 52주년을 기념하는 학술대회와 홈커밍데이가 열렸다. 토론 주제는 '국가 발전과 공직의 역할'로, 아직은 분석과 연구가 미흡한 나라 발전과 공무원의 기여도 사이의 인과관계를 보완하는 것이었다. 우리나라의 성장 모델에 대한 후진국들의 관심이 고조되고 이들 국가로부터 오는 공무원들을 훈련시킬 프로그램도 개발하고 있는 것과 맥을 같이하는 주제였다.

취지야 옳은 듯하지만 국가와 정부의 역할이 미구에 바뀔 것이라는 인식이 전제되지 않았다는 것과 발전과 성장이라는 개념 또한 옛 개발연대의 반자연적이고 반환경적인 인식이 전제된 모순 덩어리 전략을 구상하고 있다는 점이 못마땅했다. 토론에는 전·현직 차관, 학계를 주도하는 리더들이 참여했지만, 미래 패러다임의 변화, 이른바 '지배의 리비도'를 그대로 믿고 '공존의 리비도'를 고려하지 않는 토론으로 일관했다. 더욱이 비인과율과 비확정률, 나아가 프랙탈 이론으로 바뀐 지 이미 오래된 상황에서 인과율로 논지를 펴는 등 여러 면에서 실망스러웠다.

미래 패러다임은 양자 패러다임의 이름으로 인지문명의 전개와 맥을 같이한다. 지금까지 물질과 에너지 생산만을 최대의 목표로 삼았던 세상에서 '지배의 리비도'는 당연한 것이었다. 이는 19세기 과학주의와 도구적 합리주의, 그리고 유물론이 밑받침이 된다. 그러나 그 결과는 어떠한가? 빈곤, 질병, 비탄, 좌절이 계속되면서 인간 사회가 파괴되는 반대급부를 경험하며 고통스런 삶을 살고 있지 않은가? 앞에서 말한 로버트 케네디의 연설을 상기한다. 이제 사람들은 물질만이 아니라 지혜, 심미, 보람, 봉사 등 아름다운 가치가 실현되기를 리더들에게 고대하고 있다. 그래서 자성하고 자족하며 자명해야 한다는 목소리가 드높다. 상대방의 존재를 인정하고 존중해 함께 가야 한다는 목소리도 커진다. 공존의 인간, 호모 엠파티쿠스Homo Empathicus인 것이다. 전기에서 전자와 정보, 에너지, 접속을 거쳐 공감의 시대를 향해, 분산과 협력으로, 주체와 객체의 구분을 없애고, 무대 위와 아래의 구분도 없어지는 시대를 향해 가고 있다. 자본주의 4.0과 같은 맥락이다. 이때는 물질과 에너지만큼 시간과 생명체가 소중하다. 이를 위해 거쳐야 할 중간 단계가 감성과 융합 중심의 사고다. 합리성이 아닌 그럴듯하다는 이성성이 중요해졌다. 다음 그림을 참조하면 이해에 도움이 된다.

세상은 17세기에 이어 19세기 들어서면서 본격적으로 개인에 대

• 〈그림 10〉 **인지문명의 패러다임** •

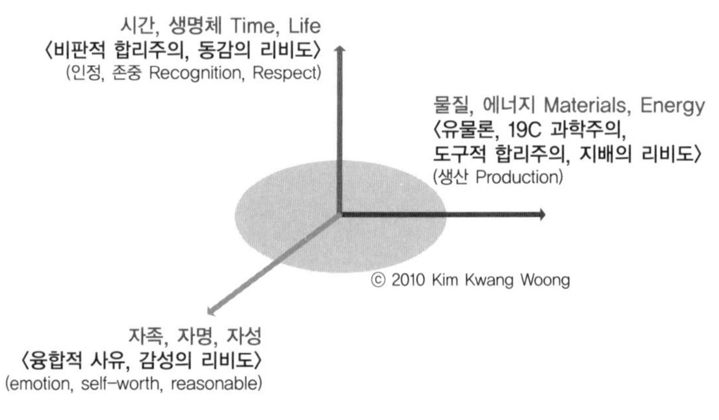

한 소중함과 그 관계를 제대로 보기 시작했다. 당시 지배적인 인식은 세상이 거대한 기계이고 인간은 거대한 기계 속에 자리한 부품에 불과하다는 것이었다. 아직도 조직 속에서 구성원이 부품 취급을 당하는 것도 시대 변화에 상관없이 그렇게 짜여 있기 때문이다. 심지어 대기업에서 일하는 기업 변호사 같은 전문직 직원에게도 도서관 개인열람실 정도의 공간만 주고 일을 시킨다. 사색할 여지를 주지 않는다. 이런 작업환경에서는 인간이 부품 이상일 수 없다.

지금도 마찬가지지만, 당시에는 고전물리학적 기계론 패러다임이 우리를 지배했다. 하지만 양자물리학이 등장하고 개체에 대한 인식이 달라지면서 부분의 합이 전체가 아니라 부분은 부분대로 존재 가치가 있고 전체는 그 자체로 또 다른 존재라고 인식하게 되었다. 생물학적 지각론의 패러다임이 지배적이게 되었다. 란자의 주장도 이 관점에서 보면 자연스럽다. 또한 리더가 세밀하게 부분을 관찰하는 것도 필요하지만 나무만이 아닌 숲 전체를 봐야 한다는 것도 생물학적 지각론의 패러다임의 하나다. 불경기에 서민들 발목을 잡은 저축은행 사태도 개별 나무인 저축은행만 보지 말고 금융, 보험, 증권, 나아가 경기 흐름 전체를 살펴보며 처방을 내려야 문제가 근본적으로 풀린다.

세상의 변화를 리더가 알아야 하는 것은 현재도 중요하지만 내일을 준비해야 하기 때문이다. 리더에게는 비전이 있어야 한다. 변화의 방향을 설명하기 위해 미래학자 레이 커즈와일이 정리한 6가지 진화의 단계를 소개한다.[6]

제1기 물리학과 화학의 시대: 원자 구조에 있는 정보를 보는 단계

제2기 생물학의 시대: DNA에 있는 정보를 보는 단계

제3기 뇌 과학의 시대: 뇌 신경패턴에 있는 정보를 보는 단계

제4기 기술학의 시대: 하드웨어와 소프트웨어 속에 있는 정보를 보는 단계

제5기 기술과 인공지능이 합쳐지는 시대: 인간 지능을 포함한 생물학의 방법론이 확대돼 인간이 기술 베이스와 통합되는 단계

제6기 우주가 깨어나는 시대: 인지가 최고조에 달해 인간 지능(인공이지만)이 지금의 1조 배가 되는 단계

리더들은 자신이 어느 단계에 와 있는지, 그래서 세상을 어떻게 이해하고 해석해야 하는지, 그리고 나와 내 조직이 맞을 미래를 위해 어떤 준비를 해야 하는지 늘 생각하고 있어야 한다.

이공학도는 아니지만 내가 틈날 때마다 과학책을 보는 이유는, 사변적인 것도 있지만 눈에 보이고 손에 잡히는 변화가 궁금해서다. 이 나라의 많은 리더들은 인문사회학도들이어서 과학의 세계, 변하는 세상에 대한 이해가 아무래도 부족한 것 같아 리더십 강의에서 과학을 항상 강조하게 된다. 과학을 모르면 비전이라는 용어는 써도 내용이 없다. 물론 만능이 아닌 과학으로 인한 오류를 파악할 줄 알아야 하는 것도 리더의 몫이다. 미래 대통령은 과학을 모르면 안 된다고 해서 나온 책이 《미래 대통령을 위한 물리학》이다. 천문학자 칼 세이건Carl Sagan과 노벨물리학상 수상자 리처드 파인만Richard Feynman과 견줄 정도의 과학자 리처드 뮬러Richard A. Muller가 썼다.[7]

다시 정리하면 과거의 패러다임이, 첫째 고전물리학적 기계론에

기초한 뉴터니안-칼테지안, 둘째 단순계 과학, 셋째 아날로그, 넷째 19세기 과학주의와 합리주의, 다섯째 인간문명, 여섯째 환원주의 등이었다면, 새로운 패러다임은, 첫째 생물학적 지각론에 기초한 양자주의, 둘째 복잡계 과학, 셋째 디지털과 원소로서의 디지그노, 넷째 메타과학주의와 비판적 합리주의, 다섯째 인지문명, 여섯째 다양한 개체의 다양한 주장들이 있고 이를 종합하는 것이다.

정의로운 리더 되기

리더십의 기본은 정의다

규칙을 어기는 사회

2011년 2월 왕상한 교수가 주재하는 KBS 라디오 토크쇼에 가서 공정사회에 관한 토론을 한 적이 있다. 마지막 정리하는 멘트로 "각자 열심히 노력하고 사는 수밖에 없다."는 조금 엉뚱한 말로 끝을 맺으니 진행자가 당황하는 듯했다. 어떻게 하면 공정한 사회를 이룩할 것이냐는 주제를 놓고 의식이며 문화가 바뀌어야 한다고 논의하던 마당에 통맞을 짓을 한 셈이다.

설명하자면 사회는 공정하지 못하고 개인 역시 이타적이기보다는 이기적인 상황에서, 이를 제도로 보장한다 한들 그 한계가 뚜렷하니 각자 힘써서 제약을 극복하는 것이 공정사회로 가는 길목을 넓힐 수밖에 없다는 뜻이었다.

사회는 공정한 것 같다가도 불공정한 경우가 더 많다. 대학에서 교수를 뽑을 때 반드시 규칙대로 하지 않는다. 출신 학교나 연령 등 교수 전체의 균형을 고려하다 보면 실력이 더 나은 교수가 낙방하는 일도 벌어진다. 그렇게 들어온 교수 중에 글 하나 제대로 못 쓰는 경우도 있다. 이 얼마나 공정과 거리가 먼 일인가? 교수 중에는 논문 한 편 없이 자리를 유지하거나 학교에 나오지도 않고 학생들더러 시내 호텔로 와서 강의를 들으라는 경우도 있다. 엉뚱한 잣대를 들이대 실력 있는 교수를 쫓아내기도 하고, 학교의 비리를 참지 못해 시위하는 교수를 몰아내는 대학도 있다. 교수들이 짜고 한 교수를 골탕 먹이는 일도 흔하다. 이외에도 언론에 알려지면 대서특필될 정도로 비윤리적인 일을 벌이고도 학교에 남아 있는 교수도 있다.

공직 인사 때 반칙을 벌이는 것은 물론이요, 공정하고 엄정해야 할 법조계에도 공정한 재판을 받게 해달라거나 공정한 수사를 받게 해달라는 요구가 빗발치는 것을 보면 이 사회가 공정성에서 근본적으로 문제가 있음을 알 수 있다. 심지어 재판의 피의자가 판사에게 "제발 기록이라도 꼼꼼히 읽어봐 달라."라고 부탁할 정도로 불신을 받고 있다.[1]

물론 가진 것 하나 없는 사람이 노력 끝에 부나 기회를 얻는 것을 보면 세상이 공평하다는 말을 하기도 하지만, 보통은 인간 사회가 불완전해 공정과 거리가 멀다고 생각한다. 그래도 정의롭고 공평하고 공정한 사회를 이루기 위해 각자가 노력하며 사는 사람들도 많다.

2011년 4월 이후 미국 중부에 내린 폭우로 미시시피 강물이 최고 수위를 기록하며 계속 남하한 일이 벌어졌다. 강 수위는 테네시 주 멤피스에서 17.82미터에 달했고 5월이 되면 루이지애나 주에 도착할 것이라고 예보했다. 강 하류에는 베턴루지와 뉴올리언스라는 인구 200만의 큰 도시가 있었다. 2005년 완전 침수되었던 뉴올리언스의 비극을 재현하느냐, 아니면 물길을 돌려 루이지애나 남부 300만 에이커에 달하는 농경지와 인구 5만의 모건시티와 후마 등 소도시를 희생시키느냐로 공화당의 오바마로 불리는 바비 진달 루이지애나 주지사가 기로에 서게 되었다. 언론은 '악마의 선택'을 하게 되었다고 표현했다. 오바마 행정부는 2005년 카트리나 사태만은 피해야 한다는 입장이었고, 루이지애나 미시시피 강 유역에는 미국 전체 석유의 14퍼센트를 생산하는 정유시설이 밀집해 있었다. 또한 보간자 방수로를 열면 면화와 밀, 강 하류의 굴과 대하 양식장이 큰 피해를 본다. 결국 주정부는 방위군을 동원해 비상 작전을 펴며 물길을 돌렸다.

한강도 거의 해마다 홍수와 범람의 우려를 겪는다. 1972년 여름의 일이었는데, 당시 내가 사는 여의도 아파트 1층은 윤중제 아래에 위치해 있어서 강이 범람하면 제일 먼저 침수될 위기에 처했다. 당시 갓 태어난 아이를 친정으로 피난시키고 나만 남아 라디오에 귀를 기울이며 상황을 지켜보고 있었는데, 정부가 늘 물이 범람하고 침수가 잦은 마포 쪽으로 물길을 돌릴 것이라는 루머가 돌고 있었다. 그곳은 여의도보다 서민들이 많이 사는 지역이었다. 정부는 초반에는 버티다가 막판에 기어이 물길을 마포로 돌렸다.

뭐가 옳은지에 대한 고민은 이것만이 아니다. 난파된 배에서 겨우 널빤지 하나를 잡고 살려고 발버둥치는 생존자에게 또 다른 생존자가 다가온다. 널빤지는 한 사람의 무게만 겨우 지탱할 수 있다. 이때 어떻게 하겠는가? 나 자신의 생명을 지키는 것은 상대적 의무이고, 남의 생명을 빼앗지 않는 것은 절대적 의무여서 널빤지를 잡지 못하게 하는 것은 죄라고 한다. 칸트식 해석이다. 또 한날한시에 3만 명과 3000명이 죽는데, 앞의 집단에는 귀족과 고위 관리 등이 있고, 다른 집단에는 과학자, 시인, 화가, 음악가, 농민, 섬유 제조업자들이 포함되어 있다. 생시몽 같은 공상적 사회주의자는 앞의 집단은 '가치 없는 인간'이고, 기술자 등은 없어서는 안 될 부류라고 말한다.[2] 어느 쪽을 살려야 할까?

마이클 샌델 하버드대학교 교수는 철로 위에서 5명과 1명의 인부가 각각 일하는 상황에서 기관차의 브레이크가 고장 난 경우 어느 쪽의 선로를 택해야 할지를 고민하게 한다. 5명과 1명 중 어느 쪽의 생명을 구하는 것이 더 도덕적인지를 묻고 있는 것이다. 거기에 상황을 더해 기관사가 아닌 철로변의 한 구경꾼이 주위가 좀 산만해 보이는 한 남자를 밀어뜨려 기차를 멈추게 하여 5명을 구하는 것은 어떠한가를 묻는다. 실험에서 피험자의 85퍼센트는 비록 다섯 명을 살릴 수 있다고 해도 한 명을 철로로 밀어 넣는 일은 하지 않을 것이라고 답했다. 인지적 판단보다 정서적 판단이 앞선 것이다. 이처럼 도덕적 판단이라는 것은 죽음으로 끝나는 희생의 결과가 아닌 결정을 내리는 사람의 의도에 있을지도 모른다.

학기말 시험에서 만일 기숙사에 함께 사는 룸메이트가 부정행위를 했다면 학교 당국에 고발하겠느냐, 아니면 묵인하겠느냐고 했을 때 답은 갈린다. 우리나라 법조계에서 일하는 사람들조차도 친구의 부정행위를 당국에 고발하지 않겠다고 답한다. 미국도 이와 유사하다. 윌리엄 버저와 제임스 버저 형제는 동생은 매사추세츠 주 상원 의장을 지냈고 대학 총장에 재임하는 인물이고, 형은 은행 절도나 마약 거래 등 불법행위를 자행하는 마피아 조직의 우두머리로 19건의 살인 혐의로 경찰의 추적을 받는 신세다. 두 형제가 통화를 한 사실을 안 경찰은 대학 총장에게 형의 거처를 알려줄 것을 요구했지만 동생은 경찰에 협조할 것을 거부한다. "무고한 다른 사람보다 형에게 더 충직하군요."라는 검찰의 질문에 동생은 "저는 한 번도 그렇게 생각한 적이 없습니다. 하지만 솔직히 형에게 마음이 끌리고 형을 걱정합니다. (…) 형에게 피해가 간다면 누구에게도 협조하고 싶지 않은 것이 제 솔직한 심정입니다. (…) 제게는 형을 체포하도록 모든 사람에게 협조할 의무가 없습니다."라고 답한다. 동생은 수사방해 혐의를 받았고, 그 후 얼마 있다가 총장직에서 사임한다.[3] 자연적 의무가 우선되어야 하느냐, 사회적 연대가 더 중요하느냐의 문제를 보여주는 예다.

리더십의 기본 정신은 자신을 희생하고 남을 돕는 것이다. 남이라도 자연적 의무에 묶일 가능성이 높은 가족이나 친척, 친지 등은 이 범주에 들어가지 않는다. 남이라고 하는 것은 집단, 사회, 국가의 구성원을 말한다. 이들 중에서도 한두 개인만을 도와서는 안 된다. 여럿에게 도움이 될 것이라고 판단될 때 리더는 움직여야 한다.

판단할 때의 기준은 가치에 따라 결정된다. 규정으로 이미 정해진 것이면 기준은 분명하다. 그러나 정부에서 하는 일의 경우 그 기준과 가치가 반인간적이고 반시대적인 것이 많다. 이럴 때 리더는 매우 심각하게 어떤 결정이 옳은지를 제대로 가릴 수 있어야 한다. 이 결정(정책)이 어려운 사람들부터 돕는 것인지, 그 어려운 사람들은 어떤 상황에 놓여 있는지, 도움을 받을 만한 자격은 있는지, 더 나아가 모두를 다 행복하게 할 수 있는 것인지, 물질적 만족과 자유 중 어느 것에 가치를 두는 일인지, 개인의 물질적 충족보다는 더불어 서로 도와 살 수 있는 여건을 만드는 것인지 등 여러 가지 기준에서 그 가치를 가려야 한다. 여간 힘든 일이 아니다.

서울대학교 학생들에게 어떠한 가치를 추구하는지를 조사한 적이 있다. 학생들이 가장 중요하게 생각하는 것은 '자아실현' 이었다. 자아실현은 도덕적인 성격을 내포하고 있으며 자신이 지닌 생각, 꿈, 희망 등을 실제로 이루어가는 것을 뜻한다. 각자의 생각, 꿈, 희망이 모두 다르기에 자아실현의 정형을 제시하기는 어렵고, "무엇을 이루고자 하는 것인가?"라는 물음에 모두가 수긍할 수 있는 답을 마련하는 것 역시 어렵다. 어떤 학생은 세속적 성공을 위해 꿈을 키우고 공부에 몰두하지만, 그렇지 않은 학생도 있는 것이다. 나는 자아실현 대신에 학생들이 추구해야 할 가치를 규범적으로 접근해 "정의를 구현하는 것"이라고 말하고 싶다. '정의' 는 공통성과 보편성을 띤 가치이기 때문이다. 이제부터 정의에 대한 이야기를 시작해보려고 한다.

어떤 사회가 정의로운 사회인가

정의는 많은 사람들이 이야기하지만 이해하기 쉽지 않은 개념이다. 모두가 공정하다는 것은 거의 불가능하기 때문이다. 공정사회를 구현하기 위해서는 각자가 해야 할 일이 너무 많다. 윤평중 교수는 공정한 사회를 은행이나 우체국 같은 곳에서 번호대기표를 받는 제도에 비유한다.[4] 순서가 정확하고 투명하기 때문이다. 또 어떤 이는 공자의 자절사子絕四를 들어 공평을 강조한다.[5] 자절사란 공자가 말한 하지 말아야 하는 네 가지로, 제멋대로 생각해 지레짐작하는 무의毋意, 자기주장을 기어이 관철시키려 하는 무필毋必, 고집을 부리는 무고毋固, 아집을 내세우는 무아毋我를 뜻한다. 간단히 말하면 자기 생각에 사로잡혀 세상을 제멋대로 보거나 다른 사람의 자유의지를 억압해서는 안 된다는 의미다.

보통 정의라고 하면 여신 디케Dike를 떠올린다. 1958년 가을 서울대학교 개교기념일 축제 때의 이야기다. 당시 서울 동대문 공설운동장에서 각 단과대학이 제각기 프로그램을 들고 나와 솜씨를 겨루는데, 나는 법과대학 대표로 정의의 여신상 디케로 분장해 흰 치마저고리를 입고 군용 지프차 보닛 위에 서서 저울을 들고 눈을 가린 채 운동장을 한 바퀴 도는 퍼포먼스를 했다. 도는 동안 떨어질까 무서워 칼은 못 들고 지프차 앞 유리창 한끝을 꼭 잡고 안간힘을 썼던 기억이 난다.

디케는 오른손엔 칼을, 왼손엔 저울(천평칭: 가운데 세운 줏대의 가로장 양끝에 저울판을 달고, 한 쪽에는 달 물건을, 다른 한 쪽에는 추를 놓아서 평평하게 함으로써 물건의 무게를 다는 저울로 천칭이라고도 한다)을 들고 있다.

저울은 엄정한 정의의 기준을 상징하고, 칼은 그 기준에 의거한 판정에 따라 정의를 실현하기 위해 필요한 힘을 상징한다. 플라톤도 정의사회를 위해서는 정의의 기준을 아는 지혜와 이를 실현할 힘을 겸비한 철인왕哲人王, Philosopher King을 강조했다. 리비아의 카다피나 이집트의 무바라크와 같은 왜곡된 현대판 철인왕은 여기에 해당하지 않는다. 정부 중앙인사위원회에서 일할 때 신설 기관이라 엠블럼을 만들어야 했는데 공정성을 강조하기 위해 천칭을 넣어 디자인해달라고 한 적이 있다. 무엇보다 공정함을 강조한 것이다. 정의의 여신이 눈을 가린 것은 정의와 불의를 판정할 때 사사로움을 떠나 공평성을 유지해야 한다는 의미다. 하지만 현실에서 사람들은 눈을 감는 대신 오히려 눈을 부라리며 부정을 저지른다.

인간은 서로 정의의 의무를 진다. 칸트가 말하는 정의가 상호성과 사회성을 띤다는 것은 이런 의미다. 사람들은 쾌락이나 행복을 추구하고 선을 앞세우지만 이보다는 옳은 일을 하는 것이 더 소중하다. 흔히 정의론에서는 어떤 기준으로 누구에게 도움이 되는 결정을 내리느냐를 놓고 논쟁을 벌인다. 대표적인 학자가 존 롤스, 로버트 노직, 아마티르 센, 마이클 샌델 등이다(어쩌다 보니 모두 하버드대학교 교수들이다).

그중 존 롤스John Rawls의 정의론부터 살펴보자. 롤스는 《정의론》에서 정의를 다음과 같이 정의한다.[6]

(1) 모든 사람은 동등한 자유와 권리를 갖는다.

(2) 사회경제적 불평등은 가장 불리한 처지에 있는 사람들의 이익을 극대

화하기 위해서만 정당화될 수 있다(예를 들어 소수자 우대정책, 군복무 가산점제, 여성 가산점제 등).

(3) 사회경제적 불평등은 직위 또는 위치와 관련해 모든 이에게 공정한 기회의 균등이 주어질 때만 정당화된다.

공정성이라는 단어는 올바름, 불편부당함, 적법성, 공평성과 연결된다. 공정성을 영어로는 'justice'라 하는데 이 단어의 라틴어 어원 역시 정당함, 공평무사함, 정확함으로 유사하다. 공정해야 떳떳하다. 그런데 이명박 정부의 인사를 보면 공정도 떳떳함도 찾을 수 없다. 선진연대 출신들이 공공부문을 차지하다 보니 다른 집단의 기회는 사라졌다. 으레 그런 것이긴 하지만, 해도 너무하다는 생각이 든다. 어느 여론조사에서 우리 국민의 74퍼센트가 "우리 사회는 불공정하다."라고 답한 것도 이런 이유가 아닐까? 물론 공정한 사회를 만드는 것이 결코 쉬운 일은 아니다. 하지만 불공정한 사회일수록 악순환을 막아야 하기에 엘리트 교육을 받은 사람들의 몫은 늘어난다.

따라서 공정한 사회를 만들기 위해서는, 첫째 반칙사회에서 규칙사회로 가야 한다. 추상적 도덕과 윤리를 말하기 이전에 법과 질서부터 굳건히 자리를 잡아야 한다. 그러기 위해서 가장 중요한 것은 지도층 인사들이 법과 질서 지키기에 솔선수범하는 것이다. 그러나 유감스럽게도 기득권층은 국민의 5대 의무를 다하지 않고 탈세, 병역기피, 부동산투기, 위장전입 등을 자행한다. 장관 후보자의 면면을 보면 더욱 분명하다. 대법원장과 검찰총장 후보도 자식 교육을 내세워 위장전입을 여러 번 했다. 특혜를 당연시하는 사회가 되었으니 기강이 바로 설 리 없다.

둘째, 공개적이고 예측 가능한 절차를 만들어야 한다. 병원, 은행, 우체국 등에서 하는 번호대기표 제도 같은 것이 보편화되어야 한다고 앞서 말했다. 사회적 신뢰는 이와 같은 투명한 절차 등을 통해 쌓인다. 단순히 기계적인 차원에서 그치는 것이 아니라, 지극히 중요한 국사를 결정하는 일에서도 적용되어야 한다. 중요한 국사일수록 검은 베일에 가려져 이해관계에 따라 부당한 원리가 적용된다면 일상생활 차원에서 아무리 번호대기표 제도가 보급되어도 소용이 없다. 정책이론에서 보았듯이 결정은 이해관계 따라 엉뚱하게 이루어질 가능성이 높다.

다시 롤스 이야기로 돌아가서, 롤스 철학의 중심 주제는 시민의 권리와 정치적 권리에 관한 것이다. 롤스는 인간이 자기만의 목표를 선택할 수 있다는 것을 자유로 간주한다. 그는 저서에서 자유주의 전통이 무시해온 권리에 기반을 둔 사회계약을 되살렸다. 그는 공리주의를 사회복리의 총합을 극대화하지만 개인의 권리를 충분히 존중하지 않는다고 비판한다. 뒤에 나오는 샌델도 같은 입장이다.

롤스 역시 자신이 존경하는 칸트의 정신을 물려받았다. 사람을 목적으로 대해야지 수단으로 대해선 안 된다고 주장한다. 유감스럽게도 물신주의에 빠진 요즘은 사람을 수단으로 생각하는 경향이 짙다. '내가 저 사람을 어떻게 이용하면 될까' 라는 생각부터 하는 것 같다. 롤스는 또한 권리를 심각하게 생각하면 사회적 평등을 진지하게 받아들이는 것과 같다고 주장한다. 그러면서도 개인의 권리는 결코 침해되어서는 안 된다는 것을 옹호하는 자유주의 역시 비판한다. 시민의 권리와 정치적 권리가 침해되어서는 안 된다는 것만으로는 충분하지 않으며, 이러한 권리들이 사회 속에서 의미 있게 활용되어야 한다고 한다. 자리를 맡아 권한이 생겨 권력을 행사하는 사람들이 명심했으면 한다.

롤스의 '원초적 입장original position'은 '무지의 베일veil of ignorance' 뒤에 사람들이 처해 있는 상황에서의 사유실험으로서 장막 뒤에서 사람들은 각각의 개인을 만드는 모든 것, 즉 부, 나이, 재능, 인종, 종교, 기술, 성별, 좋은 삶과 같은 어떠한 개념에 대한 지식들도 거부한다. 롤스는 이러한 입장에 있는 사람들이 사회를 위해 선택하는 것이 곧 정의의 원리로 간주될 수 있다고 믿는다. 그는 사람들이 한두 가지 평균적으로 낮은 수준의 희생이 있더라도 자유와 부와 같은 기회와 권력에서는 최소 극대화되는 위험성이 낮은 권력을 선택할 것이라고 주장한다. 이와 관련해 '차등의 원칙difference principle'은 롤스의 사상 중 가장 논쟁적이고 도전받는 주장이다.[7] 그는 사회적 · 정치적 차등이 사회의 최소 수혜자들에게 이득이 될 때에만 받아들일 수 있다고 한다. 우리도 기초생활 수급자에게는 많은 혜택을 주어도 공정하지 않다고 말하지는 않는다. 그러나 실상은 혜택이 공정하게 전달되지 않고 비용도 많이 들어 관리 문제가 과제로 남는다. 그런데도 정부는 복지 인력을 7000명씩 충원한다며 큰소리로 떠든다.

모든 문명에는 심각한 문제들에 대해 사유하는 사람들이 있어야 한다. 깊이 사유해야 하는 난해한 문제들이 늘 있기 때문이다. 현대 민주주의 사회에는 자유와 평등이 항상 충돌한다. 관용과 근본적 다원주의가 적절한 토대 위에 놓이지 못한다.

롤스의 여러 주장에 대해 하비 맨스필드Harvey C. Mansfield는 "롤스는 칸트의 도덕적 엄정함에서 벗어나기 위해 로크에게 되돌아갑니다. 그것은 도덕적이고자 하는 욕망과 동정적이고자 하는 욕망 사이를 일관성 없이 왔다 갔다 하는 것이라고 저는 생각합니다."라고 혹평한다.[8]

미국의 자유주의 사회철학자 노직Robert Nozick은 1974년에 나온 첫 저서 《무정부, 국가, 그리고 유토피아Anarchy, State, and Utopia》에서 정부주의적 자유주의에 대한 국가의 역할을 인정하였다. 그러면서도 국가의 권력이 더 이상의 자유를 제약해서는 안 된다는 자유주의 국가론을 주장한다. 왜 자연 상태의 자유가 아니라 국가가 필요한지, 국가는 어디까지 정당화될 수 있는지, 그 범위는 어디까지인지, 이상적이고 바람직한 국가의 형태는 어떤 것인지 답을 제시한다. 그는 최소한의 국가가 바람직하며 이상적 국가로서 메타 유토피아meta-utopia를 제시했다(이런 논리는 자칫 잘못하면 국가의 폭력을 인정하는 우를 범할 수도 있다). 그렇지만 국가권력의 자유 신장과 제약의 경계는 매우 애매하다.

노직은 무정부주의적 입장을 비판하고 국가의 정당화 가능성, 국가의 기능, 이상국가의 이념 등을 철학적으로 논의한다. 그는 또한 공공선이나 평등지상주의 같은 과잉 복지국가론에 맞서 개인 · 시민의 소유권과 자유시장, 자유기업 등을 인정하는 자유주의적 최소 형태의 국가를 상성했다. 이는 오늘날 무상급식, 반값 등록금과 같은 이슈와 연결된다.

이 입장에서 노직은 같은 대학의 롤스가 1971년 출간한 《정의론》을 강하게 비판한다. 정의론에서 주장하는 분배적 정의는 부유한 사람들에 대해 부당한 세금을 부과함으로써 개인이나 기업의 권리를 침해한다는 것이다. 이후 두 사람 사이에 전개된 자유와 평등에 관한 논쟁은 미국뿐 아니라 세계적으로 사회철학과 정치철학의 쟁점이 되었다.

정의는 공동체의 도덕성?

정의론에 관해서는 마이클 샌델을 건너뛸 수 없다.[9] 그는 《정의란 무엇인가》에서 1960년 케네디의 연설과 2008년 오바마의 연설 내용을 인용해 공동체의 도덕성을 호소한다. 보통은 모두가 행복하면 된다는 공리주의적 사고를 내세우거나 개인의 자유가 우선해야 한다는 자유의지주의를 주장하는 데 반해 샌델은 공동체주의를 내세우며 미덕virtue의 중요성을 일깨운다. 또한 정의를 이해하는 세 가지 기준을 역사상 인물들인 아리스토텔레스, 제레미 벤담, 존 스튜어트 밀, 임마누엘 칸트, 밀턴 프리드먼, 롤스, 노직 등의 견해를 빌려 현실 문제에 대입해 설명한다. 이를테면 '인간은 자신을 소유하는가, 아닌가'라는 칸트의 이성론적 사고를 장기매매의 부당성을 파헤치는 데 대입해보는 것이다.

샌델은 "개인의 성찰만으로는 정의의 의미나 최선의 삶의 방식을 발견할 수 없다."[10]라고 말하며 공동체의식의 중요성을 책 모두에서부터 강조한다. 그는 도덕적 사고란 혼자 추구하는 것이 아니라 여럿이 함께 노력해 얻는 것이고, 그러기 위해는 동굴의 안팎을 오가며 원칙과 상황도 익혀야 한다고 한다. '플라톤의 동굴' 속에서는 벽에 비친 영상이 희미해 제대로 보지 못하기 때문이다.

개인이나 정부는 복잡한 것을 피하고 편의를 쫓는 경향이 있다. 이러한 면에서 최소국가론도 설득력이 없지는 않다. 최소국가론에 따르면, 자동차 안전벨트를 매거나 자전거 헤드기어를 쓰는 것에서부터 더 나아가 매춘과 동성애 같은 것조차 국가가 간섭하면 개인의 자유를 침해하는 것이라고 생각한다. 그러기에 대리모 출산이나 미국의 남북전쟁 때 징집을 피하기 위해서 사람을 고용해 대신 출정하게 하는 것은 인간의 자유로운 선택으로 서로가 행복할 수 있는 길이라고 우긴다(대리출정은 로마 때부터 있었다). 그러나 "자유시장에서 우리의 선택은 얼마나 자유로운가? 세상에는 시장이 존중하지 않는, 그리고 돈으로 살 수 없는 미덕과 고귀한 재화가 과연 존재할까?"

샌델은 경제학자들이 철석같이 믿는 공리주의를 거부하고 사회계약에 기초한 정의를 강조한다. 또한 중요한 것은 행동의 동기라고 하면서 칸트의 입장을 대변한다. 도덕적 가치는 결과가 아니라 동기에 있으며,[11] 이는 원칙의 문제이기도 하다. 이는 세종시 원안과 수정안을 놓고 맞섰지만 원칙론이 승리한 예를 상기하게 한다. 현실 정치에서도 정의의 숨결이 거칠어졌으면 좋겠다. 원칙론은 공적 삶의 핵심적 사고방식이고 누구에게나 양도할 수 없는 권리가 있다는 점에서 옹호된다. 도덕이란 행복(원저에서는 'welfare' 라는 단어를 썼다) 극대화를 비롯한 어떤 목적과도 무관하고, 인간 그 자체를 목적으로 여기고 존중하는 것이다. 인간의 존엄성은 보편적 법칙을 따르는 능력에 달려 있다. 자율적인 행동은 자신을 존중하며 대상으로 여기지 않는 것에서 출발한다. 자유행동이 도덕적 행동이고 이것이 곧 정언명령적 행동이라고 볼 수 있다. 즉 흥미, 바람, 욕구, 기호 같은 경험적 요소로 도덕이 좌우될 수 없다. 정의의 원칙도 마찬가지여서 공동체의 이익이나 욕구에 좌우될 수 없다. 최고의 도덕적 원칙에 도달할 수 있는 길은 오직 '순수이성과 실천이성'을 연습하는 것이다.[12]

샌델이 생각하기에 롤스의 사회계약은 '원초적으로 평등한 위치에서 이루어지는 가언합의'다. 그러나 합의만으로는 의무가 생기지 않고 자율과 호혜가 따라야 한다.[13] 샌델은 하버드대학교에 입학하는 것이 노력의 산물인지, 아니면 혜택받은 가정환경의 산물인지를 논의하면서 타고난 우연과 사회적 우연을 대비시키고 "평등주의를 비판하는 사람들은 능력 위주 시장사회의 유일한 대안이 재능 있는 사람에게 불이익을 주어(납덩이 신발을 신게 하는 것과 같은) 강제로 평등을 달성하는 일뿐"이라고 하면서 롤스를 비판한다. 좋은 학교에 들어간 학생들이나 특목고에 불이익을 주려는 현 정부의 교육정책가들이 귀담아들어야 할 내용이다.

결국 누가 어떤 자격을 가졌는가 의문이 생기면 아리스토텔레스의 입장처럼 영광과 포상이 따르는 사회적 텔로스telos(목적, 발음은 '틸로스'다)가 무엇인지부터 알아야 한다. 목적에 맞추어 해석하면 이해가 빠르다. 기여입학제로 고민하는 대학도 대학의 텔로스가 학문의 우수성인지, 공적 이상인지 가리면 답이 나온다.

정의는 적합성의 문제만 아니라 선택의 문제, 분배의 문제, 가치 측정의 문제로 이어진다. 장애인인 골프 선수가 카트를 타고 경기를 한다면 과연 이것은 공정성에 어긋나는 것일까? 골프라는 운동의 본질이 치는 것이지 걷는 것이 아니라고 한다면 비록 카트를 타고 경기를 한들 규칙을 위반하는 것은 아니지 않을까? 정의와 권리에 관한 논쟁은 사회제도나 조직의 목적, 그것이 나누어 주는 재화, 그리고 영광과 포상을 안겨주는 미덕에 관한 논쟁으로 이어진다. 법을 만들 때 이런 문제에 대해 중립을 지키려고 노력한다. 좋은 삶의 본질을 논해야 공정성이 무엇인지 보이기 시작한다.

정의에 관한 논쟁은 어쩔 수 없이 본질적인 도덕의 문제다. 아리스토텔레스의 정의론을 칸트와 롤스가 거부하는 이유는 그가 자유의 여지를 남겨두지 않기 때문이다. 우리나라에서도 골프장에서 반바지를 입지 못하게 한다든가 미국과 달리 혼자서 라운딩하지 못하도록 규정한 것에 반론을 제기해 좋은 삶의 본질이나 정의의 시각에서 이의나 소송을 제기한 것을 아직 보지 못했다. 정의는 규정자와 부단한 투쟁을 벌여야 겨우 쟁취할 수 있다. 그러나 아마 개인의 욕구는 외면하고 여럿의 욕구가 충족되어야 한다는 대답만 나올 것이다. 공리주의 입장과 무엇이 다를까?

정의와 공동선

정의와 공동선의 관계에 대해서도 귀담아들어야 한다. "구제금융이나 상이군인 훈장, 대리출산이나 동성혼, 소수집단 우대정책이나 군복무 가산점제, 최고경영자의 임금이나 골프 카트 이용권을 두고 어떤 논란을 벌이든, 정의는 영광과 미덕, 자부심과 인정 같은 대립하는 여러 개념과 밀접히 연관된다. 정의는 올바른 분배만의 문제는 아니다. 올바른 가치측정의 문제라는 것이다."[14] 그러나 가치측정이 그리 쉽지는 않다.

정의와 권리를 계산 문제로 전락시킬 수는 없다. 또한 인간 행위의 가치를 하나의 도량형으로 환산해 획일화하며 질적 가치를 무시할 수는 없다. "정의로운 사회는 단순히 공리를 극대화하거나 선택의 자유를 확보하는 것만으로는 이루어지지 않는다. 좋은 삶의 의미를 함께 고민하고, 으레 생기게 마련인 이견을 기꺼이 받아들이는 문화를 가꾸어야 한다."는 것이 샌델의 확고한 정의관이다.

"물질적 빈곤을 없애려고 아무리 노력한들 더 어려운 일이 따로 있습니다. 우리 모두를 괴롭히는 (…) 만족의 결핍에 맞서는 일입니다."

케네디 대통령의 이 말은 정치란 도덕적이고 영적인 문제를 진지하게 다루어내야 한다는 메시지를 담고 있다.

케네디처럼 오바마 대통령이 추구하고 있는 공동선의 정치는, 첫째 시민의 미덕부터 키우고("당신은 미국에 투자하고 미국은 당신에 투자하고……"), 둘째 사회적 행위(대리모 출산, 장기매매 등)를 시장에 맡겨 그 행위를 규정하는 규범이 타락하게 해서는 안 되고, 셋째 재분배로 불평등을 어느 정도 해소하는 것이다. 그러나 이러한 정치에 의해 빈부격차가 지나치면 민주시민에게 요구되는 연대의식이 약해져 막아야 한다. '공동의 장'이 사라지면 부자와 빈자가 나뉘어 공동시민 의식을 찾을 길이 없어진다. 양극화로 치닫고 있는 오늘날 현실에 양쪽을 위한 버퍼 존buffer zone(완충지대) 같은 공동의 장이 마련되어야 하는 것이다. 시장에 매료된 보수주의자와 재분배에 주목하는 자유주의자들은 이런 손실을 간과하기 십상이라는 것이 샌델의 생각이다. 공공기관과 공공서비스의 질을 높이면 좀 나아질 수 있다. 공동의 장은 행사 위주의 만남으로 이루어지지 않는다. 뒤에서 언급하겠지만 '하데愛' 같은 단체가 많아야 한다. 그렇다고 이들 단체를 정부가 지원하면 좋겠지만 정부 지원은 간섭과 규제가 따라 자율성이 앗긴다는 문제를 남긴다.

도덕적 이견에 적극적으로 가담해 상호 존중하는 태도를 고양하고 증오가 두렵긴 하지만 일단 다른 견해를 학습하는 것부터 시작해보자는 것도 샌델의 생각이다. 그러나 그의 공동체주의에 문제가 없지는 않다. 그는 찰스 테일러Charles Taylor나 마이클 월저Michael Walzer 같은 공동체주의자인 것은 분명하다. 하지만 이러한 차원에서 공동체가 선을 가리는 최종 중개자인 것에 선뜻 동의하지 못하는 사람들을 어떻게 설득시켜야 하는가라는 숙제가 남는다. 최근 어느 신문 인터뷰에서 샌델은 자신을 공동체주의자로 부르지 말아달라고 주문했다.

샌델의 다음 과제는 에지오니Amitai Etzioni의 지적대로 싱가포르 같은 동아시아의 완벽한 공동체주의와 호응적 또는 네오 공동체주의의 차이를 설명할 수 있는 입장을 밝히는 일이다. 결국은 우리 공동체의 특수 가치와 보편적 인권에 대한 공여 간의 문제를 어떻게 조화시킬 것이냐이다. 공리주의의 환상에 빠져 있는 경제학도를 비롯해서 공공부문의 고위 정책관료들이 높은 수준의 커뮤니티를 구축하고 대국민 서비스의 질을 높이기 위해 샌델의 주장에 귀를 크게 열 필요가 있다.

정의의 원칙

우리는 행동과 이성, 판단과 원칙 사이를 오간다. 이것이 도덕적 사고의 기본이다.[15] 중요한 것은 개인의 자기성찰만으로는 정의의 의미나 최선의 삶의 방식을 발견할 수 없다는 것이다. 또한 도덕적 사고는 혼자 추구하는 것이 아니라 여럿이 함께 노력해야 한다는 점이다.

칸트가 말한 대로 도덕이란 행복 극대화를 비롯한 어떤 목적과 무관하다. 도덕은 인간 그 자체를 목적으로 여기고 존중하는 것이다. 칸트는 정언명령만이 도덕적 명령이 될 수 있다고 했다. "인간은 단지 수단으로 이용되는 물건이 아니다. 내 안에 존재하는 인간성을 처분할 권리는 다른 사람은 물론이고 내게도 없다." 그런데도 사람들은 자살을 하고, 대통령조차 그랬다.

정의의 원칙은 개인보다 집단 차원의 논의가 바람직하지만, 그렇다고 공동체의 이익이나 욕구에 정의가 좌우되어서는 안 된다. 좀 난해한 표현이긴 하지만 집단적 동의라는 상상의 행위가 '모든 공공법의 정당성을 판가름하는 잣대' 라는 것도 리더들이 명심해두어야 할 표현이다.

정의를 논하면서 롤스의 차등의 원칙에 관해 한 번 더 정리하자. 이는 사회에서 가장 약자에 속하는 사람에게 이익이 돌아가는 경우에만 사회적 · 경제적 불평등을 인정한다는 원칙인데, 정의를 능력위주의 개념으로 이해할 것인가에 대한 문제와 연결된다. 롤스에 따르면 사회적 우연이 분배의 몫에 미친 영향을 고민하다 보면 결국 타고난 우연이 분배 몫에 미친 영향을 고민하게 된다. 또 타고난 우연의 영향을 고민하다 보면 사회적 우연의 영향을 고민하게 된다.

도덕적 관점에서 보면 그 둘은 똑같이 임의성을 띤다. 롤스는 분배 정의가 미덕이나 도덕적 자격을 포상하는 게 아니라고 주장하고, 그보다는 게임의 규칙이 정해졌을 때 생기는 합법적 기대를 충족하는 것과 관련이 있다고 한다. 일단 정의의 원칙이 사회 협력의 조건을 정하면 사람들은 그 규칙에 따라 자기가 벌어들인 이익을 가질 권리가 생기는 것이다.

다시 한 번 강조하지만, 롤스가 도덕적 자격을 분배 정의의 기초로 인정하지 않는 근거는, 첫째 내가 경쟁에서 승리할 확률이 높은 재능을 가졌다고 해도 그 재능이 전적으로 노력의 결과는 아니라는 사실이다. 둘째, 특정한 시기에 사회가 가치를 두는 자질 역시 도덕적으로 임의성을 띤다는 점이다(우연적 요소).

"의문의 여지 없이 재능을 가졌다고 한들, 내 재능으로 얻는 포상 역시 수요와 공급이라는 우연에 좌우될 것이다(중세 토스카나에서 프레스코 벽화를 그리는 화가가 우대받았던 것은 21세기 캘리포니아에서 컴퓨터 프로그래머가 그러한 대우를 받는 것과 같다)."는 샌델의 말이 기억된다.

그렇다면 삶은 왜 불공평한가? 로널드 레이건이 대통령에 출마한 1980년, 경제학자 밀턴 프리드먼은 아내 로즈와 함께 《선택의 자유》를 출간했다. 자유시장경제를 힘차고 당당하게 외친 이 책은 레이건 시절의 경제 교과서이자 찬가가 되었다. 프리드먼은 평등주의자들의 반박에 맞서 자유방임 원칙을 옹호하면서 놀라운 결론을 내린다. 그는 부유한 가정에서 자라 우수한 학교를 다니는 학생은 그보다 못한 환경에서 자란 학생보다 불공평한 혜택을 누린다고 했다. 그리고 아무런 노력도 없이 재능과 소질을 물려받는 사람들이 다른 사람보다 불공평한 혜택을 누린다는 점도 시인했다. 그러나 롤스와 달리 프리드먼은 우리가 그런 불공평을 수정하려고 노력해서는 안 되고 오히려 불공평과 더불어 사는 법을 터득하고, 그 결과 생겨나는 이익을 즐겨야 한다고 주장한다. K-POP 등 연예계의 스타나 국제적 수준의 운동선수나 대기업의 CEO들이 많은 연봉을 받는 것을 불공평하다고 말할 수는 없다. 이들이 벌어들이는 돈이 비정규직 비숙련 노동자의 수입과 엄청난 차이를 보인다고 돈을 많이 받으면 안 된다는 논리는 성립되지 않는다. 만일 그렇다면 이들을 보고 즐기고 만족하는 사람들은 어떻게 하라는 말인가? 이것이 프리드먼의 논리다.[16]

롤스는 《정의론》에서 프리드먼의 견해에 반영된 자기 위안식 조언을 거부한다. 실제로 존재하는 방식은 마땅히 존재해야 하는 방식을 결정하지 않는다는 것이다.[17]

롤스는 우리가 그런 요소를 다룰 때 "서로의 운명을 공유하고", "우연히 주어진 선천적이거나 사회적 환경을 (자신을 위해) 이용하려면 그 행위가 반드시 공동이익에 도움이 되어야 한다."는 데 동의하자고 제안한다. 즉 '좋은 삶'의 본질을 말하지 않고서는 공정성을 말할 수 없다는 것이다.

정의의 원칙이 좋은 삶에 대한 여러 견해에 있어서 중립을 지킬 수 있거나 지켜야 한다고 생각하지 않는다. 반대로 공정한 헌법의 목적 중 하나는 좋은 시민, 좋은 인격을 함양하는 일이다. 아리스토텔레스는 사회가 할당하는 공직, 영광, 권리, 기회 등의 의미를 숙고해야만 정의를 고민할 수 있다고 생각한다.

그러므로 정의는 단순한 계산 이상의 것이다. 정의로운 사회는 공리 극대화나 선택의 자유 확보를 넘어 '좋은 삶', '옳은 삶'의 의미를 고민하고, 으레 생기게 마련인 이견을 기꺼이 받아들이는 문화를 가져야 한다고 샌델은 말한다. 그러나 기준이 문제이고 이에 대해 논란은 항상 있다.

사회적 행위를 시장에 맡기면 그 행위를 규정하는 규범이 타락하거나 질이 떨어질 수 있기 때문에 시장이 침입하지 못하도록 보호하고 싶은 비시장 규범이 무엇인지 물을 필요도 있다. 이른바 진입장벽에 관한 이야기와 연결되는데, 정부가 준법지원자법을 만들어 지대추구를 하도록 돕고 있는 것을 보면 한숨이 나온다. 공직에 있던 사람들에게 큰 혜택을 주는 전관예우 같은 것은 정부가 제동을 걸기 시작했다.

이는 참으로 어려운 난제지만 정의와 관련된 훌륭한 삶, 보람 있는 삶을 영위하기 위해 제도의 의미와 더불어 대학이 학생에게 강조해야 마땅한 명제라고 생각한다. 제도를 잘 만들면 정의의 숙제가 풀릴까 늘 고민하게 되기 때문이다.

정의는 제도만으로 해결할 수 없다

세상일을 해결하는 방법은 다양하다. 환자를 의사가 진단해 처방을 내리듯, 정부는 법과 제도를 만들어 문제를 해결하려고 한다. 정책을 펴는 것도 마찬가지다. 문제해결의 열쇠가 거기 있기 때문이다.

완벽하지는 않아도 김영삼 대통령 때 시작된 금융실명제는 정의

실현의 관점에서 성공한 정책이자 제도다. 이 밖에도 좋은 제도와 정책이 많지만, 제도나 정책이나 법으로 문제를 풀기에는 한계가 있다는 것을 리더들이 알았으면 좋겠다. 이것이 바로 정부의 한계이기도 한데 이런 문제에 봉착하면 리더십 강의의 맥이 풀린다. 그렇지만 제도의 한계는 충분히 인식하고 정치며 행정을 하라는 이야기다.

구당 김남수의 경우가 대표적 예다. 정통 뜸 교육원을 운영하는 96세 김남수를 2000년부터 무면허 시술행위를 해 143억 원의 부당이득을 취했다고 검찰이 재판에 회부했다. 검찰은 그동안 11차례에 걸쳐 수사와 기소유예처분을 거듭했다. 부산지법은 뜸사랑 회원들에 대한 재판과 관련, 무면허 의료행위를 금지한 의료법 조항에 대해 헌법재판소에 위헌법률심판을 제청했지만, 헌법재판소는 2010년 7월 합헌 결정을 내렸다. 그러나 당사자는 침뜸은 한국의 전통적인 민간요법으로 이를 가르치는 것을 불법 의료행위라고 보는 것은 부당하다는 입장을 고수한다. 그 실천이 부정하지 않기 때문에 굳이 법의 제재를 받을 이유가 없다는 것이다.

마크 주커버그가 왜 〈타임〉이 선정한 올해의 인물로 뽑혔을까? 6억 5000만 명이 쓰는 페이스북을 만들어서 받았을까? 그가 여기 뽑힌 이유는 어느 환자가 신장이식 수술을 받게 된 것에 페이스북의 역할이 돋보였기 때문이다. 정부에 재난구조 관련 기관과 예산이 그토록 많은데, 이런 일을 정부 아닌 개인이 했으니 아이러니가 아닐 수 없다.

주커버그를 비롯해 빌 게이츠, 스티브 잡스, 이토 조이치(MIT 미디

어랩 소장), 이들 간에는 어떤 공통점이 있을까? 이들은 대학을 중퇴했다는 기막힌 자산을 공유했다. 왜 기막히다고 하는가? 고등학교 졸업생의 80퍼센트가 고가의 등록금을 타박하면서도 이런저런 대학에 진학하는 우리네 현실로는 이해할 수 없기 때문이다.

여기서 이반 일리치Ivan Illich가 연상된다. 그는 《학교 없는 사회》에서 등수로 사람을 내치는 학교의 모순을 신랄하게 비판했다. 학교가 공익을 위해 만든 제도임에는 틀림없지만, 그렇게 만들어낸 제도나 법, 그리고 정책이 과연 좋은 것인가에 대해서는 생각해봐야 한다. 일리치의 이야기를 따라가 본다.[18]

세상의 온갖 법과 제도, 그리고 정책은 국민을 보호하고 편하게 하기 위해 제정된다. 박은정 서울대학교 법대 교수의 말처럼 법은 국민 모두의 합의에 기초하는 것이므로 보편적이기도 하거니와 수용되지 않으면 안 된다. 또 사람들은 제도만 잘 만들면 모두가 만족하고 문제가 해결될 것이라고 굳게 믿는다. 국회에서 법을 통과시키려고 애쓰는 사람들 모두 이런 생각으로 입법활동에 임한다. 정책을 입안하는 정부의 관료들도 정책만 잘되면 정책 대상 집단이 큰 혜택을 입는다고 확신한다. 정책에 따라서는 기업이 손해를 보는 경우도 있긴 하지만 말이다(기업은 공정거래로 이익을 보기도 하지만, 불이익을 보는 경우도 있다).

3부작으로 만들어진 영화 〈매트릭스〉는 가상의 세계에서 인간이 컴퓨터의 동력원으로 사육되는 것조차 모르는 채 착각 속에 사는 것을 그린다. 영화에서는 자신이 좋아서 택한 것이 한때는 좋겠지만 결국은 자신을 옥죄고 만다는 진리를 가르친다. 이처럼 법과 제도를 아무리 잘 만들어도 그 이면에는 어두운 그림자가 반드시 있게 마련이다.

이러한 세상의 양면성을 우리가 모르는 바 아니지만 일리치는 철저하게 사물과 현상의 이면을 본다. 그는 통찰력, 달리 말하면 마음속에 숨어 있는 비판적 습관, 아스케시스ascesis가 용솟음치는 인물이다. 열한 개의 언어를 구사하고 신학과 역사학과 화학 분야의 학위를 갖고 있으며 가톨릭교회의 권위를 무시해 결국 사제직에서 파문당한 신부이기도 하다. 그렇지만 그는 〈가디언〉, 〈르몽드〉 등 쟁쟁한 잡지에서 선정한 '20세기의 최고 지성' 이자, 환경운동가와 아나키스트들, 해방신학 활동가들에게는 '정신적 멘토' 다.

소규모 청중을 위한 강연이 아니면 15년이 넘도록 전혀 응하지 않았던 그는 캐나다 CBC 방송의 데이비드 케일리의 집요한 설득에 못 이겨 1988년부터 1992년까지 5년에 걸쳐 여러 차례 대담을 했고, 이를 토대로 책이 완성됐다. 그가 철저하게 제도를 비판하고 무책이 상책인 듯 말하는 근거는 무엇일까?

학교나 병원은 없는 것이 낫다?

그는 학교에서의 진정한 배움은 자유민만이 여유롭게 추구할 수 있는 것이라고 믿는다. 이를 토대로 날이 갈수록 변질되고 있는 학교교육을 한탄하며 '학교 없는 사회' 를 주장한다. "학교는 필연적으로 성공하는 사람보다는 탈락자를 더 많이 만들어내기 위한 제도"라는 것이다.[19] 그는 학교교육을 신화를 만드는 의례행위라고 단정하며, 이렇게 창조된 신화를 토대로 현대사회는 스스로를 쌓아 올린다고 생각한다. 이에 따라 지식과 지식의 포장을 믿는 사회, 지식의 퇴화와 지식에 지식을 더할 필요성을 믿는 사회, 지식을 선이 아닌 하나의 가치로 치부하는 사회, 그래서 지식을 상업적 조건으로 생각하는 사회가 건설되어 사람들이 불합리한 세계 속에서 살아가게 된다는 것이다.[20] 지식이 상업적 조건이 되어가고 있는 우리나라의 현상을 그대로 말하는 것이다. 하지만 진실을 모르는 우리는 어떻게 해서든지 학교에 가려고 하고 더 좋은 학교에 가려고 한다.

일리치는 또 환자가 있어서가 아니라 병원이 있어서 환자가 생기는 것이라고 말한다. 미셸 푸코가 말한 교도소 때문에 수인이 생기는 것이라는 논리와 같다. 건강을 일정 수준 이상으로 의료화할 경우 고통을 견뎌낼 능력이 줄어들 뿐 아니라 고통 감내가 고귀한 행위가 될 수 있는 사회적 환경을 망가뜨린다.[21] 의료행위가 기업이나 사치스런 부티크처럼 되어가는 현실과는 정반대의 논리다. 엄동설한에 일선 장병들에게 전지부착 난방 파카를 보내는 캠페인을 보고 남재준 전 육군참모총장이 추위를 이겨낼 훈련을 시키는 것이 먼저라고 한 말과 일맥상통한다. "금욕이나 자기제한을 선택하는 것만이 강화된 감시체제와 고도화된 기술관료주의의 지배에 맞서는 유일한 대안"이라는 것이다.[22] 한 걸음 더 나아가 일리치는 사회의 지배적 직종은 보호를 빌미로 돈을 뜯어가는 협박꾼이라고까지 일갈한다.[23] 변호사, 회계사, 세무사들의 귀가 따가울 것이다.

역사에 따라 정신적 공간이 달라지는 것을 인정하면서 인간성의 상실을 통감하는 그의 생각에는 오만의 마지막 미개척 지대가 있다. 노동 분야다. 제품을 쓸모 있게 만들려면 그만큼의 인간활동을 그

제품에 추가해야 하는데, 그 노동을 무보수로 사용할 수 있다는 사실 자체가 급료 노동이 애초에 보수를 지급받을 수 있는 유일한 이유였다. 보수 없이 제품에 추가되는 부문을 일리치는 '그림자 노동'이라고 부른다. 19세기 사회의 성적 특성이 양극화된 때문에 노동이 처음에는 남성보다 여성에게 더 많은 짐을 지웠다. 상품집약적 사회에서 사용 가치에 투입되는 인간의 노동력이 이렇게 양분된 것이다. 한 쪽에는 보수가 지불되고 나머지 한 쪽에는 지불되지 않는다. 그런데 보수가 지불될 가능성을 만들어내는 쪽은 보수가 지불되지 않는 쪽이라는 모순을 지닌다.[24]

일리치는 '이중의 게토'에서 성별 차이의 문제, 이른바 여권주의도 신랄하게 비판한다. "교육 때문에 멍한 사람이 더 많이 생겨난 것과 마찬가지로, 여권주의 역시 20년 동안 실행에 옮긴 방식 때문에 보수의 격차가 더 커졌다. (…) 여권주의는 소수의 사람들이 상승할 수 있는 새로운 기회와 여건을 만들어주었지만 한편으로는 부자와 가난한 자 사이의 기본적 차이에 대해서는 아무것도 바꿔놓지 않았다." 여권주의 때문인지 정확히 분석되지는 않았지만 20년 동안 분투한 끝에 일반적으로 고임금 여성과 저임금 여성 간의 보수 격차가 남성끼리의 그것만큼 커졌다는 것이다. 직업에서 차별은 그 직업을 얻는 데 성공한 소수에게는 없어졌지만 그러지 못한 다수에게는 더 강렬해지고 더 깊이 느껴지게 됐다는 것이다.[25] 여성운동가들이 곱씹어야 할 과제다.

일리치의 독서와 사색의 주제는 '코룹티오 옵티미 페시마corruptio optimi pessima'다. 최선의 것이 타락하면 이보다 더 나쁜 것은 없다는 뜻의 라틴어 문장이다. 그러면서 관념 뒤집기에 몰두하는데, 저자는 보살핌을 사랑의 가면이라고 하면서 보살핌이야말로 사람을 무력하게 만든다고 믿는다. 우리에게 늘 필요한 복지며 원조 등에 관한 인식을 새롭게 해야 할 계기가 여기 있는데 우리나라 지도자들은 이런 생각을 조금도 하지 않는 것 같다.

일리치는 질료로서의 생명에 집착한다. 다른 사람의 상태를 나타내는 맥락에서 사용되는 생명은 역사상 교회가 마주친 가장 강력한 우상이라고 그는 생각한다. 그는 공식석상에서 "생명은 지옥으로"라고 저주해 150명의 성직자를 분개시킨 적이 있다. 거기에 더해 그는 "전제조건으로 삼는 하느님은 지옥으로!" 그리고 "나는 생명-아무것도 없는 공空인 생명-이 드러나는 통로인 저 샤크룸(신성이란 뜻), 저 이중의 샤크룸, 저 푸르고 붉은 샤크룸을 신을 고안해내는 세상의 풍조로 나아가는 한 단계로 본다."라고 했다. 이렇게 고안해내는 신은 정말 존재하는 존재인 듯, 거기 있는 존재인 듯 다루어야 하는 신이라고 그는 생각한다. 딱히 더 나은 게 없기 때문이라는 것이다.

니체는 "하느님은 죽었지만 그럼에도 불구하고 우리는-문법을 계속해서 쓰고 있으므로- 계속 하느님을 가정할 것이다."라고 했다. 릴케는 하느님 만들기에 대해 말하면서 창의적 예술가를 미래 하느님의 조상이라 부른다. 자크 데리다는 〈인문과학 담론 속의 구조, 기호 및 놀이〉라는 논문에서, 비록 담론은 초월적으로 표현되는 의미라는 것에 중심을 둘 수 없지만, 그런 중심이라는 관념은 절대로 배제될 수 없다고 말한다. 무의미한 대로 필요한 관념이라는 말에 일리치가 동의하면서 신에 대한 입장을 드러낸다. 여기에 스티븐 호킹의 신학관이 겹치면 좀 더 복잡해지지만 이 책은 본체적 지식에 달하려는 것이 아니기 때문에 그런 면에서는 중립적 입장이다.

〈타임〉이 평한 대로 20세기 가장 진보적인 사상가인 일리치는 시대를 긍해 역사를 횡보하며 옛 시대를 참고하여 창조적으로 응용하면서 새로운 이해와 해석을 촉구한다. 이에 케일리는 주인공이 명제를 찾아내 깃발을 꽂았지만 그 명제의 포로가 되기를 거부함으로써 자신의 평판보다 더 앞으로 나갈 수 있었던 사람이라고 회고한다.

우리가 늘 접하는 보편화된 제도들, 이를테면 학교나 병원이나 교회 같은 것에 대해 우리는 있는 그대로를 받아들이고 잘못된 것이 있으면 고치려고 애쓰는데, 그것은 역사적 경험과 해석이라는 고정된 틀 속에서 발버둥치는 것이다. 실체의 본질에 좀 더 다가가 진정한 질료를 찾아내는 것이 앞으로 우리가 해야 할 숙제라는 것이 그의 교훈이다.

노벨상에 행정학 부문이 생기면 관료제를 연구한 학자가 받을 것이라는 전망을 한 것이 70년대 이야기다. 관료들은 온갖 일을 기가 막히게 잘 해낸다. 만일 지구가 멸망할 때 마지막 남아 있는 집단은 교회가 아니라 관료집단이라고 말하는 사람이 있다. 끝까지 남아 봉사한다는 의미보다는 끈질긴 생명력 때문이란다. 생명력은 규제의 힘에서 나온다는 것을 아는 사람은 다 안다. 제도를 등에 업고 호가호위하며 민원인들을 못살게 군다. 규제의 힘으로 권력을 휘두르는 각 부처 공무원들이 사립대학교 통폐합이며 영업정지 등 자기네들이 힘이 되는 규정들을 감추어놓고 있다가 들통 난 것이 7000개라는 사실이 밝혀졌다. 또 법과 규정을 만드는 과정에서 특히 시행령을 관료이기주의가 원하는 대로 만든다.

한 예를 든다. 다음 표는 행정사법과 시행령에 관한 것으로 헌법재판소가 위헌판결을 내린 것이다. 법에는 행정사의 자격을 시험에

• 〈표 3〉 위헌판결이 난 행정사법과 시행령 •

법과 시행령	조항
행정사법 제4조	(행정사의 자격) 행정사는 행정안전부장관이 시행하는 행정사의 자격시험에 합격한 자로 한다.
행정사법 시행령 제4조 제3항	시 · 도지사는 법 제6조 제2항의 규정에 의한 시험전부면제대상자의 수 및 법 제8조의 규정에 의하여 행정사업의 신고를 한 자의 수등 관할구역내의 행정사의 수급상황을 조사하여 시험실시의 필요성을 검토한 후 시험의 실시가 필요하다고 인정하는 때에는 시험실시계획을 수립하고, 이를 행정안전부장관에게 보고하여야 한다.(현재 그대로임)
헌법	제15조 모든 국민은 직업선택의 자유를 가진다.
위헌 이유 (헌법재판소 판례 2007헌마910)	행정사법 제4조가 행정사는 행정사의 자격시험에 합격한 자로 한다고 규정한 취지는, 모든 국민에게 행정사 자격의 문호를 공평하게 개방하여 국민 누구나 법이 정한 시험에 합격한 자는 법률상의 결격사유가 없는 한 행정사업을 선택하여 이를 행사할 수 있게 함으로써 특정인이나 특정 집단에 의한 특정 직업 또는 직종의 독점을 배제하고 자유경쟁을 통한 개성신장의 수단으로 모든 국민에게 보장된 헌법 제15조의 직업선택의 자유를 구현시키려는 데 있는 것이다. 시 · 도지사가 행정사를 보충할 필요가 없다고 인정하면 행정사 자격시험을 실시하지 아니하여도 된다는 것으로서 상위법인 행정사법 제4조에 의하여 청구인을 비롯한 모든 국민에게 부여된 행정사 자격 취득의 기회를 하위법인 시행령으로 박탈하고 행정사업을 일정 경력 공무원 또는 외국어 전공 경력자에게 독점시키는 것이 된다.

합격한 자에게 부여하는 것으로 해놓고 시행령은 상황을 고려해 시험의 필요성을 검토하고 나서 실시 여부를 정하는 것으로 했다. 헌법 15조에 보장된 직업 선택의 자유를 보장하지 않은 사례다. 이런 사례는 극히 작은 예에 속한다.

이처럼 제도를 등에 업고 불이익을 감수하라고 한다면 그 제도더러 옳다고 할 사람이 누가 있을까?

큰 리더 되기

권력은 봉사다

잊지 말아요. 권력은 봉사라는 걸
권력은 나눠야 더 커지는 것
권력은 아름다워야 하는 것
세상을 아름답게 꾸밀 수 있는 것
나 아닌 남을 위해
모두의 좋은 삶을 위해
사용해야 하는 것
정직하고 겸허하게
낮은 자의 마음으로

나보다 너를, 그리고 우리 모두를 위해.

침

권력 없이도

우리는 넉넉하답니다.

이 노래 가사는 2011년 10월 서울대학교 리더십센터가 설립 3주년 기념으로 제작한 뮤지컬 〈대통령이 사라졌다〉에 등장하는 대통령 이강토의 노래로, 뮤지컬의 대표곡이다. 사랑과 증오, 경쟁과 협력, 성취와 좌절 등이 교차하는 권력의 세계를 아름다움으로 감싸는 이 뮤지컬은 내가 제작한 작품으로, 서울대학교 최우정 교수가 음악감독이고 다양한 전공의 학생들이 참여했다. 시놉시스와 이 노래의 가사도 내가 썼다. 뮤지컬에는 서울대학교 리더십센터에서 하는 리더십 강의의 기본 정신이 모두 담겨 있다. 제작 과정을 모두 기록으로 남겨 학생들의 리더십 교육 교재로 쓸 것이다. 뮤지컬을 만든 제작 의도 중 하나는 쿠바 미사일 문제를 다룬 〈D-13〉같이 대통령의 리더십에 관련된 영화가 심심치 않게 있으나 모두 외국 작품이고 외국의 정치 상황이다. 우리나라에도 〈효자동 이발사〉나 〈굿모닝 프레지던트〉 같은 작품이 없지 않지만 실제와 크게 다르고 지나치게 권력이나 리더십이 극화되고 희화되었기 때문이다. 이 노래 가사와는 달리 우리 현실에서의 권력은 그리 아름답지도 않고 봉사 일변도도 아니다. 그럼에도 불구하고 우리가 꿈꾸는 미래 세계에서는 권력이 아름답게 행사될 것이라는 믿음을 저버리고 싶지 않다.

권력을 전횡한 예

1995년 미국 노스웨스턴대학교에서 안식년을 보낼 때였다. 학부생 리더십 강의를 보니 학기 내내 교내·외에서 하는 봉사활동이 대부분이었다. 수업은 두 과목만 들으면 되는데, 하나는 스피치 커뮤니케이션에 대한 것이었고, 다른 하나는 과거 실패한 지도자에 대해 듣는 역사학과 수업이었다. 성공한 리더보다 실패한 리더에게서 배우는 교훈이 훨씬 더 교육적일 수 있기 때문이다.

리더 중에는 좋은 리더가 있고 나쁜 리더가 있다. 나쁘면 리더라고 할 수 없겠지만, 실제 세상에서는 자리에 오르기까지의 수단이 옳지 않거나 자리에 오르고 나서도 다른 사람은 저만치 제쳐놓고 자신만을 위하는 부족한 리더가 있게 마련이다. 오래 집권한 리더들도 이 범주에 해당하는데, 주로 아프리카에 많다.

오래 집권한 대표적인 인물로는 쿠바의 피델 카스트로가 있다. 1959년 바티스타 정권을 무너뜨리고 공산정부를 세운 이래 2011년 동생 라울에게 권좌를 내주기까지 52년 동안 집권했다(국가평의회 의장직은 2008년에 넘겼다). 또 2011년 축출된 이집트의 무바라크 대통령도 있다. 안와르 사다트 대통령을 암살하고 집권한 것이 1981년의 일로, 꼬박 30년을 권좌에 있었다. 알아사드 시리아 대통령 부자는 부자세습으로 1970년 이후 지금까지 대를 이어 정권을 쥐고 있다.

권좌에 오래 있었다고 해서 반드시 나쁜 리더는 아니지만, 오래 있을수록 권력은 남용되는 속성을 지닌다. 프랑스의 철학자 베르나르 앙리 레비의 말에 의하면 '관계'에서 비롯되는 권력의 본질은 독점과 억압이다. 특히 소외된 관계에서 그렇다.

"나는 파시즘과 스탈린주의 사이에서 태어난 사생아"라고 자칭하는 레비는 권력과 언어, 권력과 역사, 자본주의와 죽음 등의 관계에 남다른 통찰력을 발휘해 '권력 없는 사회는 없고 남용 없는 권력은 없다.' 라는 명제를 앞세워 인류 역사상 인간의 얼굴을 한 전체주의와 내일의 천국을 가장하는 자본주의를 맹박한다.

루소는 권력을 사회만큼 영원하지만, 사회가 소멸하면 권력도 없어질 것이라고 했다. 또한 인간의 불행 역시 사회관계가 원인이라고 믿는다. 따라서 사회관계만 없으면 권력도 불행도 없다. 사회관계는 내가 많은 것을 차지했다고 착각하게 만들 뿐, 정작 자기 소유물을 남들에게 빼앗기고 자기 자신과 타인으로부터 소외된다. 권력 없는 사회가 존재할 수 없다는 말은 이런 이유에서다. 사회주의에서는 모든 인간이 평등한 권력 없는 사회를 상정하기도 하지만, 사회주의 체제에서도 예외 없이 권력이 핵심을 차지한다.

나는 권력은 80퍼센트만 써야 한다고 생각한다. 100퍼센트를 사용하면 오만이고, 120퍼센트가 되면 남용이라고 생각한다.

언제든 포기할 수 있어야 진정한 권력이다

나는 권력이 봉사, 곧 서비스라고 생각한다. 서비스에는 여러 의미가 있겠지만, 팔로어들이 곤궁에 처해 있을 때 돕는다는 의미가 권력에서는 적절하다. 서울대학교 리더십센터의 엠블럼을 만들 때 여러 생각과 고민을 하다가 '권력은 봉사입니다' 로 했다. 서울대학교 엠블럼에 들어가는 '진리는 빛이다Veri Tas Lux Mia' 라는 라틴어를 연상해서 같은 교표에 라틴어로 'Ab Officio, Ad Honestatum' 이라고 새겼다. 사람들이 명함에 새겨진 엠블럼을 자세히 보지도 않고 언급도 잘하지 않는 편이지만, 2011년 봄 부산 BEXCO에서 개최된 한국 행정학회 국제대회에 참석한 전 유럽행정학회 회장 브카에르트Geert Bouckaert는 서울대학교 엠블럼만큼 의미가 깊다고 평했다.

하버드대학교 케네디스쿨의 로널드 하이패츠는 《하버드 케네디 스쿨의 리더십 수업Leadership Without Easy Answers》이라는 책에서 권한 관계에 '봉사'라는 개념을 적용해, 의사가 환자의 질병을 고치는 것을 사람들이 의사에게 고치는 권한을 부여한 것이라고 설명한다.[1] 앞서 '응보의 의학'을 말한 이반 일리치의 생각과 같다. 하이패츠는 이러한 권한을 신뢰라고 말한다. 또한 봉사를 실질적이고 지시적인 것으로 해석한다. 실질적이라는 것은 이론이 아닌 일상에서 그 의미를 찾겠다는 것이고, 지시적이라는 것은 환자의 아픔을 듣고만 있는 것이 아니라 이를 해석하고 조언하겠다는 것이다.

그는 환자가 아프다고 불평하는 것은 생물학적 스트레스와 사회적 불균형의 표출이라고 해석한다. 따라서 문제 그 자체가 아니라 환경을 포함한 큰 체계에서 문제를 봐야 한다. 2002년 일어난 LA 흑인폭동 같은 문제도 경찰관의 잔혹한 법 집행만이 아니라 흑인을 포함한 미국 사회의 실업, 빈곤, 불평등, 편견, 부당함을 함께 생각해야 한다.

생물학적 접근을 하는 하이패츠는 인간 행동의 많은 부분이 환경의 영향 하에 있다고 전제한다. 따라서 환경이 변하면 기능도 바뀌고 적응하기 위해 가치관도 바뀐다. 이 관점에서 리더는 더 많은 권력과 더 많은 이익 위주의 사고보다는 조직이 직면한 문제에서 희망을 이끌어내고 때로는 권력마저 포기할 수 있어야 한다. 생각하는 능력을 향상시키고 실패에 대한 내성을 강화하고 미래에 대한 적응력을 키워야지, 당장 얻을 수 있는 것에 집착해서는 안 된다는 말이다.

정신과 의사이면서 음악가인 하이패츠의 학문적 배경은 이 시대의 키워드인 융합적 사고를 하기에 적당하다. 그래서 권력을 일방적이고 지시적인 관계가 아니라 남(환자)에게 도움을 주는 봉사의 관계로 귀결할 수 있었다. 권력이 봉사이려면 리더는 보다 현명하지 않으면 안 된다. 마음의 바탕에 곱고 어진 결이 자리 잡고 있어야 한다. 바로 현자의 리더십이다. 《창조! 리더십》을 보면 현자의 리더십을 리더의 여러 유형 중 최상의 것으로 설명했다.[2]

그러나 보통 권력은 그리 쉽게 포기하거나 양보하는 것과 거리가 멀다. 권력을 쌓으면 쌓을수록 움켜쥐려 하고 한곳으로 모아 마음대로 행사하려는 속성을 지닌다. 권력은 오만을 동반한다. 노스웨스턴대학교의 아담 캘린스키 교수는 "권력은 주변 사람들의 감정에 눈멀게 하고 자신의 이익에 맞춰 다른 사람을 수단으로 취급한다."고 말한다. 남을 지휘해본 경험이 있는 사람들에게 복권을 나누어 주는 권한을 부여한 뒤 다양한 표정을 한 여러 사람의 사진을 보여주자 사진 속 인물의 감정을 읽는 능력이 현저히 떨어졌음을 확인하는 실험 결과도 있다. 더욱이 리더들은 다른 사람에게 적용되는 인과응보가 자신은 피해간다고 착각하기도 한다.[3]

권력의 속성을 대표적으로 보여주는 것이 조지 오웰의 《1984》이다.[4] 이 소설의 주제는 권력이다. 권력이란 남을 움직이는 힘이다. 감시와 통제와 조작으로 인간을 인간답지 않게 하는 세상을 그리면서 그런 세상이 오면 안 된다는 경고의 메시지를 보내려는 것이 작가의 의도다. 과학기술이 발달하면서 작가가 예견한 세상이 다가오는 것을 부인하기 어렵다. 과학기술의 효능이 날로 악용되고 물리적 강제력을 행사하는 정부의 영향력이 날로 커가고 있기 때문이다.

지금으로부터 꼭 50년 전에 발표된 이 소설은 미래 세상이 장밋빛 유토피아가 아니라 전체주의의 공포에 휩싸인 철저한 반유토피아라는 것을 말하고 있다. 모순과 횡포 때문에 모든 인간은 인간으로서의 값을 잃은 채 절망 속에서 살아간다. 상황은 다르지만 영화 〈매트릭스〉에 등장하는 인간처럼 컴퓨터에 에너지를 공급하기 위해 사육당하는 존재와 다름없다. 그래도 주인공 윈스턴과 줄리아는 유일하게 남은 인간으로서 절대권력의 화신인 당에 한없이 저항한다. 유일한 반대 세력인 지하조직 '형제단' 에 가담한 것도 그런 이유에서다. 그러나 믿었던 오브라이언의 음모에 넘어가 잔혹한 고문과 세뇌를 받다가, 결국 마지막 남은 인간도 당의 두목인 빅 브라더를 사랑하기에 이른다.

당은 말 그대로 만능의 존재다. 사상과 과거를 통제하고 날조하면서 개인의 사생활과 인간성을 철저하게 유린한다. '이중사고' 를 통해 인간이 자유, 평등, 진실, 그리고 사랑이라는 지고의 아름다운 가치를 인식하지 못하게 한다. 당이 인민을 통제하는 수단은 집이고 거리고 어디에나 설치된 텔레스크린이다. 대화와 행동이 감시당하는 것은 물론 심지어 잠꼬대까지 엿들으니 사생활이라는 단어가 무색해질 지경이다. 요즘 곳곳에 설치된 CCTV와 비슷하다.

만일 이처럼 상대방에게 믿음을 얻지 못하고 의심받고 감시당한다면 그 삶이 어떨까? 인간은 개성이나 특성 없이 모두가 똑같은 꼭

두각시 취급을 받는다면 받아들일 수 있을까? 유감스럽게도 인간이 기계가 되고 소외되는 지금의 현실을 부인하기 어렵다. 스스로 아니라고 안간힘을 써도 소용이 없다. 《1984》가 제기한 문제는 우리 세상에서 지워지지 않을 영원한 숙제일 것이다.

미래 사회에도 리더가 있을까?

오르페우스 챔버 오케스트라는 단원이 27명뿐인 실내악단으로 매년 뉴욕의 카네기홀에서 정기연주를 하는 몇 안 되는 악단 중 하나다. 이 악단에는 지휘자가 없다. 곡에 대한 해석은 연습 중간 직접 논의하며 정한다. 연주 때 나눌 신호도 미리 정해서 단원들끼리 지휘자의 몫을 대신한다. 2008년 예술의 전당에서 연주회를 열었을 때 들은 적이 있는데, 곡마다 악장도 바뀌고 연주자와 악기 위치도 바뀌는 등 상황에 따라 유연했다. 이 악단의 경영원칙 8가지는 미국 MBA 교과서에 실릴 정도로 유명하다.

⑴ 실무자에게 권력을 이양한다.

⑵ 개개인의 책임의식을 고취한다.

⑶ 각자의 역할을 명확히 규정한다.

⑷ 리더십을 나누어 갖는다.

⑸ 수평적 팀워크를 기른다.

⑹ 듣는 법과 말하는 법을 배운다.

⑺ 합의를 이뤄낼 합당한 메커니즘을 만든다.

⑻ 임무 수행에 열정을 바친다.

리더와 권력에 대한 미묘하고 불가사의한 실재 때문에 리더는 오히려 없는 것이 더 낫거나 그 역할을 축소하는 것이 옳다는 주장이 있다. 오르페우스 오케스트라의 예처럼 리더 없이도 조직은 유지되고 기능할 수 있다. 배가 순항할 때 선장의 역할은 미미하고, 예로부터 임금은 있으나 없으나 잘 보이지 않는 존재여야 한다고 했다(太上不知有之). 하지만 전장에서 지휘관이 없다면, 산사태나 지진과 같은 천재지변의 상황에서 리더가 없다면 어떨까? 시간과 생명을 다투는 조직에서는 리더의 몫이 분명히 있다. 그런데 계급이 굳이 필요 없는 조직에도 계급이 있는 경우가 많고, 모두가 위로 올라가려 한다. 대학도 철저한 관료집단으로 전임강사부터 정교수까지 계급이 있다. 또 서로 학장이나 총장이 되려고 한다. 원래 단과대학을 뜻하는 'college'의 어원인 콜레지아collegia는 동료들 중 한 사람이 돌아가며 어느 자리에서 심부름하는 조직을 뜻한다.

조직이 있고 계급이 있고 우두머리가 있어도 상황에 따라 유연하게 계급이 없는 듯 운영할 수도 있다. 1994년 여름 휴렛팩커드 견학을 간 적이 있다. 놀라운 점은 회장과 부회장의 방이 붙어 있고 둘을 합쳐도 열 평도 채 안 되어 보였다는 것이다. 게다가 위의 천장이 막혀 있지 않아 밀실에서 뭔가 이루어지는 듯한 분위기를 찾아볼 수 없었다. 우리나라와는 대조적이다. 어느 쪽이 더 권위적인지, 어느 쪽이 더 소통이 잘되고 서로 존중하며 일을 함께 하는지는 보지 않아도 알 수 있다.

여성 리더가 반드시 알아야 할 것

1970년 《미래의 충격》을 발표한 후 40년을 기념해 다시 미래를 내다보며 앨빈 토플러는 21세기에는 여성이 권력의 중심에 선다고 말했다. 리더십 이론에서도 카리스마와 거친 힘으로 대표되는 남성적 리더십보다 친절함과 부드러움 등으로 대표되는 여성적 리더십이 강조되고 있다. 또한 모계사회가 재현될 것이라는 예견 속에 여성들이 주변부에서 중심부로 이동하고 여성성의 보편화가 눈앞에 다가온다고 해도 과언이 아니다.

여성 리더는 과거 클레오파트라와 라이베리아의 엘런 존슨-설리프를 제외하면 아프리카는 전무하고, 라틴아메리카에는 지금까지 7명의 여성 대통령이 있었고 2010년 11월 선거에서 이긴 브라질의 지우마 호세프를 비롯해 총 3명의 여성 대통령이 현직에 있다. 아시아권에는 인디라 간디, 코라손 아키노 등 여성 정상이 심심치 않게 있지만 동북아시아에서는 오랜 유교 전통 때문인지 눈에 띄지 않는다.

2011년 〈이코노미스트〉의 보도에 따르면 20명 정도의 여성 정치인이 선전하고 있으며, 독일이나 호주의 여성 총리처럼 자수성가한 사례도 있지만, 그중 13명은 정치 명문가 출신으로 미얀마의 아웅산 수 치, 페루의 게이코 후지모리, 한국의 박근혜 등을 예로 들고 있다. 인도 의회당 총재 소니아 간디, 아르헨티나 대통령 크리스티나 페르난데스, 태국 총리 잉락 친나왓 등도 포함된다. 이들은 어릴 때부터 받은 철저한 정치 교육과 아버지나 남편 또는 오빠가 쌓은 인맥, 재력 등을 이용해 정치를 시작할 때부터 이미 '신인'이 아닌 경우가 많으며, 아들보다는 비교적 부정부패에 연루될 가능성이 적다는 장점도 있다고 한다.[5]

지금까지 사회는 비대칭적인 구조 속에서 상호 보완성을 띠면서 공존해왔다. 여기에서 문제는 한 쪽의 정의가 다른 쪽의 정의와 일치하지 않는다는 것에서 비롯됐다. 그리고 내가 있고 남이 있다는 이원적 사고는 항상 둘 사이의 대등성의 문제를 따지게 한다. 우리의 의식 속에 '여기 있음'에서 비롯된 '남/다름otherness'의 관념이 자리하고 있는 것이다. 이 관점에서 여성이 권력의 중심에 서게 되면서 또 다른 불평등, 예를 들면 가모장적 권위주의를 초래한다면 이 또한 불행이 아닐 수 없다. 관계에 대한 인식을 새롭게 할 필요가 있다. 그 출발은 본질 천착이다.

전후, 좌우, 상하, 그리고 과거와 미래는 대칭과 비대칭, 평등과 불평등 등이 늘 내연하는 가운데 통합이라는 허상만 좇아왔다. 이러한 차이를 조금이라도 극복하는 길은 맹목적으로 믿으려는 근본주의나 공연히 의심해보는 상대주의를 넘어 한 쪽에 치우치지 않는 '의심하는 믿음'을 바탕으로 공감하는 것 이상이 없다. '의심하는 믿음'은 인간이 불완전다는 고백이며 그래서 늘 자성하는 가운데 자신의 정체성을 묻고 또 묻는 것이다. 이에 관한 설명은 마지막 강에 또 나온다.

《소유의 종말》로 시간의 중요성을 환기시켰던 제러미 리프킨이 최근 낸 저서 《공감의 시대》는 19세기 과학주의와 도구적 합리주의에 묶여 있던 논리들, 이른바 물질과 에너지의 생산을 지고지성至高至誠으로 생각하던 것에서 벗어나 인정과 존중을 소중하게 생각하게 한다. 여성과 남성의 이분법 사이의 틈 속에 숨어 있는 진리를 믿어도 보고 의심해보기도 하면서 숭고한 인간의 존재 가치를 확인한다면 여성 중심 세상이 훨씬 더 편하고 아름다워질 수 있다.

경계를 없애거나 넘는다는 것은 그리 쉬운 일이 아니다. 국가의 경계, 즉 국경을 넘나드는 것이 요즘 흔히 하는 말이긴 하다. 또 실제로 금융 같은 분야는 국가 간 경계가 없어진 지 오래다. 그러나 인종과 문화가 다른 집단끼리 경계를 튼다는 것은 남녀 간의 그것처럼 쉽지 않다. 학문 간의 경계도 마찬가지다. 융합의 이름으로 학문 간의 벽을 허물려고 애쓰고 이 책에서도 융합 리더십을 고양해야 한다고 주장하지만, 학문 벽 허물기도 예삿일이 아니다.

새로운 리더를 찾아서

새삼 리더십이란 무엇인가? 학교에서는 엘리트 양성과 더불어 리더십을 강조하며 사회에 나가 조직을 이끌어야 한다고 가르친다. 실제로 그런 사람들을 성공했다고 평한다. 하지만 열정적이고 성취지향적이고 스마트하고 야망에 불타는 인간상이 진정한 리더인가에 대해서는 의문이 생긴다.

조지프 콘라드의 소설 《어둠의 심연》[6]이나 이를 토대로 만든 영화 〈지옥의 묵시록〉은 벨기에령 콩고가 무대로, 주인공 말로가 콩고 강 상류로 깊이 들어가 정글에 안주해 불량배가 되어버린 관리인을 구출하는 내용이다. 이 소설은 제국주의와 식민주의, 인종 문제, 그리고 인간의 마음속에 숨은 어두운 그림자를 그리고 있으며, 더 나아가 관료제와 위계에 관한 이야기도 다루고 있다.

소설에서 말로는 관료들의 행동을 관찰하며 이들이 어떤 종류의 인간으로 성공하고 실패하는가를 본다. 말로는 중앙역(교역소)의 우두머리에 대해 묘사하면서 '하잘것없는', '일반적인', '보통의', '흔한' 이라는 단어를 사용하는데, 이런 인간형이 관료제 하에서 성공하는 인물이 된다.

실제에서도 특별한 캐릭터도 없고 유별나게 빼어난 능력도 없이 명령다운 명령도 할 줄 모른 채 그저 일이 굴러가게만 하며 자리에 눌러앉아 있는 인물들이 보인다. 능력의 출중함보다는 책략에 능하고 윗사람 눈치 잘 보고 아랫사람을 짓누르며 일을 독려하고 위험을 무릅쓸 일은 하지 않으며 의문을 제기하지 않은 채 일상사만 잘 챙긴다. 관료제의 미스터리다.

조직이라는 것이 이렇다. 결국 규칙과 절차, 지위, 사람이 권력을 중심으로 엉켜 있는 관료 사회다. 이 속에서 반칙 범하기를 떡 먹듯이 하고 무질서가 판을 친다. 2010년 밝혀진 외교통상부 고위층의 친인척 불법 임용이나 천암함 사건으로 밝혀진 군부의 무소통과 비효율적인 명령 체계 등을 생각하면 된다. 그런데도 사람들은 이러한 관료 조직의 생리도 잘 모른 채 조직에 들어가 실망하고 고생한다. 더 알아야 할 것은 법과 제도라는 틀이 사회의 질서를 유지하는 불가결의 요소임에도 불구하고 여기에 묶이는 순간 인간의 자유의지나 자율성은 상대적으로 줄어든다는 사실이다. 따라서 사람들은 관료 조직이 어떻게 움직이고 어떤 행태가 지배적이고 어떤 성격이 주도하며 어떤 상벌이 따르는지를 알아야 한다. 그 조직에 적응해야 생존대열에서 낙오하지 않는다. 물론 여기서 심각하게 생각해야 할 것은 아무리 개인의 능력이 훌륭해도 진보하기보다는 조직의 규범과 분위기에 매몰돼 보잘것없는 인간으로 전락할 가능성이 충분히 있다는 사실이다. 외부에서 관료제의 장으로 들어가는 리더들이 반드시 명심해야 할 말이다.

전형적 지혜가 아닌 실천적 지혜로

사람들이 당면할 이런 현상들을 생각하면 마음이 놓이질 않는다. 왜 그럴까? 왜 이렇게 되었을까? 그렇다고 이 현상을 주어진 것으로 받아들이고 안주해야 할까? 나도 시간이 지나면 차근차근 승진해 위세를 부릴 자리에 오르게 되겠지 하며 참고 견뎌야 할까?

이제 다른 리더십을 모색할 때가 되었다. 지금까지 노력한 세대의 몫을 부인하고자 하는 것은 아니지만, 앞으로 지금까지 지속되었던 리더십을 답습하면 희망이 보이지 않는다. 리더십 위기의 시대라고 해도 과언이 아니다. 간단히 말해 잘 굴러가도록 하는 것에서 만족하지 말아야 한다는 것이다.

이제 스스로 자신을 생각하고 새로운 방향을 모색하고 사물을 새롭게 볼 줄 알고 일을 해낼 새로운 방법을 찾는 비전을 가진 사람이 필요하다. 기존 권위에 의문을 품고 세상을 향해 거대담론을 제기할 누군가가 있어야 한다.

대학 교육에서 지금까지 민주시민의식을 심화하고 독자적으로 사고하며 표현과 행동에서 자유롭고 책임 있고 사려 깊게 행동하라고 배우지 않은 학생은 없다. 그러나 한 걸음 더 나아가 창의적이고 유연하고 독자적으로 사고하고, 동시에 융합적으로 생각하라고 가르친 적은 드물다. 진정으로 말하건대, 아무리 좋은 엘리트 대학을 나오고 지적으로 우수하고 높은 자리에 올라도 어떻게 생각해야 옳은지를 아는 사람이 그리 흔하지 않다. 하루 빨리 전형적 지혜conventional wisdom에서 벗어나 실천적 지혜phronesis를 터득해야 한다. 단 9명의 형제자매들의 지혜가 질서를 지킨다는 점을 잊지 말자. 미국 예이긴 하지만, 의회가 제정한 뉴딜 개혁입법을 대법원이 위헌판결을 내리자 프랭클린 루스벨트 대통령이 "아홉 명의 늙은이가 나라를 망치는구나!"라고 탄식했다고 한다. 첨예한 사상 대립을 보이며 때로는 감정적 인신공격을 마다하지 않지만, 미국 연방대법원 판사들은 나라의 운명을 걱정하는 지혜를 짜 미국을 움직이는 숨은 저력이 되었다.[7] 우리나라에도 이런 저력을 가진 리더가 필요하다.

스스로 생각해내는 사상가

남과 다른 사고를 하는 리더가 되는 길은 스스로 생각해내는 능력에서 비롯된다. 비록 그러한 생각이 대중적이지 않더라도 신념과 확신을 갖고 용기를 잃지 않는 기개가 필요하다. 몸으로 표현하는 힘 있는 용기physical courage보다 도덕적 용기moral courage가 더 소중하다. 이는 내가 믿는 바대로 설 수 있는 담대함을 말한다.

진정한 리더십은 스스로 생각하며 확신을 갖고 행동하는 데에서 나온다. 어떻게 하면 그렇게 할 수 있는지를 묻는다면 답이 쉽지는 않다. 스탠포드대학교에서 실시한 실험에 따르면, 학생들이 효과적으로 멀티태스킹을 할 수 있는 줄 알았지만 사실은 그렇지 못하다는 것을 확인했다. 그러니까 멀티태스킹을 하면 할수록 두뇌의 능력mental faculties은 떨어진다. 학생들의 인지 기능을 직접 조사한 것은 아니고 합당한 정보와 그렇지 않은 정보를 가리는 능력을 테스트했는데 이들은 오히려 전자를 외면하는 경향을 보였다. 이는 심각한 오류가 아닐 수 없다. 정보를 정확한 개념 상자에 넣고 있다가 필요할 때 재빨리 꺼내서 쓸 줄 알아야 하는데 그렇지 못하다는 것이다. 한마디로 이들의 마음이 조직적이지 못하다는 것을 밝힌 것이다. 실제로 이들은 과업을 바꾸는 일에서 무딘 반응을 보이기도 했다.

멀티태스킹은 생각하지 않는 것뿐만 아니라 생각하는 능력을 해친다. 생각한다는 것, 즉 사고는 어떤 일에 대한 아이디어를 개발하기 위한 충분한 시간 집중을 뜻한다. 남의 아이디어를 배우거나 정보 등을 기억하는 것이 아니라 내 자신의 아이디어를 개발하는 것이다. 스스로 생각한다는 것은 그리 쉽지 않다. 특히 요즘은 수없이 다가오는 SNS 메시지 등에 치어 혼자서 20초 이상을 생각할 겨를이 없다.

자신이 하는 생각의 습관을 가만히 돌이켜보면 대개는 처음 하는 생각이 내 자신의 것이라기보다 남의 생각을 재현하고 있다. 이미 어디서 비슷한 주제에 관한 이야기를 들은 바 있고 이는 대부분 그렇고 그런 전형적 지혜일 뿐이다. 그러므로 한 가지 일에 몰입해서 의문을 품고 집중적으로 생각하며 인내하고 내 마음의 여러 부분이 하나로 집중되도록 몰아가면 큰 생각과 새로운 생각을 할 수 있는 사상가적 기질이 자란다. 두뇌가 연결고리를 찾아 여러 부분이 연관되도록 하면 놀라운 결과를 얻을 때가 온다. 그렇다고 늘 이런 식으로 생각한다고 매우 새로운 아이디어가 탄생하는 것은 아니다. 오히려 평범한 생각을 해도 잘못이 어디에 있는지를 생각하고 또 생각하는 여유를 가지면 된다. 여러 번의 시행착오를 고치고 또 고쳐서 한 가지를 완성하고 그 다음 단계로 넘어가고 하는 일을 반복해 학습하면 된다.

다작 · 다독보다는 사유의 시간이 필요하다

글 읽기나 글쓰기, 특히 글쓰기의 속도를 자랑하는 학생이 간혹 있긴 하지만 그건 허풍에 가깝다고 생각한다. 실제로 작가 토마스 만은 남을 위해 글을 쓴다는 것은 매우 어려운 일로 유명한 작가일수록 글을 매우 천천히 쓴다고 말한다. 제임스 조이스James Joyce가 《율리시스》를 쓸 때 하루에 100개의 단어를 썼다. 앞서 인용한 《어둠의 심연》의 반쯤 되는 분량을 7년에 걸쳐 썼다는 이야기다. 지난 세기 위대한 시인 엘리엇은 25년 동안 150쪽 분량의 시를 썼다. 한 달에 고작 반 쪽씩 쓴 셈이다. 김훈도 단어 하나 때문에 밤을 꼬박 새운 경험을 토로한다. 글을 쓸 때는 시간에 쫓기지 말고 천천히 집중하며 생각하는 습관을 길러야 한다. 안철수는 책을 읽을 때 다음 쪽으로 넘어갈 때 쪽 번호를 반드시 확인하는 습관이 있다.

앞서 말했듯이 요즘은 혼자서 생각할 여유가 없다. 이럴 때일수록 '나는 내 생애에서 진정 바른 일을 하고 있는가? 내가 어릴 때 배웠던 것을 나는 지금도 믿고 있는가? 나는 의무, 영예, 국가 등과 같은 단어를 매일 생각하며 살고 또 그 의미가 무엇인지를 알고 있는가? 그리고 나는 행복한가?' 와 같은 물음을 스스로에게 던지며 사고하는 습관을 가져야 한다.

남보다 나부터 알자

만일 나 자신이 누구인지를 잘 모른다면 나의 남은 생애에 무엇을 할 것인지를 계획할 자신이 없을지 모른다. 만일 나 자신이 나의 말을 들을 줄 모른다면, 그리고 과연 무엇을 걱정하고 있는지에 대해 번뇌하지 않는다면 시간만 낭비하며 세월을 흘려보낼 것이다. 그러니 늦기 전에 이런 근본적인 문제를 놓고 고민해야 한다.

세상에 대해 의문을 갖고 질문을 던져보라. 스스로 곤경에 처해보라. 문제가 존재하지 않는다고 애써 부인할 필요 없다. 이를 회피하거나 벗어나려고 애쓰지 않아도 된다. 직접, 정직하게, 용기 있게 맞대면하라. 이렇게 얻을 수 있는 답은 트위터에서도, 〈개그콘서트〉 같은 코미디 프로그램에서도, 주요 일간지 시론에서도 구할 수 없다. 그 답은 혼란스럽지 않고 동료들의 압력도 없는 외로운 고독 속에서만 찾을 수 있다.

리더는 고독해야 한다

정부 고위 인사 중에 '따로'라는 별명이 붙은 사람이 있다. 밥도 혼자서 먹고, 중요한 결정도 혼자서 하는 등 외톨이를 자처해서 붙었다. 리더십의 본질은 늘 남과 함께하는 중에 발휘되는 것이지, 스스로를 외톨이로 만드는 것과는 거리가 있다. 그런데 리더 중에는 스스로 외톨이가 되어 사람들과 접촉을 피하는 인물들이 심심치 않게 있다. 심지어 인사 때가 되면 관련 서류를 들고 집에 칩거해 혼자 결정하는 장관도 있었다.

리더십은 너와 함께 모두가 같이 지내는 집단성이 본질이다. 미국의 지도자를 예로 들면 조지 워싱턴은 군의 통수권자로, 에이브러햄 링컨은 국가의 수장으로, 마틴 루터 킹은 대중운동의 기수로 일했고 늘 사람들과 함께 있었다.

진정한 리더십을 발휘하기 위해서는 트위터나 페이스북 같은 소셜네트워크 시스템에 익숙할 필요도 있지만, 반면 자신을 혼자 묶어 놓고 사색하며 세상의 원리를 파고들며 고뇌하는 모습도 때론 필요하다.

고독이 항상 내성內省이나 내관內觀 같은 자기반성만을 의미하지 않는다. 《어둠의 심연》에서 말로가 중앙역의 미친 듯한 분위기에 살아남은 것은 자신을 집중시킨 고독과의 싸움이었다. '자신을 찾는 기회' 라는 것은 쉽지도 값싸지도 않다. 이를테면 인문대에 들어가 어학이나 철학 전공을 한 경우, 졸업 후 직업을 구하기 위해 동분서주한다. 또 이를 위해 대학 때 고민에 고민을 거듭하다가 결국 허공을 쳐다보며 귀한 시간을 보내기도 한다. 인성에 관한 연구를 하지 않는 다른 분야의 사람들도 깨어 있는 시간의 절반 정도는 딴생각을 하며 보낸다고 한다. 그런가 하면 말로는 작가였지만 19년의 세월 중 선장으로 지냈던 8년 동안 현실적이지만 창의적인 생각으로 일관하며 자신이 누구인지 탐색하기를 게을리하지 않았다. 그 세월 동안 그는 혼자서 하는 고독한 은자를 자처해 배에 못을 박는 일이나 집을 지을 때나 음식을 만들 때도 늘 집중에 집중을 거듭하며 자신을 내던져 몰입했다.

스스로 생각한다는 것은 자신을 찾는다는 것을 의미한다. 자신의 정체성이 무엇인지 자신의 실체를 밝히는 일이다. 만일 자신이 특정 신문이나 페이스북, 트위터에 몰두하면 다른 사람들의 생각의 범주에 자신을 몰아넣는 것밖에 되지 않는다. 자신을 과거로부터 내려오는 전통적인 지혜에 절여지도록 내버려두는 것과 같은 것이다. '남처럼'의 허상을 좇아 주류의 그늘에서 벗어나지 못한다.[8] 창의적이지도 않고 앞서 가는 혜안도 없다 보니 크게 생각할 여유도 자신도 없게 된다. 이런 상태에서 매번 귀에 거슬리는 불협화음의 음색cacophony을 들으며 정작 자신의 목소리는 듣지 못한다. 랄프 에머슨이 말한 대로 자기네 종족들을 제대로 이끌려면 남의 영혼을 따라 목숨을 부지하고 숨 쉬고 읽고 쓰면서 여행을 떠나면 안 되고 나 자신부터 알아야 한다. 이 과정에서 리더십은 단지 절벽으로 향해 가는 짐승 떼들 앞에 서는 것이 아니라 새로운 방향을 찾는 것이다.

책을 통한 지식은 조각 지식이나 정보보다 훨씬 값지다. 책을 읽을 때에도 그 이야기에만 따라가는 것보다 내가 지금 읽고 있는 것에서 무엇을 얻을 수 있는지 생각하는 기회를 갖는 것이 중요하다. 생명에 버금갈 정도로 귀한 책은 그 내용이 저자의 심장한 고뇌와 절박한 느낌을 담은 것이어서 매우 조심스러울뿐더러 뜻깊다. 책이야말로 저자가 홀로 고독과 싸우며 내어놓은 결과물이다. 스스로를 생각하며 자신에 대해 밝힌 성과물이라는 것을 잊지 말아야 한다.

고독은 자기성찰이다

고독은 자기성찰introspection이다. 고뇌하며, 일에 집중하며, 반성하며 내면을 파고드는 것이다. 꾸준히 독서하는 것이 한 방법이다. 여기에 깊이 사귈 수 있는 친구가 있다면 금상첨화다. 친구애는 고독과는 정반대 관계이지만, 여기서 말하는 우정은 이런저런 이유로 마구 사귀라는 것이 아니라 깊은 내면의 세계를 함께 나눌 수 있는 것을 말한다. 에머슨이 "친구로 영혼을 감싼다."라고 말한 것도 바로 이것을 뜻한다.

자기성찰은 나 자신에게 말하는 것이다. 나 자신에게 말한다는 것은 남에게 말한다는 것도 된다. 이는 모순된 언술일 수 있겠으나, 믿을 만한 친구에게 내 영혼을 밝혀 나와 함께 편히 느끼도록 하는 것이다. 내가 의문만 가지면 안 되고 질문에 질문만 따르면 안 된다. 내가 웃을 수 있는 집단의 권위나 질책 같은 것도 받아들일 수 있어야 한다.

그러나 여기서 한 가지 생각해야 할 것은 어떤 지식을 습득하고 이에 기초한 믿음을 확신하는 데 조심하지 않으면 안 된다는 점이다. 지나치게 믿으면 근본주의자의 오류에 빠지기 쉽고 반대로 늘 의심만 하면 상대주의자의 혼돈에 빠질 수도 있다. 그러니 공부하는 학생이나 특히 시민운동에 관여하는 일꾼들은 "진리의 목소리는 의심 섞인 낮은 톤이다."라는 작가 로베르트 무질의 말을 기억할 필요가 있다.[9]

어떤 문제에 봉착할 때, 그것이 학교생활에서든 앞으로의 직장생활에서든 옳고 그름을 용기 내어 말할 수 있는지 스스로 자문해야 한다. 보통 생각은 하면서도 실천에 옮기기는 매우 힘들다. 더욱이 이런 일이 자신의 선배나 상사에 관련된 일이라면 흔히 함구하고 만다. 그러나 어려운 상황에 처할 때 그로부터 요령 있게 빠져나오거나 요행으로 벗어날 수 있을지는 몰라도 그런 경험은 자신을 평생 괴롭힌다. 정의롭지 못하고 떳떳하지 않기 때문이다. 해야 할 것은 도덕과 죽음과 영광 같은 단어를 늘 머릿속에 되뇌면서 문제에 당면하기 이전에 미리미리 준비하는 것이다. 내가 누구이고 내가 믿는 것이 무엇인지 늘 생각하는 가운데 가상현실에서 어떻게 행동할 것인가를 여러 차례 훈련해야 한다.

고독한 내향성이야말로 리더십의 정수 그 자체다. 큰 리더가 되는 길이다. 리더십의 요소나 요체가 매우 많기는 하지만 그중에서 초연과 용기를 제일로 꼽는 이유가 바로 거기에 있다. 어려움에 처해볼수록 더 철저하고 처절하다. 소동파의 시, 정약용의 저서, 사마천의 《사기》, 공자의 《논어》 등은 그들이 관직에 있을 때 나온 것이 아니다. 귀양살이하며 곤궁에 처했을 때 고뇌의 심연에서 나온 창작물이다. 주류보다는 비주류에서 창의적 삶이 샘솟는다. 결국 모든 결정은 나 자신이 하는 것이고, 이에 따라 오는 책임 역시 내 것이다. 나는 어디로 피할 수 있는 존재가 아니다. 처음부터 강조한 대로 나 자신을 알고 나를 알려고 노력하고 고독한 사고와 외침으로 늘 준비하는 마음을 쌓아가야 한다.[10]

몸이 건강해야 생각도 건강하다

닭이 먼저인가, 달걀이 먼저인가 하는 애매한 논쟁을 간혹 한다. 닭이 없으면 달걀을 낳지 못하고, 달걀이 없으면 병아리가 부화하지 못하는 선후가 애매한 내용을 이야깃거리로 삼곤 한다. 닭이 알을 품어야 병아리가 나오는 것이니까 닭이 먼저랄 수 있다. 그런데 어느 회식 자리에서 중국에서 만든 가짜 달걀 이야기를 하며 닭 없이도 달걀을 만들어내니까 달걀이 먼저라고 한다.

여기서는 몸의 조건이 뇌에 영향을 미친다는 이야기를 잠시 하려고 한다. 몸 상태에 따라 우울증에 걸리기도 하고 격앙되기도 하고 처지기도 한다. 복잡한 현대사회에 살면서 학생들이 흔히 정신적 부담을 크게 떠안고 공부에 애쓰기 때문이다. 사람들은 어떤 때는 에너지가 넘쳐나고 새로운 생각이 팍팍 들고 하는 때가 있다. 또 어떤 때는 아무 생각도 하기 귀찮고 목표를 잃은 채 멍하니 앉아 있기도 한다. 심할 때는 모순된 행동을 나타내는 정신분열schizophrenia 증상까지 보인다.

전문적 의학 소견을 말할 수는 없으나 많은 경우 정신적 이상 상태의 근인이 신진대사의 불순에서 비롯될 수 있다는 것이다. 그리고 의사들은 간혹 환자의 심리적 증상을 묻지 않고 넘기는 경우가 있다. 그러나 요즘 와서는 한 세대 전에나 했던 '신체심리학somatopsychology'에 관해 관심을 다시 갖기 시작했다.

몸과 마음을 하나로 보기 시작한 지도 오래되긴 했지만(대체의학에서 특히) 대개는 이들을 별개로 취급했다. 17세기 프랑스 철학자 르네

데카르트Rene Descartes 때부터의 일이다. 그러나 지금껏 그렇게 생각하는 사람은 점차 줄어 요즘에 와서는 마음은 몸의 한 요소로 뇌에 자리를 잡고 있는 것으로 생각하기에 이르렀다. 스트레스를 받거나 심리 상태가 불안하면 머리나 배부터 아프기 때문이다.

그러나 이렇게 심리 상태가 몸의 병으로 이어지는 방향과 달리 이번에는 반대로 몸 상태가 머리에 영향을 미치는 이야기가 보편화되었다. 호르몬이 불균형이거나 영양결핍이면 우울증에 걸리기 쉽다. 물이나 철분이 부족해도 배우고 기억하고 계획 등을 세우는 데 지장을 준다. 바로 면역 체계에 직결된다. 신경펩티드neuropeptide가 피로를 몰고 오고 집중력을 앗아가고 사회적 고립을 자초한다. 감기만 걸려도 모든 것이 귀찮아지고 집에 죽치고 밖에 나갈 생각을 하지 않는다. 염증이 장기화되면 우울증상이 생긴다.

호주 멜버른대학교의 연구팀이 20~84세 여성 644명을 조사한 결과를 발표했다.[11] 우울증은 뇌가 아니라 신체의 이상에서 비롯되는 경우가 흔하다. 40대 남성 중 혈액의 테스토스테론testosteron이 줄어들어 그렇게 된다는 보고도 있다. 호르몬에 이상이 생기는 경우에도 이를테면 폴산염folate이나 비타민 B12, 칼슘, 철분, 그리고 오메가 3 같은 것이 부족할 때 감정적 상태에 영향을 미친다. 이들 중 칼슘은 특히 더해서 건강한 뇌를 유지하는 데 필수적이다. 칼슘이 부족하면 뇌세포 간의 소통에 필요한 전기 자극을 제대로 하지 못한다. 철분이 임산부의 감정 상태를 안정시킨다는 연구는 수없이 나와 있다. 이 경우 물도 마찬가지여서 여러 실험 결과 물이 부족한 상태에서는 중요한 결정을 내리기가 힘들다고 한다. 동런던East London대학교 교수들의 연구에서 밝혀진 것인데 목이 조금 마른 6~7세 어린이들에게 물 한잔을 주고 시험을 치게 했더니 점수가 좋아졌다. 7~9세 학생들도 조금 더 물을 마신 후 집중력이 더 향상되는 결과를 얻었다. 요즘 흔해빠진 생수 병이 회의석상에 등장하는 것도 이런 이유에선가?

몸 상태가 뇌에 영향을 미치고 그것이 정신작용으로 이어지고, 원인 중에는 상당 부분이 영양소의 과잉이나 부족에 기인한다는 연구는 이제 더 이상 몸이 먼저다, 뇌가 먼저다, 마음이 더 중요하다라는 승강이보다는 서로 영향을 주고받는 양방향이라는 사실을 확인한다. 여러 일에서 여러 방향이라는 전제로 노력할 필요가 있다는 것이다.

무엇보다도 몸을 건강하게 해 옳은 생각, 건전한 생각, 큰 생각을 할 수 있도록 몸을 움직여라. 햇볕 받고 바람 쐬고 흙 밟으며 매일 걸으면 그것이 바로 큰 생각, 싱크 빅think big할 수 있는 저장소가 튼튼해지는 길이다.

행복한 리더, 행복한 국민

"국민의 행복을 책임지겠습니다."라고 리더들이 말하면 믿어도 될까? 우리는 리더들이 기약하는 세상에서 행복하게 살게 될 것인가? 이런 말들이 혹시 허언은 아닐까? 기껏해야 경제적 삶을 보장하려고 노력하는 것 이상을 할 수 없을 것이다. 생명과 재산을 보호하고 건강과 교육을 보장하는 것 등은 가능할지 모른다. 하지만 매우 주관적인 행복을 리더들이 얼마나 책임질 수 있을까?

행복을 보장할 수 없는 이유 중 하나는 각자가 기대하는 행복이 다르기 때문이다. 어떤 이에게는 당장의 배고픔을 해소하는 것이 행복이고, 어떤 이에게는 세계 최고의 부를 차지하는 것이 행복일 것이다. 이렇게 다양한 주관적인 행복을 리더들이 책임지는 것이 가능할까?

아주 오래전부터 부의 축적에 기반을 둔 성장과 발전은 모두의 목표였다. 하지만 부를 축적할수록 인간성은 사라지고 기계적이고 반자연적인 척박한 사회가 돼버렸다. 이에 대한 반성으로 20세기 중반 이후 패러다임이 변하기 시작했다. 1972년 로마클럽이 발간한 《성장의 한계》는 이러한 패러다임의 변화를 상징한다.

책에서는 인구가 빠르게 증가하고 자원은 한정된 상황에서 이를 어떻게 대처해야 하는가에 대해 지구와 인간의 관계를 바탕으로 풀이했다. 책에서 다룬 변수는 세계인구, 산업화, 오염, 식량생산, 자원고갈의 다섯 가지로, 이를 토대로 성장 일변도의 당시 상황에서 미래를 걱정한다. 현재 우리가 당면하고 있는 문제가 무엇인지를 생각하면 이들의 주장이 헛되지 않다는 것을 알 수 있다.

물질적 성장의 대가로 지구를 희생했다. 하나밖에 없는 지구를 인간이 중심이 되어 마음껏 요리했다. 이제 비로소 그 대가가 엄청난 짐이었음을 인식하고 있다. 로마클럽의 이 책 이후 '간편한 삶 운동'이 곳곳에서 일어났다. 넥타이를 꼭 매야 하는지, 대리석으로 만든 집에서 살아야 하는지, 동물을 먹잇감으로 삼아야 하는지, 모피를 꼭 입어야 하는지, 자동차를 타야 하는지 등 현대적 삶에 대한 비판이 속속 이어졌다.

이런 삶을 대표하는 것이 스콧과 헬렌 니어링 부부의 삶이다. 이들은 활동과 명상이 조화를 이루는 삶을 산다. 이들의 한국판이 박범준과 장길연 부부의 삶이다. 지역을 옮겨가며 자연 속에서 생활하는 이들은 자신들의 책 《이보다 더 좋을 순 없다》를 통해 미래 삶의 방향을 일깨운다. 요즘 벌어지고 있는 여유 있는 삶Slow Life, 여유 있는 도시Slow City 운동이 로마클럽의 이상을 구현하고 있어 반갑기 그지없다. 무소유까지는 가지 못하더라도 여지餘地가 있는 삶이 대인의 삶이다.

그리고 여기서 잉글하트Ingleheart 교수의 연구를 스쳐 지나갈 수 없다. 그의 연구에 따르면 일인당 국민소득이 2만 달러를 넘으면 이들 국가의 국민이 느끼는 주관적 웰빙은 모두 비슷하다는 것이다. 애써 3만 달러, 4만 달러를 이룬들 국민이 만족하고 행복하게 느끼기는 별 차이가 없다는 것을 공공 지도자들이 명심했으면 한다.

한 연구를 인용한 것이지만 성장의 한계가 뚜렷한 세상에서 우리가 추구하는 행복이란 것이 과연 무엇인가? 에릭 와이너가 쓴 《행복의 지도》에서 저자는 열 개 나라를 찾아다니며 각 나라의 특징을 행복과 관련해 소개한다. 사람들을 만나고 기관과 프로그램을 찾아다녔고 행복과 연관되는 연구와 이론과 금언들을 인용해 행복이 무엇인지를 알리려고 애썼다.[12]

선정된 나라들은 너그러운 나라(네덜란드)와 까다로운 나라(스위스), 정신을 소중하게 생각하는 나라(부탄)와 물질을 중시하는 나라(카타르), 문화가 있는 나라(아이슬란드)와 없는 나라(몰도바, 카타르), 밝은 나라(카타르, 태국, 인도, 미국)와 어두운 나라(부탄, 아이슬란드, 몰도바), 그리고 쾌락을 추구하는 나라(네덜란드, 태국)와 그렇게 극단적이지 않은 나머지 나라들로 갈린다. 책은 나라에 따라 사는 국민들이 갖는 행복에 관한 관념이 같지 않다는 점을 밝히고 있다. 그것은 그 나라의 역사와 문화, 삶의 양식, 그리고 현재의 정치 상황이나 자연환경 여건과 관련이 깊기 때문이다.

나라마다 다른 행복지수

저자는 루트 벤호벤의 '행복지수'를 기준 삼아 겪은 경험을 진솔하게 해석하고 평가했다. 갖가지 연구 결과를 대입시켜 해석하고 또 해석하며 여행기의 수준을 넘어 한 나라의 행복의 실체를 파헤쳐보려고 애썼다. 나라별로 몇 가지 요소만 소개하면서 과연 행복이 무엇인지 가까이 가보겠다.

첫째, 관대함을 소중히 여기는 네덜란드의 사회적 분위기는 무엇보다도 삶을 편안하게 해준다. 그러나 편한 것도 어느 수준을 넘으면 오히려 만족감이 희석되기도 한다. 또한 행복의 원천은 타인과 함께 공유할 때 가능하다고 한다. 와이너가 주장하는 가장 핵심적인 요소다. 하지만 쇼펜하우어는 "사람들은 자기가 불행하다고 생각하기 때문에 남이 행복해 보이는 꼴을 참고 보지 못한다."고도 했다.

둘째, 네덜란드와 정반대로 스위스는 완벽함을 추구해 삶을 오히려 불편하게 만드는 듯싶다. 스위스는 능률적인 나라다. 시간 지키기를 칼같이 하고 실업자가 거의 없고 공기도 맑다. 그러나 이런 쾌적한 여건보다 스위스인이 행복하다고 느끼는 원천은 시기심을 줄이는 것이라고 확인한다. 스포트라이트를 받기 싫어하고 돈의 디글자도 입에 올리지 않는 습관이 삶 속에 배어 있다. 세상의 검은 돈이 그렇게 모이는 나라인데도 말이다.

셋째, 행복이 국가의 최대 목표인 부탄은 '국민행복지수'가 국민총생산에 우선한다는 생각을 가질 정도로 정부가 행복에 주력하는 나라다. 돈만이 절대선이라는 주장을 공식적으로 거부한 최초의 국가로서 지극히 정신적인 면에 치중한다. 전반적으로 모든 것이 열악하고 불편하기 짝이 없는 나라지만, 이들이 행복한 것은 비현실적인 기대를 품지 않기 때문이다. 동시에 행복은 개인 차원에서 자기성찰이나 자기계발, 그리고 실존적 고뇌를 함으로써 얻어지는 것이 아니라 집단적 노력으로 가능하다고 믿는다.

넷째, 카타르는 한마디로 문화가 없는 나라다. 세금도 없고 복지비용이 하나도 들지 않는 나라다. 그러나 저자는 완벽하고 사치스런 세계 최고의 호텔을 '무덤'이라고 표현한다. 뿌리가 없기 때문이란다.

다섯째, 아이슬란드는 절제를 미덕으로 알지만 주말만 되면 온 나라가 술에 취한다. 어두워서 그런단다. 땅 밑이 항상 부글부글 끓는다고 한다. 삶이 덧없고 자연이 최종 결정권을 쥐고 있다고 생각하는 나라다. 그러나 틀에 가두지 않는 문화가 있고 언어를 제일 소중하게 여긴다.

여섯째, 몰도바는 세상에서 아마 가장 불행한 나라인 듯싶다. 정치체제가 그렇게 만들어놓았다. 신뢰도 자부심도 없고, 자포자기하는 나라다. 몰도바 언어를 몰라도 장관이 되는 나라니 언어가 기쁨의 원천인 아이슬란드와 대조적이다.

일곱째, 태국은 국민들이 생각을 별로 하지 않는 나라라고 표현한다. 말끝마다 "마이펜라이"라며 신경 쓰지 말라는 태도로 일관한다. 남을 비난하지 않고 일상의 태도에서 당황함을 전혀 찾을 수 없다. 오로지 미소로 답한다. 그러나 이들에게는 주어진 것을 받아들이려는 겸손함이 배어 있다.

여덟째, 영국은 훈련하면 행복해질 수 있다고 믿는 나라다. '슬라우slough 행복 만들기' 프로그램에서 행복 전문가를 투입해 12주 동안 50명을 훈련시켰더니 33퍼센트가 행복해졌다고 답했다. 슬라우는 진창 또는 뱀의 허물이라는 뜻이다. 그러나 그렇게 한다고 행복해질까? 아마도 제레미 벤담의 '최대다수의 최대행복'이라는 공리주의를 철저히 믿기 때문인지 모른다. 다분히 앵글로색슨다운 생각이다. 그러니 이렇게 인위적이거나 또는 정부가 나서서 행복을 위해 할 수 있는 일이 얼마나 될까. 우정, 섹스, 신뢰와 같은 것을 정부가 해줄 수 있을까 하고 저자는 회의한다. 그리고 말한다. "행복은 부산물일 뿐 계속 씨앗만 뿌리면 언젠가 나비가 어깨에 내려앉지 않을까."라고.

아홉째, 우주를 숭상하는 인도는 한마디로 영혼을 맛볼 수 있는 나라라고 표현한다. 그리고 사람이란 지나치게 완벽함을 추구하면 이성을 잃게 되니 오히려 불완전한 것이 들어갈 삶의 공간을 마련하는 것이 현명하다고 말한다.

열째, 미국은 어느 조사에 따르면 행복 순위가 코스타리카, 몰타, 말레이시아에 이어 23위다. 84퍼센트의 국민이 '매우 또는 상당히 행복하다' 고 생각하는 나라다. 아마도 이들은 행복해질 것이라는 희망으로 사는지 모른다. 미국인들의 행복추구 방법은 이사 다니는 것이라고 말한다.

행복은 어디에서 오는가

"행복은 이성의 이상이 아니라 상상력의 이상"이라고 칸트가 말한 적이 있다. 리처드 쇼도 《행복의 비결》에서 "어느 정도 이성을 넘어선 영역에서"라고 말했다. 노먼 브래드번은 《심리적 복지의 구조》에서 행복은 불행과 같은 것이라고 했다.

"행복은 마음의 상태이자 그런 상태에 도달하려는 노력이다." 이성의 차원이 아닌 것은 분명하다. 오히려 심리적인 것으로서 자신이 쓸모 있다고 생각하면 행복해진다. 그러니 행복은 생각한다고 얻어지는 것이 아니다. 행복에 대해 생각하다 보면 덜 행복해진다. 스트라빈스키의 〈봄의 제전〉을 들으며 행복해지려고 해봤으나 소용이 없다.

고베대학교 실험에서는 착한 일을 하면 행복해진다고 했다. 시카고대학교에서 5만 명을 조사하고 얻은 결론은 남을 돕는 일을 하는 사람은 행복하다는 것이었다. 변호사, 의사, 은행가보다 성직자, 물리치료사, 간호사, 소방관이 훨씬 행복하다는 것이다. 이를 이기적 이타주의라고 표현한다.

그리고 문화적 적합성이 있어야 행복해진다. 그 나라 그 고장의 문화에 동화되어야 한다는 것이다. 자신의 삶을 스스로 통제하지 못하는 사람은 행복해지기 어렵다. 행복이 고통 없는 상태는 아니다. 마음속에 아무것도 없어야 행복하다. 그렇게 될 수 있을지 모르지만.

앞서 말한 것처럼 행복의 열쇠는 '남을 위해 봉사하는 것' 일 것이다. 바로 리더의 몫이다. 남을 돕는 일, 남과 더불어 조화롭게 살려고 노력하는 일, 그래서 행복은 개인적인 것이 아니라 '관계' 의 존재라고 했다. 그러나 중요한 것은 자신이 차지한 위치보다 사회 전체의 질이다. 서로를 배려하지 않는 한국인의 행복은 어디서 확인하면 좋을까? 남을 배려하지 않는 징표는 지하주차장에서 반불을 켜지 않는 것으로, 그리고 차의 방향지시등을 잘 켜지 않는 것으로 알 수 있다. 열이면 여덟이 그런다. 외제차가 더 그런다. 돈만 있으면 다다. 돈과 행복이 무관하다고 생각하는 사람은 7.2퍼센트에 불과하다.

판에 박혀 기계처럼 사는 인생에서 행복을 찾을 수 있을까? 남을 위해 봉사하는 사람도 많지만 자신의 정체나 좌표를 확인할 줄 모르는 채 상상의 날개를 펼치기엔 너무 먼 사람들의 고향이 아니었으면 좋겠다.

간밤에 내린 비에 젖은 솔잎 낙엽을 밟으며 우면산 흙길을 내려오던 아침은 내가 평소에 느끼는 행복이다. 흙을 밟아야 행복하다고 와이너도 말한다. 나도 우면산에서 아침에 늘 그렇게 만끽한다. 정부가 정책으로 국민의 행복을 보장하는 것에는 한계가 있다. 리더가 보장한다고 아무리 말해도 믿으면 안 된다. 그러나 리더들이 안고 있는 숙제를 덜긴 덜어야 한다. 다 그렇게 기대하니까.

팀으로 하라

"우리는 불완전한 개인이 만나서 완벽한 팀을 이룬다."

영국 옥스퍼드대학교 템플턴칼리지 전략리더십연구소Strategic Leadership Institute의 모토다. 1995년 초 서울대학교 행정대학원 교수들과 함께 소장을 런던에서 인터뷰했을 때 알게 된 내용이다. 개인 각자는 부족한 점이 많아 불완전하게 마련이다. 참모들의 장점을 모아 보완하며 조화를 이루면 팀을 완성할 수 있다.

리더는 혼자서 못한다. 추종자가 있게 마련이다. 추종자 여럿이 모이면 팀이 된다. 이 책에서 누누이 강조하듯 리더십은 리더와 추종자로 나뉘기보다 팀으로 완성되는 것이 21세기형이다. 2010년 12월 어느 대선 후보를 만난 자리에서 앞으로는 개인만 보고 저울질해 투표하는 것이 아니라 팀을 보고 하는 것이라고 했다. 왜냐하면 참모 중에는 후보를 도와 일을 더 잘하게 하는 경우도 있지만 반대로 리더의 명예를 깎아 먹는 예가 얼마든지 있기 때문이다. 서양에서 말하는 세도우 캐비닛shadow cabinet이라는 건데, 후보만 보고 투표하면 안 되고 참모도 보고 뽑아야 한다. 그런데도 아직도 우리나라에서는 주로 언론이 그렇게 몰고 나가는데 인물 개개인만 집중 조명한다. 물론 멘토가 누구라는 것도 밝히긴 한다. 앞에서 소개한 한국공공리더십지수로 참모 전체 리더십을 평가해보자고 한 적이 있다. 팀의 색깔, 정책지향, 조화, 제일성 등을 가려보는 데 큰 도움이 될 것이다. 어려운 논리 문제를 혼자서 풀면 10퍼센트 정도밖에 해결하지 못하지만 여럿이 하면 80퍼센트가 풀린다는 연구가 참고가 되었으면 좋겠다.[13] 여럿이 해야 힘이 훨씬 크게 발휘된다.

팀 중에서 제일 중요한 인물은 2인자다. 2인자는 늘 그늘에 묻혀 빛을 보지 못하니까 리더가 아닌 걸로 생각하는 경향이 있지만 2인자만큼 중요한 것이 없다. 2인자로 대표적 인물이 후진타오다. 그는 왕자오궈王兆國와 잘 비교된다. 원래 왕자오궈가 앞섰다. 그는 다혈질에다 과격하고 부하 야단치기를 잘하지만 큰일을 해내는 인물이다. 반면 후진타오는 세심하고 조용한 성품에 유연하고 무리 없이 일을 한다. 이런 비교라면 큰일은 왕자오궈가 하고 후진타오는 영원한 2인자일 수밖에 없다. 하지만 결국에는 후진타오가 1인자가 됐다.

2인자가 1인자와 기가 막힌 짝을 이룬 예가 마이크로소프트의 스티브 발머와 빌 게이츠의 경우다. 지금은 회장이 되었지만 발머는 '리더의 꿈을 실현시킨 2인자'로 꼽히기에 손색이 없다. 빌 게이츠가 미식축구의 쿼터백이라면, 발머는 새로운 시장을 지배할 방법을 찾아내는 등 팀이 이길 수 있다면 어떤 일도 마다하지 않는 역할을 해냈다. 미식축구에서 와이드 리시버는 돌진하다가 뒤를 돌아보지 않고도 쿼터백이 던져 앞으로 떨어지는 공을 낚아채 터치다운을 한다. 나는 리더십에서 좀처럼 만족하지 않는 공격형 스타일을 그리 좋아하지 않지만 그는 모든 일을 강력히 밀어붙이는 스타일이다. 발머 말고도 이 회사에는 게이츠의 약점을 보완해준 존 셜리란 인물이 있다. 게이츠보다 열일곱 살 위인 셜리 같은 사람을 미국에서는 '라이딩 샷건'이라고 부른다. 서부 개척시대에 마차의 조수석에 앉아 마부를 호위하는 역할이다. 집단에는 늘 그런 인물이 있게 마련이고 또 있어야 한다. 우리나라에서는 윤종용 전 삼성 부회장이 2인자이기도 하고 1인자이기도 한 이상형이다.

앞에서 말한 대로 정치 세계는 특히 2인자의 역할이 매우 중요하다. 1인자의 약점을 보완하기 위해 있어야 할 2인자가 우리나라 대통령의 옆에서는 악역을 한다. 이승만 때 이기붕, 박정희 때 차지철 등 역대 정권마다 있었다. 이들 2인자는 최후를 비참하게 마쳤거나 감옥에 대신 가곤 했다. 마지막까지 1인자의 역할 대신하기를 마다하지 않는다. 온갖 권력을 남용하기를 떡 먹듯이 한다. 2인자의 역할은 말할 것도 없이 1인자가 못하는 것을 대신하고 메우는 것은 물론 다른 사람들이 감히 할 수 없는 직언을 해야 하는데 그걸 못하면 없느니만 못하다. 권력자에게는 늘 아첨하는 인간군이 있게 마련이어서 리더들의 귀가 멀게 되는데 이런 것을 없애주는 역할을 할 인물이 반드시 있어야 그 리더와 그 팀은 성공한다. 오케스트라에서 제2바이올린처럼 가장 힘들어도 필요하고 그만큼 존재감이 있다.

경쟁에서 이기는 것보다 중요한 것

사람들은 경쟁에서 반드시 이겨야 한다고 말한다. 틀린 말은 아니다. 시험 경쟁에서 이겨 대학에 들어가야 하고 운동경기에서 이겨 챔피언이 되어야 한다. 영화제에서 상을 타야 한다. 선거에서 이겨 국회의원, 시장, 도지사, 대통령이 되어야 한다. 우리 삶 속에서 1등이 아닌 2등은 의미가 없는 때가 많다.

꼴찌도 위대하다

박완서는 산문집 《꼴찌에게 보내는 갈채》에서 "다툼의 당당함, 깨끗함, 아름다움이 점점 사라져가는 느낌"이라면서, 마라톤에서 꼴찌로 달리는 주자의 고통스러운 얼굴이 그렇게 정직하고 고독할 수 없지만 그래도 "무서운 고통과 고독을 이기는 의지력"의 위대함에 찬사를 보낸다.

꼴찌는 위대할 수 있다. 늘 이기는 것만이 능사가 아니다. 나도 서울대학교 법과대학을 졸업할 때 일등을 했다. 그러나 나는 사법고시와 행정고시에 낙방했다(일등 졸업생이 낙방한 적은 거의 없다). 당시엔 부끄럽고 자존심이 한없이 상한다고 생각했지만, 돌아보면 지난 삶이 그렇게 후회스럽지 않고 부끄럽지도 않다. 꼴찌 마라토너처럼 갈채를 받을 만큼 의지력이 강하진 않았어도 늘 부족하고 부끄럽다고 생각하며 자신을 채찍질하며 살려고 노력했다.

경쟁은 피할 수가 없다. 일등도 하고 꼴찌도 하게 되어 있다. 순서 때문이다. 또 제약을 만들어놓았기 때문이다. 진입 문을 좁게 만들어놓았기 때문이다. 그러나 나는 평생 학생이며 교수며 공직자들을 평가하면서 내가 과연 얼마나 정확히 판단하고 결정을 내렸는지 자신이 없다. 입학시험 성적 매기기, 학기말 성적 매기기, 교수 충원 때 인터뷰하고 투표로 정하기, 고위직 공무원 승진 순위 정하기 등 주로 평가를 하면서 세월을 지냈다. 그러면서 늘 자책한 것이 정확성과 객관적 타당성을 얼마나 지켰는가 하는 것이다. 그래서 나는 행정고시 출제위원, 채점위원, 면접위원을 딱 한 번씩만 했다. 전공 때문에 알아야겠기에 참여는 했지만 남의 일생을 좌우하는 일을 하기가 두려웠다. 경쟁에 대한 혐오증까지는 아니더라도 경쟁하며 살아야 하는 인생에 대한 자신감 부족과 회의 때문이었을 것이다.

경쟁 때문에 우리 사회가 얻은 것은 과연 무엇인가? 한마디로 내칠 줄만 알아 인성이 매몰되었다. 나 자신만 앞서면 된다는 독존적 생각 때문이다. 남을 이겨내 나만 가고 싶은 길을 가면 된다는 좁은 소견이 세상을 각박하게 만든다. 남은 어찌 되든 상관이 없다. 공동체의식은 어디에서도 찾기 힘들다. 세상이 관계를 맺고 더불어 살게 되어 있는 메커니즘은 완벽하게 무시당한다. 그러니 사회질서가 제대로 자리 잡을 리 만무하다. 어떤 수단과 방법이라도 동원해 앞서야 하고 꼭대기에 올라가야 한다고 가르치고 배우니 그런 인간들이 모여 사는 곳이 과연 어떤 모습이며 어떤 속성을 지닐지는 뻔하다.

그러니 어디서 질서를 찾을까? 어디서 아름다움을 찾을 수 있을까? 정치가나 정책가들이 큰 오해를 하고 있는 것이 모두가 다 경쟁에서 이기고 모두가 스마트하면 세상은 멋지고 편하고 자랑스러울 것이라고 생각하는 것이다. 천만의 말씀이다. 오히려 더 무미건조해지거나 무질서해질 가능성이 있을 것이다.

세상은 일정한 법칙과 규칙에 의해 세워지고 움직이고 하는 것인데 각자의 몫은 있겠지만 모두가 정상에 올라갈 수는 없다. 정상이 좁아서이기도 하지만 정상이 반드시 좋은 곳만은 아니기 때문이다. 다만 스스로 만족하고, 스스로 밝히고, 스스로 고뇌하고 회개하며 성찰할 수 있으면 그게 내가 설 땅이다. '타자의 그림자가 짙게 드리운 나'를 위해서라도 남을 배려하는 생각을 갖지 않으면 안 된다. 일등만큼 꼴찌도 아름답다고 생각해보자. 줄 서 있는데 내가 맨 뒤에 있어도 조금도 조급해하지 말자. 앞으로 가고 싶으면 기회는 반드시 온다. 그래서 나는 농담 삼아 이런 말을 잘한다. "'뒤로 돌아 앞으로 가!' 하는 명령이 떨어지면 순식간에 나는 앞에 서서 가게 되는 것"이라고. 이럴 때도 있을 테니 느긋하게 살자는 말이다. 공존의 지혜를 짜면서 말이다.

아름다운 큰 리더 찾기

지금까지 훌륭한 리더, 정의로운 리더 등 리더의 여러 모습과 역할에 대해 이야기했다. 마지막으로 스스로는 물론이요 세상을 아름답게 꾸밀 수 있는 아름다운 리더에 대해 알아보자.

푸르면 아름답다: 그린 리더십

"한 도시를 구원하는 것은 그 도시에 사는 올바른 사람보다 오히려 그 도시를 둘러싸고 있는 숲과 자연이다."

소로우의 말이다. 정의보다 숲과 자연이 더 소중하다는 뜻이다.

지금 지구는 온갖 질병에 시달리며 신음하고 있다. 병세가 여간

깊지 않다. 그런데도 리더들은 말만 앞세우며 지구를 구하는 일을 적극적으로 실천하지 않는다. 또한 '지속가능한 성장sustainable growth' 이나 '녹색성장green growth' 이란 구호는 그 실현 자체가 불가능한 모순된 단어들이다. 성장의 욕망을 없애지 않는 한 지구는 계속 골병을 앓을 수밖에 없다.

지구를 구하고자 하는 여망은 1960년대 말부터 본격적으로 시작됐다. 앞서 행복의 의미와 관련해 언급한 로마 클럽의 저서가 그 시발점이라고 보면 된다. 그 이후 반자연적인 일을 막으려고 애는 썼지만 별 소용없이 오늘에 이르렀다. 그러니 그린 리더십을 주장하는 것이 효험이 없을지도 모르겠다. 그러나 인간의 끈질긴 집념과 도전의식을 생각하며 몇 가지 제안하고자 한다.

인간은 삶의 터전인 지구를 지켜야 한다. 그 다음이 인권, 사랑, 정의, 민주주의다. 서울대학교에서는 2011년 봄 학기부터 정규과목으로 그린 리더십 관련 과목을 개설했다. 다음 〈그림 11〉은 그린 리더십을 나무에 빗대어 그린 것이다. 나무에는 지속가능성을 넘는 영속문화, 녹색윤리, 녹색책임, 생명감수성을 지닌 인간인 호모 그리니쿠스homo greenicus, 녹색시민, 지구시민, 공생하는 인간인 호모 심비우스homo symbious, 인간 중심에서 지구와 생물권 중심의 변화 등의 꽃과 열매가 주렁주렁 열려 있다. 그림은 〈타임〉 2008년 9월 24일(수)자 표지특집 '환경의 영웅들Heores of the Enviorment' 의 그림을 참고해 다시 구성한 것이다.

토머스 프리드먼은 《코드 그린: 뜨겁고 평평하고 붐비는 세계》에서 그린 혁명만이 인간이 살 유일한 길이라고 강조한다. 코드 그린

• 〈그림 11〉 그린 리더십 나무 •

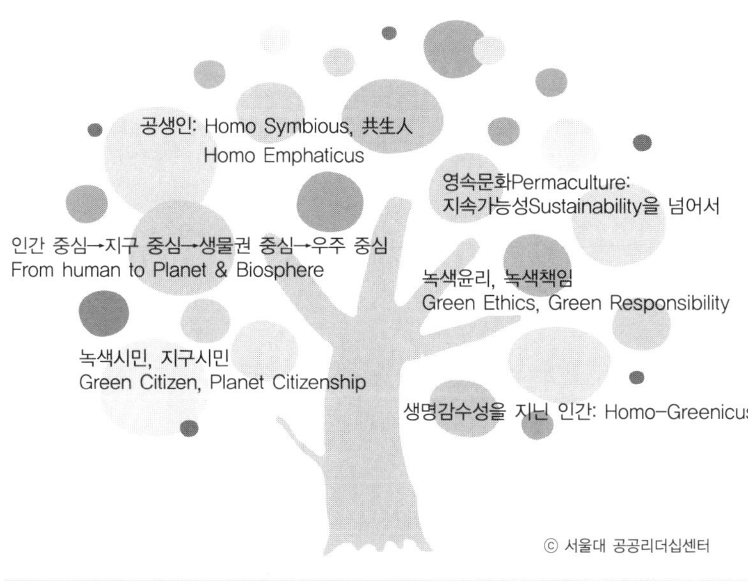

전략으로 미래의 희망을 담보하자는 것이다. 젊은이들이 수학이나 과학, 생태학, 물리학, 나노기술 등을 적극적으로 공부하고 융합해 '그린 아메리카'를 만들어야 한다는 것이다. 프리드먼은 환경과 생태에 대한 문제를 준비하는 것이 인간주의적·인류애적 차원이 아니라 경제적인 경쟁력과 연결된다고 지적한다.

지난 100년간 사람들은 세계를 하나의 마을처럼 넘나들 수 있는 글로벌 빌리지, 글로벌 시민을 양성해왔다. 하지만 향후 100년 동안은 탄소 덩어리를 내뿜는 비행기 여행은 자제하고 생태적으로 건강한 생활을 해야 할 처지에 놓이게 되었다. 글로벌 시민에서 그린 시민으로 변모해야 하는 것이다. 인간 이외의 세계와의 관계에 좀 더 많은 애정과 미적 감수성이 부각되고 있다.

서울대학교 역시 이장무 전 총장과 김기호 교수가 주축이 되어 '자유롭게 꽃피는 개성, 유기적 공동체의 이상, 인종적 다양성의 모험, 인간 본성이 미치는 한계의 탐험, 지구상에서 온화하게 영위되는 삶, 영속성의 경제학, 인간과 우리를 지탱하는 인간 너머 세계 사이의 새로운 생명 중심적 계약'을 실현시키고, 살기 좋고 평화로운 나라를 건설하는 데 힘쓸 리더를 길러내는 것을 중장기 계획으로 수립했다.

환경운동이나 환경 개선에 대한 움직임, 생태계 보호를 위한 운동은 아주 오래전부터 있어왔다. 이러한 흐름을 구체화할 수 있는 리더십 기술과 철학에 대한 교육이 필요하게 되었다. 그 시작은 단순히 선동적이거나 유행에 조응하는 방식으로 진행되어서는 안 되고, 보다 의욕적이고 인류의 미래를 위해 오늘의 불편함과 어리석음에 기꺼이 맞서겠다는 선각자적 시각으로 접근해야 한다. 이러한 추이는 2007년 앨 고어와 IPCC가 노벨평화상을 수상하면서 가속화되고 있다.

그린 리더십에서 가장 주목해야 할 것은 생명체에 대한 인식이다. 생명체는 깊은 가치와 의미, 느낌을 가진 덩어리다. 쉽게 수치화하거나 꾸밀 수 있는 존재가 아니다. 크고 작고, 무겁고 가볍고, 잘나고 못나고 관계없이 소중하다. 생명의 세계를 접근하기란 쉽지 않다. 철학이나 종교를 공부해야 그나마 조금 다가갈 수 있다. 그리고 리더라면 생명의 세계에 대한 지식과 인식이 있어야 한다. '생명의 정치'를 펴야 한다.

두루두루 살펴야: 융합 리더십

"RT가 뭐의 약자인지 아시는지요?"

개교 기념 학술대회에서 발표한 내가 토론자인 오세정 교수에게 묻자 단번에 관계기술Relations Technology 아니냐고 한다. RT는 《소유의 종말》을 쓴 제레미 리프킨이 쓰기 시작한 용어로, 나노기술NT, 바이오기술BT, 정보기술IT, 환경기술GT 등을 융합하여 승수효과를 내게 하는 기술이다. 순수과학도가 아닌 사회과학도가 과학에 기여할 수 있는 '유일한' 영역이다.

4년 전 학교에서 정년퇴임을 한 후 몰두한 것 중의 하나가 융합에 관한 것이었다. 또한 내 융합 역사의 시작은 학부 시절까지 올라간다. 대학, 대학원에서의 전공이 조금씩 달라지고 유학 시절부터 서울대학교에 와서까지 다른 분야의 전공자들과 이론적 연찬이나 실천적 탐색을 함께하는 활동을 게을리하지 않았다. 사람들이 모여 함께 일하는 조직이라는 곳에서 어떻게 해야 공존하고 공생할 수 있는지를 공부하고 가르치고 실천한 셈이다. 또 융합의 관점에서 2006년 개교 60주년 기념 학술대회에서 '미래의 학문, 대학의 미래'를 주제로 21세기 지식 체계를 발표하며 대학의 학제를 인지과학대학, 생명과학대학, 정보생활과학대학, 우주과학대학, 예술미학대학 등으로 전환하자는 제의를 한 적도 있다.

2010년 1월 정재승 교수의 초청으로 KAIST 모임에 갔을 때 토론의 주제가 창의와 융합이었다. 다양한 전공을 가진 여러 분야의 사람들이 앉아 새로운 견해를 듣고 이야기하며 창조적 상상을 할 수 있는 그 시간은 소중했다. 융합까지는 아니더라도 다양한 배경의 사람이 모여 서로의 생각을 여는 것은 새로운 가능성을 열고 새로운 아이디어를 얻을 수 있는 좋은 기회가 된다.

융합의 길을 모색하며

법, 행정, 정치 등에 대해 공부하다 보니 사람이 모이는 사회에 관한 것을 알아야 했고, 이를 위해서는 개인의 심리나 이들이 모인 집단성에 관해서도 알아야 했고, 또 법과 제도와 정책을 만드는 의도도 알아야 했고, 그 효과는 어떤 것인지도 알아야 했다. 하나의 학문에 묶이는 것이 아니라 범학문적 인식을 가지는 것은 사회과학을 연구하는 사람들이 가져야 할 기본 태도다. 하지만 자신의 집 담 쌓기가 좀처럼 바뀌지 않는 것이 학문 세계의 실상이다.

이를 타파하고 싶어서 미국 유학 시절 공부에 시달리면서도 단산학회檀山學會(하와이 오하우 섬 와이키키 한끝에 있는 다이아몬드 헤드라는 곳이 단군의 요람과 비슷하다고 해서 강신표 교수가 지은 이름)라는 단체를 만들어 매주 토요일에 여러 분야의 학도들과 자신이 하고 있는 연구를 발표하고 토론했다. 수박 겉핥기식이긴 했지만, 각 학문의 여러 연구를 일찍이 접할 기회가 있었다. 그런 연찬이 1980년대 말 권태준 교수가 이끄는 '서울대 사회연구실천모임'으로 이어지고 2006년 '미래대학 콜로키엄'으로 지속되면서 인문, 사회, 예술, 과학 등 여러 분야를 계속해서 접할 수 있었던 것은 오늘의 융합 논의를 할 수 있는 밑바탕이 되었다.

여기에 이해의 깊이를 더할 수 있었던 것은 사회과학방법론을 가르치기 위해 과학사와 과학철학을 공부했고, 이공계 연구자들과 어울리면서 신과학이나 대체과학, 메타과학에 관해서도 그 관심의 끈을 놓지 않을 수 있었던 덕분이다. 이러한 것들이 내 생각의 지평을 넓히는 계기가 되었다.

디지털 시대의 리더십은 융합이다

많은 전문가들이 어떻게 하면 좀 색다르고 더 나은 아이디어를 낼 수 없을까 궁리한다. 내 생각에는 한 학문 분야만이 아니라 옆 동네에서 하는 것을 조금이라도 더 알면 얽히고설킨 복잡하고 어려운 문제가 풀릴 듯한데, 한 우물만 판다. 국가 과학기술 지원 연구비도 20퍼센트가 중복 지원된다고 정부는 밝힌다.

21세기 양자 패러다임 시대에는 인간을 조직으로만 묶을 수 없다. 말로는 아날로그 시대를 넘어 디지털 시대를 외치고 신인류의 등장과 웹3.0, 4.0 시대의 도래를 말하지만 그 내용과 생각은 아직도 20세기 이전과 다를 바 없다. 도시를 꾸미려면 기반시설도 필요하고 기능적 분담도 해야 하지만, 사고의 기본 출발점은 장소가 고정되어 있는 것이 아니라 흘러 움직이고 있다는 인식이 토대가 되어야 한다. 유비쿼터스란 말만 할 줄 알지 그 깊이에 들어가지 못한다. 한국의 내일을 걱정하고 계획을 세우는 사람들이 고작 내놓는 안은 매우 반미래지향적이라는 사실을 보면 알 수 있다.

실제 융합적 사고를 할 수 있는 인재는 얼마나 될까? 그리고 융합적 사고와 실천을 할 수 있는 인재가 갖추어야 할 조건은 무엇일까? 현상의 단면만을 보는 단순 사고나 단순 논리와는 거리가 멀다. 복잡한 현상을 그대로 받아들이지 않고 단면으로 쪼개고 또 쪼개고 겉으로 나타나는 것만 보려고 하는 입장과는 거리가 멀다는 뜻이다. 융합적 사고는 환원주의로부터의 탈피에서 시작된다. 이 관점에서 융합형 인재의 인식의 틀은 어떠할 것인가를 정리해보려고 한다. 《우리는 미래에 무엇을 공부할 것인가》라는 내가 엮은 책에서 밝혔듯이 기계공학도가 박테리아를 알아야 하고 물리학도가 화학구조식을 알아야 한다는 차원을 넘어 이·공과학도들이 인문, 사회, 예술, 미학의 경계를 넘나들 줄 알아야 한다. 또한 그 역도 진이다.

융합적 사고의 6가지 조건

1. 전일주의적 사고

융합적이려면 전체를 조감할 수 있어야 한다. F. 카프라가 강조한 전일주의holism가 그것이다. 카프라는 일찍이 개체의 속성도 중요하지만 이들 간의 관계를 보고 이를 생물학적 시스템으로 이해해야 한다고 했다. 여기서 말하는 생물학적 시스템이란 유기적 · 전일적 · 상대적 세계관이다.

내용만 살피다 보면 맥락을 놓치기 쉽다. 나무만 보고 숲을 못 보는 경우도 많다. 나무 자체를 제대로 보는 것도 중요하지만 전체 숲에서 나무가 차지하는 위치며 비중을 가릴 필요가 있을 때도 있다. 사교육이 교육을 망친다고 할 때 문제의 본질은 공교육 쪽에 더 있지 사교육 자체에 있는 것이 아니다. 사교육의 문제를 맥락에서 보면서 교육 전체, 즉 융합적 시각으로 접근하면 문제의 본질이 보인다.

전일주의에서는 실증주의적 인식은 금물이다. 직선적이고 평면적인 사고로 문제를 너무 단순화시키기 때문이다. 복잡한 현상을 이원일차방정식으로 회귀분석해 설명하고 예측하려고만 드는 것이다. 우리나라 리더들이 이 수준에 머물고 있는 것이 안타까울 뿐이다.

2. 이분법을 넘어야

융합의 길은 이분법부터 넘어야 가능하다. 이는 리더의 논리에서 강조했다. 세상의 구성을 어떻게 보느냐를 이야기할 때, 하늘과 땅이 있고 남과 여가 있고 신과 인간이 있고 하는 식으로 이분법 내지는 대위법으로 설명하는 것이 통념이다. 하지만 많은 사람들이 이분법의 한계를 지적한다. H. 헤세는 서양의 이분법적이고 분석적인 사고를 지양하고 정신과 삶에서의 조화를 중시해 동양과 서양, 육체와 정신, 자연과 문명, 남성과 여성, 선과 악, 삶과 죽음 같은 이항대립의 가치들 중에서 그 어느 한 쪽으로 함몰되거나 어느 한 쪽을 부정하지 않는 높은 차원의 통일을 추구했다. 하이데거도 같은 생각을 했다. 이분법만 강조하다 보면 둘 사이의 관계와 틈을 놓친다. 틈 속에 담긴 무한한 진리를 간과한다.

이분법은 이성에 토대를 둔 합리주의와 무관하지 않다. 합리주의는 같음만 강조하고 다름을 이단시한다. 자크 데리다가 강조하는 다름도 인정할 줄 알아야 한다.

3. 이성에서 감성으로

합리성이 더 이상 인간활동의 패러다임이 될 수 없다는 입장은 많은 노벨경제학상 수상자들에 의해 입증됐다. 사이먼의 제한적 합리성이 그러하고 내쉬 평형점이 그러하며, 인간은 지극히 비합리적이고 편향적이고 손해만 덜 보면 된다고 생각하는 카너먼과 트버스키의 주장이 그러하다. 퍼트는 《감정의 분자Molecules of Emotion》에서 몸과 맘이 하나임을 강조한다. 요지는 이성 중심의 서양적 사고를 넘어 감성의 중요성을 깨달아야 한다는 것이다.

4. 관계로

세상에 대한 탐색은 본질과 관계의 천착으로 나뉜다고 할 수 있다. 소크라테스와 공자는 본질을, 갈릴레오와 노자는 관계를 규명해야 한다고 했다. 모두 맞는 말이다. 어느 하나도 소홀히 할 수 없기 때문이다. 그런데 융합 이야기를 하려면 관계를 말하지 않을 수 없다. 인간은 무엇이고 공간은 무엇이며 시간이 무엇인지 형이상학적 탐색inquiry이 선행되어야 하지만, 이들이 묶여 공존하는 상황에서 이들 간의 관계 규명은 중요하다. 관계가 존재하고 관계가 맺어진다는 것은 동적인 상황을 말한다. 정적이며 개체만으로 관계는 밝혀지지 않는다.

오늘날 세상은 바라바시가 규명한 것처럼 온통 네트워크로 구성되어 있다. 따라서 융합의 주체이기 위해서는 관계의 의미를 인지해야 한다. 그것도 한 쪽에서 다른 한 쪽의 방향으로만이 아니라 쌍방향이다. 대학에서 하는 대부분의 협동 과정이 지금까지는 한 쪽이 주체였고 다른 한 쪽이 객체였다. 그래서는 올바른 관계를 탐색하지 못한다.

대부분의 자연과학도는 자기중심적이다. 사회과학도 역시 자기중심적이다. 모두가 자기주장만 하면 대등한 관계가 성립되기 어렵다. 융합 인재는 관계부터 내면화하고 세상의 사회과학적 질서가 무엇인지, 주고받는 것인지 주고 빼앗는 것인지부터 터득해야 한다.

5. 신비로

세상의 논리는 과학과 믿음으로 일관된다. 과학적으로 입증하기 어려운 것은 믿음으로 호소한다. 그것마저 잘 안 되면 신비Noetic Science로 간다. 그러나 증거 없이 믿게만 할 수는 없다. 지력과학智力科學의 중요성이 대두되면서 인간이 할 수 있는 것과 없는 것의 차이를 인정하기 시작했다.

인간의 이성적 판단에만 집착하면 융합의 경계를 넘지 못한다. 자연과학의 명료함과는 다른 관점에서 인간의 감성이 더 중요한 경우도 흔하다. 지나치게 비과학적이라고 들릴 수 있지만, 융합은 바로 이 느낌과 감성을 중시하는 사람들의 몫이다.

6. 디지그노

흥어시興於詩

입어예立於禮

성어락成於樂

사람은 시로 흥하고, 예로 서고, 락으로 이룬다. 공자의 말이다. 사람은 시로써 일어나 논리와 실증적 지식을 전수받고 공부함으로써 시작하고, 예로써 도덕적 인간으로서 사회적 관계를 맺고 사회에 참여하며, 락으로써 논리 너머의 미학적 감수성을 통해 완성되는 존재다. 다시 말해 인간은 논리, 합리, 도덕을 지닌 미학적 존재여야 한다는 것이다. 자연과학의 엄밀성, 사회과학의 구상력, 인문미학적 상상력과 예술성이 낳은 통찰력이 서로 함께 가야 한다. 미래 융합사회에서 인간은 이런 모습을 띠어야 하지 않을까? 리더는 말할 것도 없다. 융합 리더라면 디지그노Designo를 할 수 있어야 한다. 앞에서 소개한 대로 디지그노는 코그노cogno, 인지에 대칭해 인미認美라는 뜻으로 만든 조어다. 리더가 세상을 아름답게 꾸며야 한다는 규범을 담은 용어이기도 하다.

새로워야: 창조 리더십

21세기는 뇌본사회이고 창조사회다. 따라서 리더십 역시 창조적이어야 한다. 여기서 말하는 것은 기업이 상품을 생산함에 있어서 새로운 것을 만들어낸다는 창조보다 한 차원 더 나아간 이야기다. 이익이나 이해를 넘어 나를 버리는 아름다운 창조다.

창조하기

창조 리더십의 전형적 인물은 세종이다. 세종은 새로운 기술에 대한 관심의 끈을 놓지 않았다. 21세기에 반드시 필요한 리더십이다. 내 책 《창조! 리더십》에도 충분히 소개되어 있지만, 창조 리더십의 요지는 미래 창조사회에서 리더들을 어떻게 기르면 창조적이 될 수 있느냐이다. 그중 대표적인 것이 루트번스타인의 《생각의 탄생》에 정리된 이야기들이고, 레오나르도 다 빈치가 시도한 방법들이다.

《생각의 탄생》에는 창조적 인간이 되기 위한 13가지 방법이 나온다. 관찰하기, 형상화하기, 추상화하기, 패턴 인식하기, 패턴 형성하기, 유추하기, 몸으로 생각하기, 감정이입하기, 차원적으로 사고하기, 모델 만들기, 놀기, 바꾸기, 통합하기가 바로 그것이다. 다 빈치가 말하는 창조의 힘도 비슷하다.

⑴ Curiosita: 단어와 단어의 지능을 넘어 감성적으로 기능한다. 의문, 호기심, 탐구 등이다.
⑵ Dimonstazione: '경험이 바로 지혜의 심장이다.' 분석으로 지식을 얻을 수는 있지만 경험에 기초해야 산지식이다.
⑶ Sensazione: 뭔가를 꿰뚫는 통찰력이 있어야 창조적 조직이 된다.
⑷ Sfumato: 불확실한 상황에서 의심하라. 가장 성공적인 관리자는 애매모호한 것을 끝까지 잘 버텨내는 직관력이 있는 결정 기술의 소유자라고 했다.
⑸ Arte/Scienza: 예술적 감각은 필수다. 모순이나 때로는 비상식적인 연결이 창조적 파괴를 가져온다.
⑹ Corporita: 몸이란 뜻의 Corpus에서 나온 단어로, 평소에 움직이지 않

던 방향으로 몸을 움직여본다. 뭔가 다른 것을 알아낼 것이다. 역할을 바꿔보는 것도 한 방법이다.

(7) Connessione: 익숙하지 않은 것의 연결과 결합이 창조의 핵심이다. 연결은 새로운 것을 창조하는 지름길이다.

(8) Formazione/Astrazione: 형상화와 추상화를 게을리하지 말라. 거기서 새로운 것이 나온다.

(9) Multidimensione: 곡선과 곡면, 그리고 다원적 사고를 해야 많은 것을 새롭게 인식한다.

(10) Modello: 생각을 정리해 어떤 형태로 표현하면 이해가 빠르다.

학자들 역시 새로운 논문을 구상할 때 단어의 개념부터 정의하고, 그림으로 형상화해보고, 추상화하고, 패턴도 만들며, 공리와 이론과 가설 등을 설정해가는 연습을 한다. 리더 역시 그래야 한다.

공상하기

허황된 생각을 하지 않는 사람은 거의 없다. 제아무리 이성적이라고 해도 꿈 부풀리기를 예사로 한다. 꿈에서는 대통령도 되고 대기업의 CEO도 되고 세계적인 배우가 되기도 한다. 보통 공상가나 몽상가(의미가 약간 다르다)라고 하면 하는 일 없이 빈둥대는 사람을 연상한다. 하지만 이렇게 누구나 하는 현실과 동떨어진 상상이 창조의 지름길이다. 영화 〈아이언맨〉에 등장하는 토니 스타크는 전형적인 공상가다. 공과대학을 우수한 성적으로 졸업하고 천재성을 인정받았으니 공상가라도 남다를 것이다. 영화 속 이야기지만, 이러한 공상이 무지막지한 파괴력을 가진 무기를 만들어냈다.

최근(2011년 3~4월 호) 〈사이언티픽 아메리칸 마인드〉에는 미국 직장인과 대학생을 대상으로 한 여러 실험을 종합해, 많은 사람들이 일하는 시간 중 30퍼센트 정도는 멍하니 헤매고 생각을 잊는다고 했다. 그런데 이러한 멍하게 헤매는 시간이 때론 창조의 시간이 된다. "공상은 문제를 풀고 창조성을 부추기고 예술과 과학에서 위대한 업적을 내도록 고무한다."고 한다. 또한 워싱턴대학교의 신경세포학자 마커스 라이클에 따르면 전두엽의 대뇌피질이 스스로 상상하고 남을 생각하고 느끼는 것을 돕는다고 한다. 물론 공상을 강제한다면 결과는 비참해질 것이다.

공상이 창조력을 자극한다니, 이 아니 좋을 수 없다. 딴청을 부리고 있어도 시간을 낭비하지 않는 것이다. 그래서 앞의 글에서는 '방황하는 마음'은 반드시 필요하다는 식의 논지를 폈다. 방황하는 중에는 실제로 존재하지 않는 네트워크를 전개하고 하는데, 이것이 실제 활동을 자극한다고 캐나다 브리티시컬럼비아대학교의 교수들이 밝힌 적이 있다. 요즘 젊은 학생들이 앞날을 생각하며 방황하지만, 결코 비생산적이지도 결코 무의미하지도 않다는 것을 깨달아야 한다.

여유로워야: 디THE 리더십

리더십도 어려운데 아름다운 리더십이 가능할까? 아름다운 리더를 양성하기 위해 '넓게, 깊게, 길게, 크게, 다르게, 바르게' 라는 표어를 항상 염두에 두었으면 좋겠다. 아이디어에 대한 열정이 사그라지지 않은 채 말이다.

넓게, 깊게, 길게, 크게, 다르게, 바르게

눈앞에 있는 것만 보지 말고 멀리 보며 깊게 생각하라는 말을 흔히 듣는다. 부분만 보지 말고 전체를 봐야 한다는 이야기는 양자 패러다임의 핵심이다. 작게 보지 말고 크게 보라는 것이다. 내용만 보지 말고 맥락도 짚으라는 것이다. 어제·오늘만 생각하지 말고 내일도 보라는 것이다. 리더십이 보다 스마트해지려면 하드파워와 소프트파워를 합쳐야 하고 그것은 '상황맥락지능' 을 키워야 가능하다고 여러 번 말했다. 또한 깊게 사려하는 것은 지식인의 몫이다. 다르게 생각하면 다른 것이 보인다. 다르게 생각해야 비판정신을 키울 수 있다. 바르고 정의롭게 생각하고 행동하는 것은 사람답게 살게 한다. 리더십 교육에서 깊이 새겨야 할 것이다.

진정한 리더는 나보다 남을 앞세운다. 나대기를 예사로 아는 리더에겐 불가능한 이야기일지 모른다. 그러나 훌륭한 리더, 기품 있고 격조 높은 기사 같은 리더라면 아름답지 않을 수 없다. 이를 위해서는 나 자신부터 알아야 한다. 그것이 진아眞我다. 오만한 아상我相, hubris이라면 이를 알고 실천하기는 어렵다. 똑똑하기보다 어리석기가 더 어렵다는 린위탕의 말을 모르는 사람은 이해하기 어렵다.

내가 '나의 나' 와 '나의 너' 를 알기 위해서는 라캉이 말하는 거울계에 머물고 있지 않은지 알아야 하고, 대생지對生知를 터득해야 하고, 내 역량은 어느 수준인지 '내 값self worth'을 알아야 하고, 나를 비워야 하고, 나를 계속해서 의심하고 또 의심해야 하고, 나를 아름답게 꾸밀 수 있어야 한다.

물론 실천이 전제다. 그래야만 내가 주장하는 리더십의 기본 룰인 '9:1, 1:9'의 법칙이 지켜진다. 평소에는 늘 아홉 명을 위해 나 하나가 봉사하고, 유사시에는 나 하나가 아홉 명을 지도하고 이끌고 봉사한다는 법칙이다.

여유롭게, 의심하며, 비움으로

그러려면 또한 여유가 있어야 한다. 우유론優遊論이라고 말한다. 어린 시절 내 어머니는 초등학교(당시는 국민학교)에 가는 나에게 "놀면서 가라"고 하셨다. 공부하는 나에게 "놀면서 하라"고 하셨다. 여유를 가지라는 뜻이었을 게다. 깊이 숨 쉬고 느릿느릿 걸으라는 뜻이다. 가슴을 펴고 천천히 걷기도 해야 한다. 지금 같은 초 단위의 경쟁이 판치는 싸움터에서 살아남아야 하는 세상에서는 상상하기 어려운 가르침이다.

장사익은 KTX처럼 빠르게만 달리면 주위를 보며 가는 여정은 없어지고 행복하지도 않다고 했다. 직장을 열다섯 번이나 전전하며 굽이굽이 돈 인생을 경험한 덕에 자신의 노래가 깊고 넓어졌다고 말한다. 여유가 삶을 풍부하게 한 것이다. 같은 맥락에서 사람의 속성 중 하나인 놀이를 살려야 할 때가 있다는 것을 강조하고 싶다. 신나게 놀거나 몸이 진하도록 운동하고 나면 몸도 마음도 개운해져 전두엽과 측두엽이 활개를 친다. 그리고 또 해야 할 것이 있다. 좌절해봐야 한다. 드보르작은 깊은 실의에 빠진 후 〈신세계〉를 작곡할 수 있었다.

드가의 〈푸른 옷을 입은 발레리나〉를 완상하고 있던 사람에게 자기도 그 방법을 알면 이렇게 그릴 수 있다고 다른 사람이 말하자, 그는 "알면 알수록 더 모르게 된다."라고 했다. 인간은 자신이 있다가도 없어진다. 회의에 빠지고 나를 의심하고 또 의심하면서 속이 찬다. 비우면 속이 차듯이 말이다. '빈자의 미학' 이라는 틀 속에 자신을 가두고 자유를 구가하면서도 육체적 · 정신적 억제의 힘으로 많은 기억을 지우고 투명하게 문을 열어 밖을 관찰하고 기록하고 비판했던 승효상,[1] 그는 미국 캘리포니아 라호야에 있는 생물학 연구소를 비움의 미학의 대표적 건축물로 소개한 적이 있다. 빈자는 편하고 위대하다. 지셴린의 말처럼 다 지나가는데 비우지 않을 이유가 없다. 그렇다고 더 크게 채우기 위해 비우면 안 된다. 비워서 볼 수 있는 힘으로 남의 부족함을 채워주워야 한다. 그래야 서로 간에 조화를 이룬다. "커다란 조화의 물결 속에서 기뻐하지도 두려워하지도 말게나."[2] 방향 잃은 세상에서 중심을 바로잡는 말이다.

권력이 봉사라고 말하지 않는 리더가 어디에 있겠는가? 누구나 다 "나는 여러분 모두에게 봉사하기 위해 이 자리에 섰습니다."라고 말은 한다. 그러나 그 속에는 보이지 않는 욕망이 도사린다. 지배의 욕망, 리비도 말이다. 이 나라 리더들 중 많은 사람들이 재임 중 부정행위로, 또 퇴임 후에 과거의 연을 꼬투리로 호의호식하며 지내다가 들통이 나서 옥고를 치르는 경우가 많다. 리더가 정직해야 하는 것은 필요충분조건이다. 대통령이 정치자금 때문에 치욕적인 생을 사는 것은 개인은 물론 나라가 부끄러워할 일이다. 기업인 리더 중에도 거느리는 기업을 살리기 위해 분식회계는 물론 여기 자금을 저기로 빼돌리며 부정을 일삼는 리더 아닌 사람이 많다. 비자금이라는 자신의 주머니를 채우며 그림자 활동을 벌이는 것을 예사로 여긴다. 종교인들 중에도 자리와 부를 분식해 자식 대대로 누리는 것을 보면 그게 악덕기업인과 무엇이 다를까 회의가 가득 인다. 이런 욕망을 잠재울 수 있어야 한다. 배를 채우는 욕망 말고, 머리만 메우는 욕심 말고 가슴을 따듯하게 채우는 사랑을 할 수 있어야 한다. 대학생들이 모여 운영비는 각자 주머니에서 추렴하고 기부금 전액을 필요한 사람들에게 전달하는 '하데愛' 같은 단체가 모범이다.

내가 그럴 수 있으려면 나를 항상 의심해야 한다. 내가 온전하지 않고 비합리적이고 모순 덩어리라는 것을 인정하며 나부터 의심해야 한다. 세계적 사회학자 피터 버거Peter Ludwig Berger의 이야기다.[3] 남성과 여성, 빈과 부, 리더와 추종자 간에 간극이 있고 어떤 것은 그 정도가 매우 심하지만, 이들 간의 차이를 조금이라도 극복하는 길은 맹목적으로 믿으려는 근본주의나 공연히 의심해보는 상대주의를 넘어 한 쪽에 치우치지 않는 '의심하는 믿음'을 바탕으로 서로 믿고 양보하며 공감하는 것 이상이 없다. 의심하는 믿음은 인간이 불완전하다는 고백이다. 그러니 늘 자성하는 가운데 자신의 정체성을 묻고 또 물어야 한다.

소크라테스부터 사르트르까지 파괴적인 근본주의와 급진적인 상대주의를 넘어서기 위한 세계 지성들의 생각을 따라가다 보면 광신과 회의란 잘못된 이분법임을 알게 된다. 다양한 신념들의 미래 생태계가 어떤 모습이어야 할지를 그려볼 수 있다.

제도에 대해서도 의심의 눈초리를 거두면 안 된다. 보통 인간은 자연과 역사 속에서 살아남기 위해 제도(에밀 뒤르켐의 정의를 따르면 행동, 사고, 감각의 전통적 패턴)를 필요로 한다. 그리고 아르놀트 겔렌의 지적처럼, 인간은 환경의 변화에 적절하게 대응할 수 있게 해줄 특별한 생물학적 본능 같은 것을 갖고 있지 못하다. 제도는 어떤 점에서 그런 결여된 본능의 대체물이라고 할 수 있다. 제도는 우리가 환경 변화에 빠르게, 별 고민 없이 곧바로 대응할 수 있도록 해준다(교통신호에 대한 반응 등). 그러나 이런 반응은 진정한 본능이 아니며 학습된 행동이다. 더 구체적으로는 제도적 행동이라고 한다. 이러한 제도적 반응은 생물학적으로 고정된 것은 아니고 역사적·사회적으로 변형될 수 있다. 뒤르켐이 강조한 것처럼 제도(가족, 교회, 학교, 대학교, 노동조합 등)는 사회학적으로 마치 사물인 듯 관찰되고 연구된다. 제도는 인간의 구성물로서 시간을 두고 바뀐다. 보통은 천천히, 때로는 빠르게 바뀐다. 이러한 점에서 제도는 신이 내린 것이라고 믿는 철학자나 신학자가 전에는 많았고, 지금도 없지 않다. 하지만 배우는 사람들은 제도를 잘 관찰해야 한다. 제도가 진정 의미 있는 대체물인가를 다시 생각해야 한다. 제도가 우리를 편하게도 하지만 매우 불편하게 만드는 존재이기도 하고 진실을 왜곡하기도 한다. 이반 일리치나 미셸 푸코의 논견이 이를 뒷받침한다.

어느 누구도 인간은 완벽하지 않다. 그러니까 우수한 사람들로 팀을 짜라는 것이다. 미래의 리더십이 나 혼자가 아닌 팀 리더십이고 공유하는 리더십이라고 하는 함의가 여기에 있다. 팀이 완벽하도록 지향하며 몸소 실천하는 것이다. 그 실천은 아름다워야 한다. 자연이 아름다운 것은 질서가 있기 때문이다. 질서가 있어 균형 잡힌 나, 질서가 있는 조직, 정의가 숨 쉬는 사회, 그들이 아름답지 않을 수 없다. 우리는 너 나 할 것 없이 누구나 항상 아름답게 꾸미도록 노력해야 한다. 디지그노, 즉 인미認美가 내면화되어야 한다.

훌륭한 리더들은 나력의 힘으로 영원히 존재한다. 훌륭한 리더는 잔향도 은은히 풍긴다. 재임 중에 열심히 일해 집단으로부터, 국민으로부터 칭송을 한 몸에 안아야 하지만 퇴임 후에도 두고두고 좋은 평을 받아야 한다. 대표적인 인물이 우리가 쉽게 기억하는 체코의 하벨과 남아공의 만델라 전 대통령이다. 우리나라에는 송인상이 있고 김준엽이 있고 강영훈이 있고 신현확이 있고 김재순이 있고 이만섭이 있다. 구상具常이 있고 박완서가 있다. 특히 김준엽은 노태우 대통령의 국무총리직 제의를 총칼로 정권을 잡은 대통령에게 머리가 100개 있어도 숙일 수 없고, 민주주의를 외치다 투옥된 제자들 생각하면 자리를 맡을 수 없고, 또 지식인들이 벼슬이라면 굽실거리는 풍토를 고쳐야겠기에 수락할 수 없다고 했다. 영화 〈가타카〉에서처럼 유전자를 조작해 완벽한 리더를 만들 수는 있겠지만 그런 것은 바람직하지 않고 아름다움에 다가간 인물이면 족하다.

삶을 살면서 인간은 누구나 내가 잘 살았는지, 의미 있게 살았는지, 남에게 떳떳했는지, 또는 반대로 부족한 것이 무엇이었는지, 부끄러운 것은 또 무엇이었는지 등을 가리게 된다. 대부분의 보통 사람들은 인간으로서 큰 욕심 없이 나와 가족이 편하고 어느 정도 성취해 남들이 "괜찮다."라고 말할 정도로 살고 싶어 한다. 이는 인간의 생물적 존재의 수준을 좀 넘은 것이다. 사람은 누구나 먹고 일하고 쉬며 산다. 이것은 기본 중의 기본이다. 미국 이야기지만 어느 대학 총장이 신입생들에게 두 가지를 명심하라고 하면서 그중 하나가 용변을 잊지 말 것이라고 할 정도로 신진대사의 중요성을 강조했다. 다른 하나는 성경을 읽으라는 것이었다. 용변은 내장만 움직이고 있다면 사람은 행복하다는 뜻으로 한 말이고 정신도 내분비선의 기능이 완전히 이루어지고 있는 상태라는 생각에서 비롯된다. 린위탕의 말이다. 물론 인간 각자는 자신이 설정한 기대치가 있는 것이니까 무엇을 함으로써 만족하는가는 다 다를 수밖에 없다. 그렇지만 분명한 것은 인생 한때를 누리기 위해 한 인생 전부를 희생하면 리더 같지만 리더가 아니다. 리더라면 평생의 삶에 대한 평가를 받을 자신이 있어야 한다.

가치를 넘어, 인간을 넘어

아름다움은 이렇게 해서 얻을 수 있는 것인가? 좀 더 철학적 성찰이 있어야 하지 않을까? 끝으로 이 이야기를 해보자.

자유와 해방, 그리고 억압에서 벗어나면 아름다움이 탄생할까? 사르트르의 생각이 그렇긴 하지만, 피카소 나름대로의 기준을 예로 들어 방어는 하지만 무상하다는 이유로 널리 받아들여지지 못한다. 그렇지만 푸코가 예술작품으로 삶을 말하고, 들뢰즈가 개념 창조로서의 삶에 대해 말하는 것으로써 앎과 권력을 넘어 어떤 예술작품이나 예술적 의지가 거대 설명이나 고정적 합리주의나 규범적 시도를 모두 무너뜨린다고 말하는 것은 우리가 소중하게 생각하는 아름다운 리더십에 매우 고무적이라고 아니 할 수 없다. 나아가 "오로지 예술을 향하는 비인간성을 통해서만 인간성에 충실할 수 있다"[4]는 아도르노의 예술관도 참고할 필요가 있다. 인간성을 넘어 인간성에 다가가는 것이다.

인간성을 넘기 위해 인간의 마음을 뛰어넘거나 떼어놓는다는 것이 결코 쉽지는 않다. 그러나 우리의 시야를 약간 비인간화unhumanize하고 깊고 크게 생각하면 보던 것이 달리 보이지 않을까? 우리가 습관적으로 가지고 있는 틀을 다시 해석할 필요는 없을까? 자율성 같은 것을 큰 진화적 틀, 더 나아가 우주적 틀 안에서 부분적인 가치로 보면 안 될까?[5]

'문제들을 아름답게 제기' 하는 것이 지식인의 고유 임무라고 했다. 아리스토텔레스의 금언 중에 나오는 말이다. 막스 베버는 우리에게 '일상의 높이에서 존재' 할 것을 권장한다. 그리 높이 가지 말고 지나친 이상을 추구하지 말고 문제를 있는 그대로, 아니면 시각을 조금만 달리해보면 된다는 뜻이다. 제도 속에서 관성으로 보고 듣고 있는 것들보다 그 옆 여백에 잘 보이지 않는 것을 볼 수만 있다면 바로 옆에서, 아니면 조금 반대편에서 큰 진리를 찾아낼 수 있을 것이다. 바야흐로 반물질도 찾아내려고 하지 않는가. 추醜는 즉자적으로 존재하는 것이 아니라 단지 미美가 결여되어서 그런 것뿐이다.

우리는 타자 속에서, 특히 낯선 타자 속에서 자신을 상실하니까 이제 자연스럽게 깊은 곳de profundis으로 바르게 여유롭게 비우며 다가간다면 아름다움은 우리 것이 될 것이다. 아름다움은 이해관계가 없는 즐거움이라고 한 칸트를 기억하자. 아름다움은 이해관계가 없는 사랑이라고 한 라이프니츠를 떠올리자. 아름다움은 욕구와는 다른 사랑의 형태라고 한 버크를 새기자. 진정 세상을 밝히는 도량을 지닌(광세지도曠世之度) 아름다운 인물의 등장이 소망스럽다. 사랑할 줄 알아야 아름다운 리더가 된다.

'서울대학교 리더십 강의'를 들은 여러분! 훌륭한 리더가 되어 모두 함께 세상을 아름답게 꾸미는 데 앞장서기 바란다.

주석

1강

1 제임스 터랜토 · 레드너 레오 편저, 최광열 옮김, 《미국의 대통령》, 바움, 2008.

2 이만섭, 《5 · 16과 10 · 26》, 나남, 2009, p.125.

3 김광웅, 《통의동 일기》, 생각의 나무, 2009, p.82.

4 넬슨 만델라, 김대중 옮김, 《자유를 향한 머나먼 길》, 두레, 2006.

5 윤영수 · 채승병, 《복잡계 개론》, 삼성경제연구소, 2005, pp.204–205.

6 클로드 레비 스트로스, 안정남 옮김,《야생의 사고》, 한길사, 1996.

7 장회익 · 최종덕, 《이분법을 넘어서》, 한길사, 2007. 통합적 사유의 길을 모색하게 한다.

8 슬라보예 지젝, 이수련 옮김, 《이데올로기라는 숭고한 대상》, 인간사랑, 2002.

9 최현석, 《인간의 모든 감각》, 서해문집, 2009.

10 강정인, 《서양중심주의를 넘어서》, 아카넷, 2004.

11 에드워드 사이드, 박홍규 옮김, 《오리엔탈리즘》, 교보문고, 2007.

12 자크 데리다, 김웅권 옮김, 《그라마톨로지에 대하여》, 동문선, 2004.

13 김상엽 · 김지원 편, 《세계사를 움직인 100인》, 청아출판사, 2010.

14 김광웅, 《창조! 리더십》, 생각의나무, 2009.

2강

1 질 들뢰즈, 하태환 옮김, 《감각의 논리》, 민음사, 2008.

2 김광웅, "맛을 멋으로 승화시키려면", 국민일보, 2010년 9월 26일.

3 김춘미, "융합의 리듬: Chronos, Rhythmizomenon, Rhythmopoiia", 김광웅 엮음, 《융합학문, 어디로 가고 있나》, 서울대학교 출판문화원, 2011.

4 노스코트 파킨슨, 김광웅 옮김, 《파킨슨의 법칙》, 21세기북스, 2010.

5 *Paths to Power: How Insiders and Outsiders shaped American Business Leadership*, Harvard Business School Press, 2007.

6 배형민, 《감각의 단면: 승효상의 건축》, 동녘, 2007.

7 조지프 나이, 김원석 옮김, 《리더십 에센셜》, 교보문고, 2008.

8 최명 · 김광웅, 《정치학: 성찰과 조망》, 법문사, 1984.

9 Andrew Abbott, *The Chaos of Disciplines*, University of Chicago, 2001.

10 "미적 성찰, 입체파 화가들", 〈산문선집(Euvres en proses completes)〉 2권, 파리: 갈리마르(Gallimard), 1991.

3강

1 이론의 효용은 그 이론으로부터 도출된 함의가 현실을 얼마나 잘 예측하고 설명해주느냐에 달려 있는 것이지, 가정의 현실성(realism) 자체에 있지 않다. 점 · 선 · 면은 현실적으로 존재하지 않지만, 현실성이 없는 이러한 점 · 선 · 면에 관한 가정에 토대를 두고 형성된 기하학을 틀렸다거나 효용이 없다고 하는 사람은 없다.

2 실정은 시장에서 독점지대(독점이윤)가 발생하면 이것을 신호로 다른 기업이 진입하게 마련인데, 그 결과 생산은 늘어나고 가격은 하락하며 종국적으로 독점지대는 사라질 것이다. 그러나 정부가 인위적으로 진입장벽을 쳐서 발생하는 독점지대의 경우는 그 지대가 시장의 힘에 의해 사라지지 않는다. 산출은 증가될 수 없고, 그래서 인위적인 독점지대를 획득하기 위한 지출, 곧 지대추구는 낭비적 지출이 되고 만다.

3 기업이나 이익집단이 정부로부터 지대 혹은 특혜를 추구하는 방법은 합법적인 방법도 있지만 불법적인 방법도 동원된다. 합법적인 방법도 생산 증가를 가져오지 못하면서 자원을 사용한다는 점에서 낭비를 초래하지만, 뇌물과 같은 불법적인 방법이 동원되기 시작하면 부정부패가 만연하게 된다. 부정부패와 같은 지대추구가 일어나는 근본적인 이유는 민간에게 독점권을 부여할 수 있는 권한을 정부가 가지고 있다는 점이다. 따라서 부정부패의 근본적인 문제해결은 정부의 권한과 기능을 축소하고 민간에게 넘기는 것이 상수다. 그러나 관이 이런 특권을 놓지 않는다. 행정 개혁을 백 번 해도 소용이 없다. 지대추구론은 고든

털럭이 특히 심혈을 기울인 작품이다.

4 Mancur Olson, *Tje Logic of Collective Action: Public Goods and the Theory of Group*, Harvard University Press, 1971.

5 관료제를 효율적으로 만들기 위해서 고든 털럭과 윌리엄 니스캐넌은 동일한 서비스를 공급하는 관료기관들을 여럿 만들 것을 제안했는데, 그렇게 함으로써 그 결과 초래되는 경쟁으로 말미암아 효율이 향상된다는 것이다. 또 어떤 학자들은 '약탈적 관료기관(predatory bureau)'을 만들 것을 제창하기도 했다. 이 약탈적 관료기관은 다른 기관들의 예산을 깎는 것이 목적이고, 이 점에 그 기관이 얼마나 성공했느냐에 따라 그 기관의 소득이 좌우된다. 그런데도 지금까지 정부 개혁은 기관수 줄이기에만 급급하다. 실제로 줄지도 않는다.

6 이 분야는 정부의 영역을 제한하는 규칙들의 연구에 관심을 집중한다. 정부의 크기 논쟁과도 연관된다. 헌법적 정치경제론에서는 특수 이익에 영합해서 계속 증가하는 정부 지출을 초래하는 입법을 억제할 규칙을 개발하려고 노력한다. 의회의 과반수 정치에 내맡기지 않고 헌법을 손대서라도 정부의 손을 묶어야 하는 이유는 정부의 정치적 근시안 때문이다. 정부는 전체 이익보다는 분파 이익을 옹호할 가능성이 크고 정부의 능력이 경제를 미시 조정할 정도로 높지 않다.

7 프레드 그린슈타인, 김기휘 옮김, 《위대한 대통령은 무엇이 다른가(The Presidential Difference)》, 위즈덤하우스, 2000.

8 이덕일, 《조선 왕을 말하다》, 역사의아침, 2010.

9 오인환, 《조선 왕조에서 배우는 위기의 리더십》, 열린책들, 2003. 이한우, 《태종: 조선의 길을 열다》, 해냄, 2005; 《세종: 조선의 표준을 세우다》, 해냄, 2006; 《선조: 조선의 난세를 넘다》, 해냄, 2007; 《정조: 조선의 혼이 지다》, 해냄, 2007.

4강

1 제임스 맥그리거 번스, 조중빈 옮김, 《역사를 바꾸는 리더십》, 지식의날개, 2006, pp.224-225.

2 김광웅, 앞의 책. 《창조! 리더십》

3 Jonah Lehrer, "The Truth Wears Off", *The New Yorker*, December 13, 2010, pp.52–57.

4 Michael J. Sandel, *Justice: What's The Right Thing To Do?* (Farrar, Straus and Giroux, 2009), pp.262–263.

5 사이먼 마이어 · 제레미 쿠르디, 이현주 옮김, 《위대한 연설 100》, 쌤앤파커스, 2010.

5강

1 조선일보, 2011년 4월 27일, A18.

2 윤영수 · 채승범, 《복잡계 개론》, 삼성경제연구소, 2005.

3 프랑스 정신병리학자면서 언어구조주의 철학자 라캉은 상상계를 '거울계' 라고 표현한다. 라캉은 미셸 푸코와 함께 이 분야의 대표주자로, 믿기 어렵지만 평생 400만 명이 넘는 환자를 상담하며 언어를 통해 인간의 욕망을 분석했다. 그는 인간의 욕망 또는 무의식은 말을 통해 나타난다고 주장했다. 즉 "인간은 말하는 것이 아니라 말해진다."라는 것이다. 말이란 틀 속에 억눌린 인간의 내면세계를 해부한다고 하여 정신분석학은 물론 언어학에 새 바람을 일으켰다. 그는 환자를 단순히 치료하는 데에만 머무르지 않고 철학의 수준으로 끌어올렸다.

6강

1 버트란드 러셀, 안정효 옮김, 《권력》, 열린책들, 1988, p144. 이 인용문은 뜻이 더 잘 통하도록 구문을 일부 고쳐 쓴 것이다.

2 하지현, 《소통의 기술》, 미루나무, 2007.

3 하지현, 위의 책.

7강

1 빌 클린턴, 정영목 · 이순희 옮김, 《마이 라이프》, 물푸레, 2004.

8강

1 Robert Lanza, "A New Theory of the Universe: Biocentrism builds on quantum physics by putting life into the equation", *The American Scholar*, Spring 2007. 18.

2 도널드 스토크스, 윤진효 외 옮김, 《파스퇴르 쿼드런트: 과학과 기술의 관계 재발견》, 북&월드, 2007.

3 과학에 대해 인식을 달리하는 최근의 저서로 *The End of Science, The End of History, The End of Eternity, The End of Certainty, The End of Nature, and The End of Time* 등을 참고하기 바란다.

4 Robert B. Laughlin, "What the Earth Knows", *The American Scholar*, Summer, 2010, pp.18-27.

5 스티븐 호킹, 전대호 옮김, 《위대한 설계》, 까치, 2010,

6 레이 커즈와일, 김명남 · 장시형 옮김, 《특이점이 온다》, 김영사, 2007.

7 Richard A. Muller, *Physics for Future Presidents: The Science Behind the Headlines* (Norton, 2008). 테러리즘, 에너지, 핵무기, 우주, 지구온난화 등의 주제를 광범위하게 다루었다.

9강

1 조선일보, "공정사회 슬로건 접자", 2011년 5월 27일.

2 데이비드 존스턴, 정명진 옮김, 《정의의 역사》, 부글, 2011.

3 마이클 샌델, 이창신 옮김, 《정의란 무엇인가》, 김영사, 2010.

4 윤평중, "번호대기표에서 공정사회의 원리를 찾다", 문화체육관광부 공감코리아 기획팀 엮음, 《100년 전 대한제국 100년 후 대한민국》, 마리북스, 2011, pp172~85.

5 양선희, "노트북을 열며", 중앙일보, 2010년 12월 31일자 30면.

6 존 롤스, 황경식 옮김, 《정의론》, 이학사, 2003.

7 John Rawls, *Justice as Fairness: A Restatement* (Belknap Press, 2001)에 기존의 주장과 설명들을 보다 간결하게 정리해놓았다.

8 하버드 철학 리뷰 편집부 엮음, 강유원 최봉실 옮김, 《하버드, 철학을 인터뷰하다》, 돌베개, 2010, p.171.

9 마이클 샌델, 앞의 책.

10 위의 책, p.465.

11 위의 책, p.157.

12 위의 책, p.150.

13 위의 책, p.203.

14 위의 책, p.339.

15 위의 책, p.45.

16 Milton and Rose Friedman, *Free to Choose: A Personal Statement* (A Harvest Book, 1980).

17 "재능이 분배되는 방식과 사회환경의 우연성이 부당하다는 이유로 제도를 강제하는 것은 언제나 있게 마련이며, 그러한 부당함은 인간의 합의에도 나타날 수밖에 없다는 주장이 있는데, 우리는 그것을 거부해야 한다. 더러 부당함을 간과하는 구실로도 이용되는 그 주장은 부당함을 묵인하지 않으려는 태도를 죽음을 받아들이지 못한 태도와 똑같이 취급한다. 자연의 분배방식은 공평하지도 불공정하지도 않다. 인간이 태어나면서 특정한 사회적 위치에 놓이는 것 역시 부당하지 않다. 그것은 단지 타고나는 요소일 뿐이다. 공정이나 불공정은 제도가 그러한 요소들을 다루는 방식에서 생겨난다.", 마이클 샌델, 위의 책, p231.

18 이반 일리치 · 데이비드 케일리, 권루시안 옮김, 《이반 일리치와 나눈 대화》, 물레, 2010.

19 위의 책, p.73.

20 위의 책, p.78.

21 위의 책, p.31.

22 앞의 책, pp.29-30.

23 앞의 책, p.32.

24 앞의 책, p.175.

25 앞의 책, pp.196-197.

10강

1 로널드 하이패츠, 김충선 · 이동욱 옮김, 《하버드 케네디 스쿨의 리더십 수업》, 더난출판사, 2008.

2 김광웅, 앞의 책.

3 *New York Times*, 2011. 5. 22.

4 조지 오웰, 정회성 옮김, 《1984》, 민음사, 2003.

5 조선일보, 2011. 7. 15.

6 조지프 콘라드, 이석구 옮김, 《어둠의 심연》, 을유문화사, 2008. 문명(제국주의)과 야만(아프리카), 그리고 인간성의 어둠을 파헤친 명저다.

7 밥 우드워드 · 스콧 암스트롱, 안경환 옮김, 《지혜의 아홉 기둥》, 라이프맵, 2008.

8 이나미, "남부럽지 않은 삶의 함정", 〈중앙선데이〉, 2010. 12. 26~27, p.18.

9 피터 버거 · 안톤, 지더벨트, 함규진 옮김, 《의심에 대한 옹호》, 산책자, 2010.

10 이상의 고독과 리더십에 관한 주된 내용은 데리시윅스(William Deresiewicz)가 2010년 미국 육군사관학교에 가서 한 'Solitude and Leadership' 이라는 강연에 기초한 것이다.

11 Eric Kasten, "Ruled by the Body: How Physical Illness Affects the Brain", *Scientific American*, March 3, 2011.

12 에릭 와이너, 김승욱 옮김, 《행복의 지도》, 웅진지식하우스, 2008.

13 Hugo Mercier and Dan Sperber, "Why Do Humans Reason? Arguments for an Argumentative Theory", *Behavioral and Brain Sciences*, (2011. 4).

11강

1 배형민, 《승효상의 건축》, 동녘, 2007.

2 지셴린, 허유영 옮김, 《다 지나간다》, 추수밭, 2009.

3 피터 버거 · 안톤 지더벨트, 함규진 옮김, 앞의 책, pp.192–95.

4 Thedor Ardorno, *Asthetic Theory: The Re-demption of Fllusion* (MIT Press, 1991).

5 볼프강 벨쉬, "심미주의를 넘어선 예술", 제롬 뱅데 엮음, 이선희, 주재형 옮김, 《가치는 어디로 가는가?》, 문학과지성사, 2008.

KI신서 3603
서울대 리더십 강의

1판 1쇄 발행 2011년 10월 24일
1판 2쇄 발행 2011년 11월 4일

지은이 김광웅
펴낸이 김영곤 **펴낸곳** (주)북이십일 21세기북스
출판콘텐츠사업부문장 정성진 **출판개발본부장** 김성수
책임편집 심지혜 **해외기획팀** 김준수 조민정 **디자인** 표지 씨디자인 본문 네오북
마케팅영업본부장 최창규 **마케팅** 김현섭 김현유 강서영 **영업** 이경희 박민형 정병철
출판등록 2000년 5월 6일 제10-1965호
주소 (우 413-756) 경기도 파주시 문발동 파주출판문화정보산업단지 518-3
대표전화 031-955-2100 **팩스** 031-955-2151 **이메일** book21@book21.co.kr
홈페이지 www.book21.com **21세기북스 트위터** @21cbook **블로그** b.book21.com

ISBN 978-89-509-3359-3 03300
책값은 뒤표지에 있습니다.